纲鉴易知录评注

国务院参事室 中央文史研究馆 编

五

中华书局

纲鉴易知录卷五六

卷首语:本卷起唐宪宗元和五年(810),止元和十五年(821),所记为宪宗朝十一年史事。宪宗擢用李绛、裴度等贤臣,勤理国政,平定淮西,收服河北、河南藩镇,结束了代宗以降数十年河南、河北藩镇割据之势,造就"元和中兴"之局。但其晚年骄奢、信仙好佛,又突然身亡,致使中兴之局未能长期维系。

唐　纪

宪宗皇帝

纲 庚寅,五年(元和五年,810),春正月,卢龙节度使刘济将兵讨王承宗,
拔饶阳①、束鹿②。

纲 吐突承璀讨王承宗,战不利。

〔元稹与内侍发生冲突,被贬江陵〕

纲 贬元稹为江陵士曹③。

目 河南尹房式有不法事,东台监察御史元稹奏摄之④,擅令停务。朝廷
以为不可,罚俸,召还。至敷水驿⑤,有内侍后至,破驿门入,击稹伤
面;上复引稹前过,贬之。李绛、崔群言稹无罪。白居易言:"中使陵
辱朝士,中使不问而稹先贬,恐自今中使出外益暴横,人无敢言者。"
上不听。

纲 三月,以吴少阳为淮西留后。

---

① 饶阳:县名,今河北献县。
② 束鹿:县名,今河北辛集市。
③ 士曹:即士曹参军事,州属官,掌各类工程事宜。
④ 东台:东都御史台省称。奏摄:奏请逮捕。
⑤ 敷水驿:在今陕西华阴市敷水镇。

纲吐突承璀诱卢从史执送京师，以乌重胤为河阳节度使①。

〔吐突承璀诱擒卢从史〕

目卢从史阴与王承宗通谋，上甚患之。会从史遣牙将王翊元入奏事，裴垍引与语，为言君臣之义，微动其心，翊元遂输诚，言从史阴谋及可取之状。垍令翊元还本军经营，遂得其都知兵马使乌重胤款要②。垍言于上曰："从史必为乱，今与承璀对营而不设备，失今不取，后虽兴大兵，未可以岁月平也。"上许之。承璀乃召从史入营与博③，伏壮士擒缚之，驰诣京师。昭义士卒闻之，皆甲以出，乌重胤当军门叱之曰："天子有诏，从者赏，违者斩！"遂皆散。上嘉重胤功，欲即以为昭义帅，李绛以为不可，请授重胤河阳。上乃以重胤镇河阳，而徙河阳节度使孟元阳镇昭义。贬从史为骥州司马。

纲秋七月，制雪王承宗④，复其官爵，加刘济中书令。

纲九月，罢吐突承璀为军器使。

纲以权德舆同平章事。

目上问："宰相为政，宽猛何先？"权德舆对曰："秦以惨刻而亡，汉以宽大而兴，先后可见矣。"上善其言。

---

① 河阳：藩镇名，治孟州。
② 都知兵马使：藩镇重要武职僚佐，常为节度使后备人选。款要：真情。
③ 博：即博戏，古代的一种赌博游戏。
④ 制雪：由皇帝下令为人平反。

纲 冬十一月,裴垍罢为兵部尚书。

纲 十二月,以吕元膺为鄂岳观察使①。

目 元膺尝欲夜登城,门已锁,守者不为开,左右曰:"中丞也②。"对曰:"夜中谁辨真伪,虽中丞亦不可。"元膺乃还。明日,擢为重职。

纲 以李绛为中书舍人。

〔李绛谏止将白居易贬出翰林院〕

目 上每有军国大事,必与诸学士谋之。白居易因论事,言"陛下错",上色庄而罢,密召绛谓曰:"居易小臣不逊,须令出院③。"绛曰:"陛下容纳直言,故群臣敢竭诚无隐。居易言虽少思,志在纳忠。陛下今日罪之,臣恐天下各思钳口,非所以广聪明,昭圣德也。"上悦,待居易如初。

〔宪宗为李绛罢猎〕

上尝欲近猎苑中,至蓬莱池西④,谓左右曰:"李绛必谏,不如且止。"绛尝面陈吐突承璀专横,语极恳切。上作色曰:"卿言太过!"绛泣曰:"陛下置臣于腹心耳目之地,若臣畏避左右,爱身不言,是臣负陛下;言之而陛下恶闻,乃陛下负臣也。"上怒解,曰:"卿所言皆人所不能言,真忠臣也。"遂以为中书舍人、学士如故。

---

① 鄂岳:藩镇名,治鄂州,今湖北武汉市。
② 中丞:御史中丞省称。
③ 出院:离开翰林院。
④ 蓬莱池:又名太液池,故址在今陕西西安市新城区大明宫国家遗址公园。

纲辛卯,六年(811),春正月,以李吉甫同平章事。

纲二月,李藩罢为太子詹事。

目上尝与宰相语及神仙,李藩对曰:"秦始皇、汉武帝学仙之效,具载前史,太宗服天竺僧长年药致疾,此古今之明戒也。陛下春秋鼎盛,励志太平,宜拒绝方士之说。苟道盛德充,人安国理,何忧无尧、舜之寿乎!"

纲以李绛为户部侍郎。

〔李绛为户部侍郎,革除旧弊,不进羡余〕

目宦官恶李绛在翰林,以为户部侍郎,判本司。上问绛:"故事,户部皆进羡余,卿独无进,何也?"对曰:"守土之官,厚敛于人以市私恩,天下犹共非之;况户部所掌,皆陛下府库之物,给纳有籍,安得羡余! 若自左藏输之内藏以为进奉,是犹东库移之西库,臣不敢踵此弊也。"上喜其直,益重之。

纲夏四月,以卢坦判度支。

纲秋九月,梁悦报仇杀人,杖而流之。

〔韩愈复仇之议〕

目富平人梁悦报父仇①,杀秦杲,自诣县请罪。敕:"复仇,据《礼经》则

① 富平:县名,今陕西富平县。

义不同天①，征法令则杀人者死，宜令都省集议闻奏。"职方员外郎韩愈议曰："律无复仇之条，非阙文也。盖不许，则伤孝子之心，而乖先王之训；许之，则人将倚法专杀，而无以禁止其端。故圣人丁宁其义于经②，而深没其文于律，其意将使法吏一断于法，而经术之士得引经而议也。宜定其制曰：'凡复父仇者，事发，具事申尚书省集议奏闻，酌其宜而处之。'则经律无失其指矣③。"于是杖悦一百，流循州④。

纲 冬十二月，以李绛同平章事。

目 李吉甫为相，多修旧怨，上颇知之，故擢绛为相。吉甫善逢迎上意，而绛鲠直，数争论于上前。上多直绛而从其言，由是二人有隙。

上御延英，吉甫言："天下已太平，陛下宜为乐。"绛曰："汉文帝时，兵木无刃，家给人足，贾谊犹以为厝（cuò）火积薪之下，不可谓安。今法令所不能制者，河南、北五十余州。犬戎腥羶（shān）⑤，近接泾、陇，烽火屡惊，加之水旱时作，仓库空虚，此正陛下宵衣旰食之时，岂得谓之太平，遽为乐哉！"上欣然曰："卿言正合朕意。"退谓左右曰："吉甫专为悦媚，如李绛真宰相也。"

吉甫尝言："人臣不当强谏，使君悦臣安，不亦美乎！"李绛曰："人臣当犯颜苦口，指陈得失，若陷君于恶，岂得为忠！"上曰："绛言是也。"

吉甫又尝言于上曰："赏罚，人主之二柄，不可偏废。今惠泽已深，而

---

① 《礼记·曲礼》有"父之仇，弗与共戴天"之语。
② 丁宁：再三陈述。
③ 指：通"旨"，宗旨、旨意。
④ 循州：治今广东惠州市。
⑤ 犬戎：指吐蕃。

威刑未振,中外懈惰,愿加严以振之。"上顾李绛曰:"何如?"对曰:"王者之政,尚德不尚刑,岂可舍成、康、文、景而效秦始皇父子乎!"上曰:"然。"后旬余,于頔入对,亦劝上峻刑。上谓宰相曰:"于頔大是奸臣,劝朕峻刑,卿知其意乎?"皆对曰:"不知也。"上曰:"此欲使朕失人心耳。"吉甫失色,退而抑首不言笑竟日。

纲 太子宁卒。

纲 大稔。

目 是岁天下大稔,米斗有直二钱者。

纲 壬辰,七年(812),春正月,以元义方为鄜坊观察使①。

〔李绛不私同年,心怀坦荡〕

目 义方媚事吐突承璀。李吉甫欲自托于承璀,擢义方为京兆尹。李绛恶而出之。义方入谢,因言:"绛私其同年许季同,以为京兆少尹②,故出臣鄜坊,专作威福。"明日,上以诘绛,曰:"人于同年固有情乎!"对曰:"同年乃四海九州之人,偶同科第,情于何有!且陛下不以臣愚备位宰相,宰相职在量才授任,若其人果才,虽在兄弟子姪之中,犹将用之,况同年乎!避嫌而弃才,是乃便身,非徇公也。"上曰:"善。"遂趣义方之官。

纲 夏四月,以崔群为中书舍人。

---

① 鄜坊:藩镇名,治鄜州。
② 京兆少尹:京兆府次官。

目 上嘉翰林学士崔群谠直,命学士:"自今奏事必取群联署,然后进之。"
群曰:"翰林举动,皆为故事。必如是,后来万一有阿媚之人为之长,
则下位直言,无从而进矣。"遂不奉诏。

纲 五月,诏蠲淮、浙租赋。

目 上尝与宰相论治道于延英殿,日旰,暑甚,汗透御服。宰相求退,上留
之,曰:"朕入禁中,所与处者独宫人、宦官耳,故乐与卿等且共谈为理
之要,殊不知倦也。"

纲 秋七月,立遂王恒为皇太子。

纲 八月,魏博节度使田季安卒。

目 魏博牙内兵马使田兴①,有勇力,颇读书,性恭逊。季安病,军政废乱,
夫人元氏立其子怀谏为副大使②,知军务,时年十一。召兴为都知兵
马使。上与宰相议魏博事,李吉甫请兴兵讨之。李绛曰:"魏博不必
用兵,当自归朝廷。"上意以吉甫议为然。绛曰:"今怀谏乳臭子,不能
自听断,军府大权必有所归。诸将不服,怨怒必起,田氏不为屠肆,则
悉为俘囚,何足烦天兵哉!"上曰:"善。"

纲 冬十月,魏博兵马使田兴请吏奉贡,诏以兴为节度使。

〔田兴归附〕

目 田怀谏幼弱,军政皆决于家僮蒋士则,众皆愤怒。田兴晨入府,士卒

---

① 牙内兵马使:藩镇衙署卫队统兵官。
② 副大使:节度副大使知节度事省称。

大噪,环拜请为留后。兴谓众曰:"汝肯听吾言乎?"皆曰:"惟命!"兴曰:"勿犯副大使,守朝廷法令,申版籍①,请官吏,然后可。"皆曰:"诺。"兴乃杀蒋士则等十余人,迁怀谏于外,监军以闻。上亟召绛曰:"卿揣魏博若符契。"吉甫请遣中使宣慰以观其变,绛曰:"今田兴奉其土地兵众,坐待诏命,不乘此际推心抚纳,必待敕使至彼,持将士表来,然后与之,则是恩出于下,而其感戴之心非今日比矣。"

吉甫素与枢密使梁守谦相结②,守谦亦为之言,上竟遣中使张忠顺如魏。绛复上言:"朝廷恩威得失,在此一举,时机可惜,奈何弃之! 计忠顺之行,甫应过陕,乞明旦即降白麻除兴节度使,犹可及也。"上欲且除留后,绛曰:"田兴恭顺如此,自非恩出不次,无以深慰其心。"上从之。忠顺未还,制命已至,兴感恩流涕,士众鼓舞。

钢 十一月,遣知制诰裴度宣慰魏博③。

〔裴度宣慰魏博〕

目 李绛言:"魏博五十余年不沾皇化,一旦来归,不有重赏过其所望,则无以慰士卒之心,使四邻劝慕。请发内库钱百五十万缗以赐之。"宦官以为太多,上以语绛,绛曰:"田兴不贪专地之利,不顾四邻之患,归命圣朝,陛下奈何爱小费而遗大计,不以收一道人心! 钱用尽更来,机事一失不可复追。借使国家发十五万兵以取六州④,期年而克之,

---

① 版籍:登记户口、土地的簿册。
② 枢密使:时置左、右枢密使,负责传宣诏命,为宦官首领之一。
③ 知制诰:掌管起草诏令。
④ 六州:魏博节度使管辖魏、博、相、卫、磁、洺六州。

其费岂止如此而已乎!"上悦,曰:"朕所以恶衣菲食,蓄聚货财,正为
欲平定四方;不然,徒贮之府库何为!"十一月,遣知制诰裴度宣慰魏
博,颁赏军士,六州百姓给复一年。军士受赐,欢声如雷。成德、兖郓
使者数辈见之①,相顾失色,叹曰:"倔强者果何益乎②!"度为兴陈君
臣上下之义,兴听之,终夕不倦。

纲癸巳,八年(813),春正月,权德舆罢。

纲赐田兴名弘正。

纲征西川节度使武元衡入知政事。

〔宪宗问对,李绛罢相〕

纲甲午,九年(814),春正月,李绛罢为礼部尚书。

目上尝谓宰相曰:"卿辈当为朕惜官,勿用之私亲故。"李吉甫、权德舆皆
谢不敢,李绛曰:"崔祐甫有言,非亲非故不谙其才,谙者尚不与官,不
谙者何敢复与! 但问其才器与官相称否耳。若避亲故之嫌,使圣朝
亏多士之美,此乃偷安之臣,非至公之道也。苟所用非其人,则朝廷
自有典刑,谁敢逃之!"上以为然。

又尝问绛:"人言外间朋党太盛,何也?"李绛对曰:"自古人君所甚恶
者,莫若朋党,故小人谮君子者必曰朋党③。盖言之则可恶,寻之则无
迹。以此目之,则天下之贤人君子无能免者,此东汉之所以亡也。愿

---

① 兖郓:藩镇名,治郓州。
② 倔强:强横不屈。
③ 谮:谗毁,诬陷。

陛下深察之。夫君子固与君子合,岂可必使之与小人合然后谓之非
党邪?"绛屡以疾辞位,至是遂罢。

纲以吐突承璀为神策中尉。

目初,上欲相绛,先出吐突承璀为淮南监军。至是,召还承璀,复以为左
神策中尉。

纲夏六月,以张弘靖同平章事。

纲秋闰七月,彰义节度使吴少阳卒。

目少阳死,其子元济匿丧,自领军务。

纲以乌重胤为汝州刺史。

纲冬十月,李吉甫卒。十二月,以韦贯之同平章事。

纲乙未,十年(815),春正月,吴元济反。制削其官爵,发兵讨之。

目吴元济纵兵侵掠,及东畿①。制削其官爵,发十六道兵讨之。

纲三月,以柳宗元为柳州刺史,刘禹锡为连州刺史。

〔柳宗元与刘禹锡善,欲以柳州易播州〕

目王叔文之党,十年不量移,执政有怜其才欲渐进之者,悉召至京师。
谏官争言其不可,上亦恶之,皆以为远州刺史。宗元得柳州,禹锡得
播州,宗元曰:"播州非人所居,而梦得亲在堂②,万无母子俱往理。"

──────────

① 东畿:指东都洛阳。
② 梦得:刘禹锡字。

欲请于朝,以柳易播。中丞裴度亦以禹锡母老为上言。上曰:"为人子不自谨,贻亲忧,此则重可责也。"度曰:"陛下方侍太后,恐禹锡在所宜矜。"上良久乃曰:"朕所言,以责为子者耳,然不欲伤其亲心。"退,谓左右曰:"裴度爱我忠切。"禹锡得改连州。

〔柳宗元作《梓人传》《种树郭橐驼传》〕

宗元善为文,尝作《梓人传》曰:"梓人不执斧斤刀锯之技,专以寻引、规矩、绳墨度材视制,指麾众工,各趋其事,不胜任者退之。大厦既成,则独名其功。犹相天下者,立纲纪、整法度,择天下之士使称其职,能者进之,不能者退之,万国既理,而谈者独称伊、傅、周、召,其百官执事之勤劳不得纪焉。或者不知体要,炫能矜名,亲小劳,侵众官,听听(yín yín)于府庭①,而遗其大者、远者,是不知相道者也。"

又作《种树郭橐驼传》曰:"橐驼善种树,其言曰:'凡木之性,其根欲舒,其土欲固,既植之,勿动勿虑,去不复顾,则其天全而性得矣。他人不然,根拳而土易②,爱之太恩,忧之太勤,且视而暮抚之,甚者爪其肤以验其生枯③,摇其本以观其疏密,而木之性日以离矣。虽曰爱之,其实害之,故不我若也!长人者,好烦其令,若甚怜焉,而卒以祸之,亦犹是已。'"

纲 田弘正遣其子布将兵助讨淮西。

---

① 听听:即龂龂,争辩不休的样子。
② 拳:弯曲。易:更换。
③ 爪:抓开,抠开。

纲盗焚河阴转运院①。

目李师道数上表请赦吴元济，上不从。师道使大将将二千人趋寿春②，声言助官军，实以援元济也。师道素养刺客奸人数十人，说师道曰："用兵所急，莫先粮储。今河阴院积江、淮租赋，请潜往焚之。因劫东都，焚宫阙，亦救蔡一奇也。"师道从之。遣攻河阴转运院，烧钱帛三十余万缗匹，谷二万余斛。人情怔(kuāng)惧，多请罢兵，上不许。

纲夏五月，遣御史中丞裴度宣慰淮西行营。

〔李光颜勇而知义〕

目诸军讨淮西，久未有功，上遣裴度诣行营宣慰，察用兵形势。度还言淮西必可取之状，且曰："观诸将，惟李光颜勇而知义，必能立功。"既而光颜数败贼军，上以度为知人。知制诰韩愈亦言："淮西三小州③，残弊困剧之余，而当天下之全力，其破败可立而待。然所未可知者，在陛下断与不断耳。"

〔盗杀宰相武元衡，击裴度〕

纲六月，盗杀中书侍郎、同平章事武元衡，击裴度，伤首。

目上悉以兵事委武元衡。师道客曰："天子所以锐意诛蔡者，元衡赞之

---

① 河阴：县名，今河南荥阳市。转运院：唐代在各地设立之负责储运钱帛、谷物、盐、铁等的机构。
② 寿春：县名，今安徽寿县。
③ 淮西三小州：时淮西节度使所辖申州、光州、蔡州三州。

也,请密往刺之。元衡死,则他相不敢主其谋,争劝天子罢兵矣。"师道资给遣之。王承宗亦遣牙将尹少卿奏事,且诣中书为元济游说。元衡叱出之。承宗又上书诋元衡。至是,元衡入朝,有贼自暗中射杀之,取其颅骨而去。又击裴度,伤首,坠沟中。京城大骇,于是诏宰相出入,加金吾骑士,张弦露刃以卫之。王士则告承宗遣卒张晏所为①,捕得,鞫之,晏等具服。张弘靖以为疑,上竟诛之,而师道客潜遁去。

纲 以裴度同平章事。

目 或请罢度官,以安恒、郓之心②,上怒曰:"若罢度官,是奸谋得成,朝廷无复纲纪。吾用度一人,足破二贼。"遂以度为相。度言:"淮西,心腹之疾,不得不除;且朝廷业已讨之,两河跋扈者,将视此为高下,不可中止。"上以为然,悉以用兵事委度,讨贼愈急。

〔李光进兄弟友善〕

纲 秋七月,灵武节度使李光进卒③。

目 光进与弟光颜友善,光颜先娶,其母委以家事。母卒后,光进乃娶,光颜使其妻奉管钥,籍财物④,归于其姒⑤。光进反之曰:"新妇逮事先姑,先姑命主家事,不可易也。"因相持而泣。

---

① 王士则:王承宗叔父。
② 恒:恒州,为成德节度使治所,指成德节度使王承宗。郓:郓州,为平卢淄青节度使治所,指平卢淄青节度使李师道。
③ 灵武:藩镇名,治灵州。
④ 籍:登记。
⑤ 姒:兄之妻。

纲八月，李师道遣兵袭东都。捕得，伏诛。

目李师道置留后院于东都①，潜内兵数百人②，谋焚宫阙，纵兵杀掠。其小卒诣留守吕元膺告变，元膺发兵围之。贼众突出，望山而遁。东都西南，皆高山深林，民不耕种，专以射猎为生，人皆趫（qiáo）勇③，谓之"山棚"。元膺设重购以捕贼。数日，有山棚遇贼，走召其侪，引官军共围获之。按验，得其魁，乃中岳寺僧圆净。捕获，伏诛。元膺鞫圆净党与，始知杀武元衡者乃师道也，元膺密以闻。上业已讨王承宗，不复穷治。

纲九月，以韩弘为淮西诸军都统。

〔李光颜不受美妓〕

目弘欲倚贼自重，不愿淮西速平。时李光颜战最力，弘欲结之，举大梁城索得一美妇人④，容色绝世，遣使遗（wèi）之。光颜乃大飨将士，谓使者曰："战士数万，皆弃家远来，冒犯白刃，光颜何忍独以声色自娱悦乎！"因流涕，坐者皆泣，乃即席厚赠使者，并妓返之，曰："为光颜多谢相公，光颜以身许国，誓不与逆贼同戴日月，死无贰矣！"

纲丙申，十一年（816），春正月，张弘靖罢为河东节度使。

目王承宗纵兵四掠，幽、沧、定三镇皆苦之⑤，争上表请讨承宗。上欲许

---

① 留后院：又称留邸或进奏院，唐代藩镇在京城设立的办事机构。

② 内：同"纳"，容纳。

③ 趫：敏捷善走。

④ 大梁城：即汴州。

⑤ 定：义武军节度使，又称易定节度使，治定州。

之,弘靖以为"两役并兴,恐国力不支,请并力平淮西,乃征恒冀①。"上不为之止,弘靖乃求罢,从之。

纲 制削王承宗官爵,发兵讨之。

纲 二月,以李逢吉同平章事。三月,皇太后崩。

纲 夏四月,以司农卿皇甫镈(bó)判度支。

目 镈始以聚敛得幸。

纲 五月,李光颜、乌重胤败淮西兵于凌云栅②。

纲 六月,唐邓节度使高霞寓大败于铁城③。

纲 秋七月,贬高霞寓,以袁滋为唐邓节度使。

纲 八月,韦贯之罢为吏部侍郎。

纲 葬庄宪皇后。

纲 九月,饶州大水④。

目 漂失四千七百户。

纲 冬十一月,以柳公绰为京兆尹。

---

① 恒冀:指成德镇。
② 凌云栅:在今河南漯河市郾城区境。
③ 唐邓:藩镇名,治唐州,今河南泌阳县。铁城:在今河南遂平县境。
④ 饶州:治今江西鄱阳县。

〔京兆为辇毂师表〕

目公绰初赴府,有神策小将跃马冲其前导,公绰驻马,杖杀之。明日,入对,上怒诘之,对曰:"京兆为辇毂(gǔ)师表①,今视事之初,而小将敢尔唐突,此乃轻陛下诏命,非独慢臣也。臣知杖无礼之人,不知其为神策军将也。"上曰:"何不奏?"对曰:"臣职当杖之,不当奏。"上退谓左右曰:"汝曹须作意②,此人朕亦畏之。"

纲十二月,义成节度使浑镐与王承宗战,大败。

纲以王涯同平章事。

纲贬袁滋,以李愬(shuò)为唐邓节度使。

目袁滋至唐州,元济围其新兴栅③,滋卑辞以请之,元济由是不复以滋为意。朝廷知之,贬滋抚州刺史,以李愬代之。

纲丁酉,十二年(817),春三月,淮西文城栅降④。

〔李愬释丁士良〕

目李愬谋袭蔡州,表请益兵。诏以步骑二千给之。愬遣大将马少良将十余骑巡逻,遇吴元济捉生虞候丁士良,与战,擒之。士良,元济骁

---

① 辇毂:天子之车舆,代指京师。
② 作意:当心,注意。
③ 新兴栅:在今河南遂平县境。
④ 文城栅:在今河南遂平县境。

将,常为东边患;众请刳(kū)其心①,愬许之。士良无惧色,愬命释其缚。士良请尽死以报德。愬署为捉生将。士良言于愬曰:"吴秀琳据文城栅,为贼左臂,官军不敢近者,有陈光洽为之谋主也。光洽勇而轻,好自出战,请为公擒之,则秀琳降矣。"遂擒光洽以归。秀琳果以栅降。愬引兵入据其城。其将李宪有才勇,愬更其名曰忠义而用之。于是军气复振。

纲 夏四月,淮西郾城降②。

〔董母高义〕

目 官军逼郾城。李光颜败其兵三万,杀士卒什二三。李愬分兵攻下数栅。元济以董昌龄为郾城令,而质其母。其母谓昌龄曰:"顺死贤于逆生。汝去逆而吾死,乃孝子也;从逆而吾生,是戮吾也。"会官军绝郾城归路,昌龄乃举城降,光颜入据之。元济闻之,甚惧。时董重质守洄曲③,元济悉发亲近及守城卒诣重质以拒官军。

纲 五月,罢河北行营。

目 李逢吉及朝士多言:"宜并力先取淮西,俟淮西平,乘胜取恒冀,如拾芥耳!"上从之。罢河北行营。

纲 李愬擒淮西将李祐。

目 愬厚待吴秀琳,与谋取蔡。秀琳曰:"非得李祐不可,秀琳无能为也。"

---

① 刳:剖。
② 郾城:今河南漯河市郾城区。
③ 洄曲:在今河南商水县境。

祐有勇略,守兴桥栅①,时帅士卒刈(yì)麦于张柴村②,愬召厢虞候史用诚,以三百骑伏林中,诱而擒之以归。将士争请杀之;愬释缚,待以客礼。时时召祐及李忠义,屏人语,或至夜分,他人莫敢预闻。诸将恐祐为变,多谏愬;愬待祐益厚。士卒亦不悦,诸军日牒愬,称得贼谍者,言祐为贼内应。愬恐谤先达于上,己不及救,乃持祐泣曰:"岂天不欲平此贼邪,何吾二人相知之深而不能胜众口也!"乃械祐送京师,先密奏曰:"若杀祐,则无以成功。"诏以还愬。愬见之喜,执其手曰:"尔之得全,社稷之灵也!"除散兵马使③。

纲　秋七月,以孔戣(kuí)为岭南节度使。

目　先是,明州岁贡蚶(hān)、蛤,水陆递夫劳费,华州刺史孔戣奏罢之。至是,岭南择帅,宰相奏拟数人,上皆不用,曰:"顷有谏进蚶、蛤者,可与也。"乃以戣为岭南节度使。

纲　以裴度兼彰义节度使,充淮西宣慰招讨使④。

目　诸军讨淮西,四年不克,馈运疲弊,民至有以驴耕者,上亦病之。宰相李逢吉等竞言师老财竭,意欲罢兵,度独无言。上问之,度曰:"臣誓不与此贼俱生,今请自往督战。且元济势实窘迫,但诸将心不一,不并力迫之,故未降耳。若臣自诣行营,诸将恐臣夺其功,必争进破贼矣。"上悦,从之。度奏刑部侍郎马总为宣慰副使,右庶子韩愈为行军

① 兴桥栅:在今河南汝南县境。
② 张柴村:在今河南遂平县境。
③ 散兵马使:藩镇将领职衔。
④ 宣慰招讨使:为唐王朝战时权置的使职,军事活动结束后即停罢。

司马。将行,言于上曰:"臣若灭贼,则朝天有期;贼在,则归阙无日。"
上为之流涕,御通化门送之①。

纲 九月,以崔群同平章事,李逢吉罢。

纲 李愬攻吴房②,入其外城。

目 李愬将攻吴房,诸将曰:"今日往亡③。"愬曰:"吾兵少,不足战,宜出
其不意。彼以往亡,不吾虞④,正可击也。"遂往,克其外城而还。

〔李愬雪夜袭蔡州〕

纲 冬十月,李愬夜袭蔡州,擒吴元济,槛送京师。

目 李祐言于李愬曰:"蔡之精兵皆在洄曲,守州城者皆羸卒,可以乘虚直
抵其城。比贼将闻之,元济已成擒矣。"愬然之。十月,遣掌书记郑澥
(xiè)白裴度。度曰:"兵非出奇不胜,常侍良图也⑤。"愬乃命祐及李
忠义帅突将三千为前锋,自与监军将三千人为中军,李进诚将三千人
殿其后。军出,不知所之。愬曰:"但东行!"行六十里,夜,至张柴村,
尽杀其戍卒,据其栅。命士卒少休,复夜引兵出。诸将请所之,愬曰:
"入蔡州取吴元济!"诸将皆失色。时大风雪,人马冻死者相望。人人
自以为必死,然畏愬,莫敢违。夜半,雪愈甚,行七十里,至州城。自
吴少诚拒命,官军不至蔡州城下三十余年,故蔡人不为备。四鼓,愬

---

① 通化门:唐代长安外郭城东面偏北的一门,皇帝多在此为大臣饯行。
② 吴房:县名,今河南遂平县。
③ 往亡:"往而不返"之日,不宜出行。
④ 虞:猜测、预料。
⑤ 常侍:指李愬。

至,无一人知者。祐、忠义镢(jué)其城以先登①,壮士从之。杀守门卒,而留击柝(tuò)者②,使击柝如故。遂开门纳众。鸡鸣,雪止,愬入居元济外宅。或告元济曰:"官军至矣!"元济不信,起,听于庭,闻愬军号令,曰"常侍传语",应者近万人。始怯曰:"何等常侍,能至于此!"乃帅左右登牙城拒战③。

时董重质拥精兵万余人据洄曲。愬曰:"元济所望者,重质之救耳!"乃访重质家,厚抚之,遣其子传道持书谕重质。重质遂单骑诣愬降。愬攻牙城,烧其南门,门坏,执元济,槛送京师,且告于裴度。申、光二州④,及诸镇兵相继来降。自元济就擒,愬不戮一人,自官吏、帐下、厨厩之卒,皆复其职,使之不疑,然后屯于鞠场以待裴度⑤。

〔李愬论用兵〕

诸将请曰:"始公败于朗山而不忧⑥,胜于吴房而不取,冒大风甚雪而不止,孤军深入而不怯,然卒以成功,皆众人所不谕也,敢问其故。"愬曰:"朗山不利,则贼轻我不为备矣。取吴房,则其众奔蔡,并力固守,故存之以分其兵。风雪阴晦,则烽火不接,不知吾至。孤军深入,则人皆致死,战自倍矣。夫视远者不顾近,虑大者不计细,若矜小务,恤小败,先自挠矣,何暇立功乎!"众皆服。愬俭于奉己而丰于待士,知

---

① 镢:刨土用的一种农具,类似镐,即大锄。
② 柝:古代打更用的梆子。
③ 牙城:内城。
④ 光:光州,治今河南潢川县。
⑤ 鞠场:蹴鞠之场地。蹴鞠为一种古代踢球游戏。
⑥ 朗山:县名,今河南确山县。

贤不疑,见可能断,此其所以成功也。

纲 以李鄘(yōng)同平章事。

纲 裴度入蔡州。

目 裴度建彰义节,将降卒万余人入城,李愬具囊鞬(gāo jiàn)出迎①,拜于
　　路左。度将避之,愬曰:"蔡人顽悖,不识上下之分,数十年矣,愿公因
　　而示之,使知朝廷之尊。"度乃受之。愬还军文城。
　　度以蔡卒为牙兵②,或谏曰:"蔡人反仄者尚多,不可不备。"度笑曰:
　　"吾为彰义节度使,元恶既擒,蔡人则吾人也,又何疑焉!"蔡人闻之感
　　泣。先是,吴氏父子阻兵,禁人偶语、然烛③,有以酒食相过从者罪死。
　　度除其禁,蔡人始知有生民之乐。

纲 十一月,上御门受俘,斩吴元济。

纲 赐李愬爵凉国公,韩弘等迁官有差。

目 愬奏请判官、大将以下官凡百五十员。上不悦,曰:"愬诚有奇功,然
　　奏请过多。使如李晟、浑瑊,又何如哉!"遂留中不下。

纲 以李祐为神武将军。

纲 十二月,赐裴度爵晋国公,复入知政事。

纲 戊戌,十三年(818),春正月,李师道奉表纳质④,并献三州。

---

① 囊鞬:盛弓箭的袋子。囊鞬出迎是军礼,表示尊敬。
② 牙兵:亲兵。
③ 然:同"燃"。
④ 纳质:送纳人质。

[李师道献三州自赎]

目　淮西既平,李师道忧惧。幕僚李公度说之,使遣子入侍,并献沂、海、密三州以自赎①。师道从之。上遣左散骑常侍李逊诣郓州宣慰。

纲　二月,修麟德殿,浚龙首池,起承晖殿②。

目　上命六军修麟德殿。龙武统军张奉国、大将军李文悦以外寇初平,营缮太多,白宰相,冀有论谏。裴度言之。上怒,贬奉国等。于是浚龙首池,起承晖殿,土木浸兴矣。

纲　李鄘罢为户部尚书。

[李鄘耻由宦官进]

目　初,吐突承璀为淮南监军,鄘为节度使,性刚严,与承璀互相敬惮,故未尝相失。承璀归,引鄘为相。鄘耻由宦官进,至京师,辞疾不入见,不视事。固辞相位,至是罢。

纲　以李夷简同平章事。

纲　夏四月,王承宗纳质请吏,复献二州。诏复其官爵。

目　裴度之在淮西也,布衣柏耆以策干韩愈曰:"元济就擒,承宗破胆矣,愿得奉丞相书往说之,可不烦兵而服。"愈白度,为书遣之。承宗惧,求哀于田弘正,请以二子为质,及献德、棣二州,输租税,请官吏。弘

① 密州:治今山东诸城市。
② 龙首池、承晖殿:故址在今陕西西安市新城区大明宫国家遗址公园。

正为之请,上许之。弘正遣使送其二子知感、知信及二州图印至京师。

幽州大将谭忠亦说刘总曰①:"自元和以来,刘闢、李锜、田季安、卢从史、吴元济,阻兵冯险②,自以为深根固蒂,天下莫能为也。然顾盼之间,身死家覆,此非人力所能及,殆天诛也。况今天子神圣威武,苦身焦思,缩衣节食,以养战士,此志岂须臾忘天下哉!今国兵骎(qīn)骎北来③,赵人已献城十二④,忠深为公忧之。"总泣曰:"闻先生言,吾心定矣。"遂专意归朝廷。

纲 五月,以李光颜为义成节度使。

目 李逊察师道非实诚,归言于上曰:"师道顽愚反复,恐必须用兵。"既而师道表言:"军情不听纳质割地。"上怒,决意讨之。五月,以光颜镇滑州,谋讨师道也。

纲 秋七月,以李愬为武宁节度使⑤。

纲 诏诸道发兵讨李师道。

纲 李夷简罢为淮西节度使。

目 上方委裴度以用兵,夷简自谓才不及度,求出镇,故有是命。

纲 八月,王涯罢。

————————

① 刘总:幽州卢龙节度使。
② 阻:仗恃。冯:同"凭",凭借,依靠。
③ 骎骎:渐进之状。
④ 赵人:指王承宗。
⑤ 武宁:藩镇名,治徐州。

纲 以皇甫镈、程异同平章事。

目 淮西既平，上浸骄侈。判度支皇甫镈、盐铁使程异晓其意，数进羡余，由是有宠。又以厚赂结吐突承璀，上遂以为相。制下，朝野骇愕，至于市道负贩者亦嗤之。

裴度耻与小人同列，求退，不许。乃上疏曰："镈、异皆钱谷俗吏，佞巧小人，陛下一旦置之相位，中外骇笑。臣若不退，天下谓臣无耻。所可惜者，淮西荡定，河北底宁，承宗敛手削地，韩弘舆疾讨贼①，岂朝廷之力能制其命哉？直以处置得宜，能服其心耳。陛下建升平之业，十已八九，何忍还自堕坏，使四方解体乎！"上以度为朋党，不之省。由是镈益无所惮。

程异亦自知不合众心，能廉谨谦逊，为相月余，不敢知印秉笔，故终免于过。

其后上语宰相曰："人臣当力为善，何乃好立朋党？"度对曰："方以类聚，物以群分，君子、小人志趣同者，势必相合。君子为徒，谓之同德；小人为徒，谓之朋党；外虽相似，内实悬殊，在圣主辨其所为邪正耳。"

评元和中兴：

德宗在泾原之变后，对部分藩镇采取怀柔政策，允许这些节度使自相授受。宪宗选贤任能，剿抚并用，一方面利用田兴效忠解决割据势力较强的魏博藩镇；另一方面，在武元衡被刺、裴度受伤，京师陷于恐慌的危势之中，坚决以武力平定淮西。此后又先后平定淄青，迫成德、卢龙归

---

① 舆疾讨贼：抱病登车，自将讨贼。

命。困扰代宗、德宗、顺宗三朝数十年之久的藩镇割据局面暂告结束，中央皇权复振，呈现"元和中兴"局面。河北藩镇虽后来复叛，但表面上保持了对中央的尊崇，使唐廷得以维系此后近百年统治。

〔宪宗以方士为刺史〕

纲 冬十一月，以柳泌为台州刺史。

目 上好神仙，诏天下求方士。宗正卿李道古因皇甫镈荐山人柳泌①，云能合长生药。泌言："天台多灵草，诚得为彼长吏，庶几可求。"上以泌权知台州刺史。谏官争论奏，以为"人主喜方士，未有使之临民者"。上曰："烦一州之力而能为人主致长生，臣子亦何爱焉！"由是群臣莫敢言。

〔韩愈上《谏迎佛骨表》，作《原道》篇〕

纲 己亥，十四年（819），春正月，遣中使迎佛骨至京师，贬韩愈为潮州刺史。

目 先是，功德使上言②："凤翔法门寺塔有佛指骨，相传三十年一开，开则岁丰人安。来年应开，请迎之。"上从其言。至是，佛骨至京师，留禁中三日，历送诸寺，王公士民瞻奉舍施，惟恐弗及。刑部侍郎韩愈上表谏曰："佛者，夷狄之一法耳。自黄帝以至禹、汤、文、武，皆享寿考，百姓安乐，当是时，未有佛也。汉明帝始有佛法，其后乱亡相继，

---

① 宗正卿：宗正寺长官，执掌皇族事务，并领崇玄署，兼管道教事务。
② 功德使：左、右街功德使之省称，总掌僧道事务。

运祚不长。宋、齐、梁、陈、元魏已下,事佛渐谨,年代尤促。惟梁武帝在位四十八年,前后三舍身为寺家奴,竟为侯景所逼,饿死台城。事佛求福,乃更得祸。由此观之,佛不足信亦可知矣!佛本夷狄之人,不知君臣之义、父子之恩。假如其身尚在,来朝京师,陛下容而接之,不过宣政一见①,礼宾一设,赐衣一袭②,卫而出之于境,不令惑众也。况其身死已久,枯朽之骨,岂宜以入宫禁!乞付有司,投诸水火,永绝根本,断天下之疑,绝后代之惑。佛如有灵,能作祸福,凡有殃咎,宜加臣身。"上得表,大怒,将加愈极刑。裴度、崔群言:"愈虽狂,发于忠恳,宜宽容以开言路。"乃贬潮州刺史。

自战国之世,老、庄与儒者争衡,更相是非。至汉末,益之以佛,然好者尚寡。晋、宋以来,日益繁炽,自帝王至士民,莫不尊信。下者畏慕罪福,高者论难空有。独愈恶其蠹财惑众③,力排之,尝作《原道篇》行于世云。

评韩愈辟佛与儒学复兴:

有唐一代,佛教盛行。至宪宗年间,崇佛之风不减,故有迎法门寺佛骨入京而行盛大仪式之事。反观儒学,则在唐代前中期较为沉寂,未有重大发展。韩愈作为一代文宗,以儒学正统自命,敢逆龙鳞,直言其弊。他于宪宗时上《谏迎佛骨表》,虽险遭杀身之祸,被贬为潮州刺史,却在朝野赢得了崇高声名。其代表作《原道》诸篇,驳斥佛老之非,论述儒学之是,更提出自尧、舜、禹、汤、文、武、周公以降的道统说,发起光大古文

---

① 宣政:即宣政殿。
② 一袭:一套。
③ 蠹财:损耗钱财。

运动,开启了中唐之后直至北宋儒学复兴运动的新局面。

〔刘悟擒李师道,为义成节度使〕

纲二月,平卢都将刘悟执李师道,斩之。

目田弘正、李愬屡败平卢兵。李师道发民治城堑(qiàn)①,役及妇人,民惧且怨。都知兵马使刘悟将兵万余人屯阳谷以拒官军②,务为宽惠,使士卒人人自便,军中号曰刘父。或谓师道曰:"悟专收众心,恐有他志。"师道潜遣二使赍帖授行营副使张暹,令斩悟。暹素与悟善,怀帖示之。悟召诸将谓曰:"悟与公等不顾死亡以抗官军,诚无负于司空③。今司空信谗,来取悟首。悟死,诸公其次矣。且天子所欲诛者独司空一人,今军势日蹙,吾曹何为随之族灭?欲与诸公还入郓州,奉行天子之命,岂徒免危亡,富贵可图也。"有后应者,皆立斩之。众惧,皆曰:"惟都头命!"乃令士卒皆饱食执兵,夜半,听鼓,三声绝,即行。天未明,至城下,子城门已洞开,悟勒兵捕师道与二子,斩之。慰谕军民。函师道父子三首送田弘正营。弘正大喜,露布以闻。淄、青等十二州皆平。自广德以来,垂六十年,藩镇跋扈河南、北三十余州,自除官吏,不供贡赋,至是尽遵朝廷约束矣。裴度纂述蔡、郓用兵以来帝之忧勤机略,因侍宴献之,请内印出付史官。帝曰:"如此,似出朕志,非所欲也。"弗许。

纲以刘悟为义成节度使。

---

① 堑:护城河。
② 阳谷:县名,今山东阳谷县。
③ 司空:指李师道。

〔刺史领诸道支郡兵马〕

纲 夏四月,诏诸道支郡兵马,并令刺史领之。

目 横海节度使乌重胤奏曰①:"河朔藩镇所以能旅拒朝命者②,由诸州县各置镇将领事,收刺史、县令之权也。向使刺史各得行其职,则虽有奸雄如安、史,必不能以一州独反也。臣所领德、棣、景三州,已举牒各还刺史职事,应在州兵并令刺史领之。"故有是诏。其后河北诸镇,惟横海最为顺命,由重胤处之得宜故也。

纲 程异卒。

纲 裴度罢为河东节度使。

目 度在相位,知无不言,皇甫镈之党挤之,诏度以平章事镇河东。

〔皇甫镈专以苛税聚敛财物,武儒衡敢言直谏〕

镈专以掊(póu)克取媚③,人无敢言者,独谏议大夫武儒衡上疏言之。镈自诉于上,上曰:"卿欲报怨邪!"镈乃不敢言。

史馆修撰李翱上疏曰:"定祸乱者,武功也;兴太平者,文德也。今陛下既以武功定海内,若遂革弊事,复旧制;用忠正而不疑,屏邪佞而不迩;改税法,不督钱而纳布帛④;绝进献,宽百姓租赋;厚边兵,以制戎狄;数访问待制官,以通塞蔽;此六者,政之根本,太平所以兴也。陛

① 横海:藩镇名,治沧州,今河北沧州市。
② 旅拒朝命:聚众抗拒王命。
③ 掊克:以苛税聚敛财物。
④ 不责其以钱纳税而改命交纳布帛。

下既已能行其难,若何不为其易乎!臣恐大功之后,逸欲易生。进言者必曰'天下既平,陛下可以高枕自逸',则太平未可期也。"

纲秋七月,宣武节度使韩弘入朝。

纲以令狐楚同平章事。

目楚与皇甫镈同年进士,故镈引以为相。

纲八月,以韩弘为司徒兼中书令,张弘靖为宣武节度使。

纲魏博节度使田弘正来朝。

纲以田弘正兼侍中,遣还镇。

纲冬十月,贬裴潾(lín)为江陵令。

〔裴潾谏宪宗服食金丹〕

目柳泌至台州,驱吏民采药,岁余,无所得而惧,逃入山中。浙东观察使捕送京师,皇甫镈、李道古保护之,上复使待诏翰林。服其药,日加燥渴。起居舍人裴潾上言曰:"除天下之害者受天下之利,同天下之乐者飨天下之福,自黄帝至于文、武,享国寿考,皆用此道也。自去岁以来,所在多荐方士。借令真有神仙,彼必深潜岩壑,惟畏人知。凡候伺权贵之门,以大言自衒奇伎惊众者,皆不轨徇利之人,岂可信其说而饵其药邪!夫药以愈疾,非朝夕常饵之物;况金石酷烈有毒,又益以火气,殆非五藏所能胜也①。古者君饮药,臣先尝之,乞令献药者

---

① 藏:同"脏"。

先饵一年,则真伪可辨矣。"上怒,贬潾。

纲 崔群罢为湖南观察使。

〔崔群论玄宗治乱之由〕

目 初,帝问宰相:"玄宗之政,先理而后乱,何也?"崔群对曰:"玄宗用姚崇、宋璟、卢怀慎、苏颋、韩休、张九龄则理,用宇文融、李林甫、杨国忠则乱。故用人得失,所系非轻。人皆以天宝十四年安禄山反为乱之始,臣独以为开元二十四年罢张九龄相,专任李林甫,此理、乱之所分也。愿陛下以开元初为法,以天宝末为戒,乃社稷无疆之福。"皇甫镈深恨之,上寻罢群。

〔宪宗身死,时人皆以为其被宦官陈弘志弑杀〕

纲 庚子,十五年(820),春正月,上暴崩于中和殿。闰月,太子即位。

目 初,左军中尉吐突承璀谋立澧王恽为太子,上不许。太子忧之,密问计于其舅司农卿郭钊,钊曰:"殿下但尽孝谨以俟之,勿恤其他。"上服金丹,多躁怒,左右宦官往往获罪,有死者,人人自危。至是暴崩于中和殿,时人皆言内常侍陈弘志弑逆①。其党类讳之,不敢讨贼,但云药发,外人莫能明也。中尉梁守谦与宦官王守澄等共立穆宗,杀璀及恽。

纲 贬皇甫镈为崖州司户,以萧俛、段文昌同平章事。

---

① 内常侍:掌管内侍省日常事务,由宦官充任。

纲柳泌伏诛,贬李道古为循州司马。

纲尊贵妃郭氏为皇太后。

目后,郭暧之女也,为广陵王妃。宪宗即位,群臣累表请立为后;宪宗以妃宗门强盛,恐正位之后,后宫莫得进,托以岁时禁忌不许。至是,乃尊为皇太后。

纲二月,赦天下。

〔用笔在心,心正则笔正〕

纲以柳公权为翰林侍书学士①。

目上见公权书迹,爱之,问之曰:"卿书何能如是之善?"对曰:"用笔在心,心正则笔正。"上默然改容,知其以笔谏也。

纲夏五月,以元稹为祠部郎中、知制诰②。

目江陵士曹元稹,与监军崔潭峻善,上在东宫,闻宫人诵稹歌诗而善之。及即位,潭峻归朝,荐之,上以为知制诰。朝论鄙之。会同僚食瓜于阁下,有青蝇集其上,武儒衡以扇挥之曰:"适从何来,遽集于此!"同僚皆失色,儒衡意气自若。

纲六月,葬景陵③。

纲以崔群为吏部侍郎。

───────────────

① 翰林侍书学士:翰林院属官,因书法之长以备顾问。
② 祠部郎中:祠部司长官。
③ 景陵:唐宪宗陵,在今陕西蒲城县境内之金帜山。

纲 秋七月,令狐楚罢。

纲 八月,浚鱼藻池。

纲 以崔植同平章事。

纲 九月,大宴。

纲 冬十月,成德节度使王承宗卒,诏以田弘正代之。王承元为义成节
度使。

纲 幸华清宫。

谢一峰　评注

黄正建　审定

纲鉴易知录卷五七

卷首语:本卷起唐穆宗长庆元年(821),止唐文宗开成元年(836),所记为穆宗、敬宗、文宗朝十六年史事。穆宗初年,卢龙军乱,成德生变,河朔再叛。敬宗时王守澄、刘克明等宦官揽权,宦官之祸愈演愈烈,刘克明等弑杀敬宗。文宗时李训、郑注等人策划甘露之谋,事败被杀,宦官权势愈甚。与此同时,李德裕、李宗闵各分朋党,交替进退,相互倾轧,成为唐后期重要政治问题。

唐　纪

穆宗皇帝

纲 辛丑,穆宗皇帝长庆元年(821),春正月,诏河北诸道各均定两税。

纲 萧俛罢。

纲 段文昌罢,以杜元颖同平章事。

纲 以王播为盐铁使。

纲 卢龙节度使刘总弃官为僧,以张弘靖代之。

纲 夏四月,贬钱徽、李宗闵为远州刺史①,杨汝士为开江令②。

〔李德裕、李宗闵各分朋党〕

目 翰林学士李德裕,吉甫之子也,以中书舍人李宗闵尝对策,讥切其父③,恨之。宗闵又与翰林学士元稹争进取有隙。右补阙杨汝士与礼部侍郎钱徽掌贡举,西川节度使段文昌、翰林学士李绅,各以书属所善进士。及榜出,二人所属皆不预,而郑覃弟朗、裴度子譔、宗闵婿苏巢、汝士弟殷士及第。文昌言于上曰:"今岁礼部殊不公,所取皆以

————————

① 远州:偏远的州。
② 开江:县名,今重庆开州区。
③ 讥切:讽刺。

关节得之①。"上以问诸学士,德裕、稹、绅皆以为然。上乃命覆试,黜朗等十人而贬徽等。或劝徽奏二人属书,上必寤,徽曰:"苟无愧心,得丧一致,奈何奏人私书,岂士君子所为邪!"取而焚之,时人多之。自是德裕、宗闵各分朋党,更相倾轧,垂四十年。

〔河朔再叛〕

纲 秋七月,卢龙军乱,囚节度使张弘靖,推朱克融为留后。

目 幕僚韦雍出,逢小将策马冲其前导,雍命杖之,不服。雍白弘靖②,系治之③。是夕,士卒连营呼噪作乱,囚弘靖,杀雍等,迎朱克融为留后。众以判官张彻长者,不杀。彻骂曰:"汝何敢反?行且族灭!"众共杀之。

纲 贬张弘靖为吉州刺史。

纲 成德兵马使王庭凑杀节度使田弘正,起复田布为魏博节度使,讨之。

目 初,田弘正自魏博徙镇成德,自以久与镇人战,有父兄之仇,乃以魏兵二千自卫,请度支供其粮赐。户部侍郎崔倰(lèng)刚褊无远虑④,恐开事例,不肯给。弘正不得已,遣魏兵归。都知兵马使王庭凑果悍阴狡,潜谋作乱,以魏兵故,不敢发。及魏兵去,夜结牙兵杀弘正,自称留后。

---

① 关节:暗中请托、贿赂。
② 白:报告。
③ 系治:囚禁而治其罪。
④ 刚褊:倔强执拗,固执己见。

魏博节度使李愬闻变,素服流涕①,令将士曰:"魏人所以得通圣化,安宁富乐者,田公之力也。今镇人不道,辄敢害之,是轻魏以为无人也。诸君受田公恩,宜如何报之?"众皆恸哭。深州刺史牛元翼,成德良将也,愬使以宝剑、玉带遗之,曰:"昔吾先人以此剑立大勋,吾又以之平蔡州,今以授公,努力翦庭凑②。"元翼以剑、带徇于军,报曰:"愿尽死!"会愬疾作,不果出兵。乃起复田布为魏博节度使,讨之。

纲 诏诸道讨王庭凑,以牛元翼为深冀节度使。庭凑围深州。

〔钱重物轻,两税皆输布丝纩〕

纲 九月,诏两税皆输布、丝、纩③。

目 自定两税法以来,钱日重,物日轻,民所输三倍其初。户部尚书杨於陵言:"钱者,所以权百货④,贸迁有无⑤,所宜流散,不应蓄聚,今税百姓钱藏之公府。又开元中天下铸钱七十余炉,岁入百万,今才十余炉,岁入十五万,又积于富家,流入四夷。如此,则钱焉得不重,物焉得不轻! 今宜使天下输税课者皆用谷、帛,广铸钱而禁滞积及出塞者,则钱日滋矣。"从之。

纲 冬十月,以王播同平章事。

目 播为相,专以承迎为事,未尝言国家安危。

---

① 素服:本色或白色的衣服,多指丧服。
② 翦:剪除。
③ 纩:指新丝绵絮,泛指绵絮。
④ 权:衡量、估计。
⑤ 贸迁:贩运买卖。

纲以裴度为镇州行营都招讨使。

纲以魏弘简为弓箭库使①,元稹为工部侍郎。

〔裴度请黜元稹、魏弘简〕

目翰林学士元稹与知枢密魏弘简相结,求为宰相,由是有宠。稹无怨于裴度,但以度先达重望,恐其复有功大用,妨己进取,故度所奏军事,多与弘简从中沮之。度上表曰:"河朔逆贼,只乱山东;禁闱奸臣,必乱天下。是则河朔患小,禁闱患大。小者臣与诸将必能翦灭,大者非陛下觉悟制断无以驱除。臣蒙陛下委付之意不轻,遭奸臣抑损之事不少。但欲令臣失所,而于天下理乱,山东胜负,悉不之顾。若朝中奸臣尽去,则河朔逆贼不讨自平;若奸臣尚存,则逆贼纵平无益。"表三上,上虽不悦,以度大臣,不得已,罢弘简枢密,解稹翰林,而恩遇如故。

纲十二月,深州行营节度使杜叔良讨王庭凑,大败。诏以李光颜代之。

纲以朱克融为平卢节度使。

纲壬寅,二年(822),春正月,魏博将史宪诚杀其节度使田布,诏以宪诚为节度使。

纲二月,以王庭凑为成德节度使,遣兵部侍郎韩愈宣慰其军。

〔韩愈临危受命,谕成德甲士〕

目庭凑围牛元翼于深州,官军三面救之,皆以乏粮不能进,虽李光颜亦

① 弓箭库使:掌内库弓矢刀箭,为宦官担任的职务。

闭壁自守。朝廷不得已,以庭凑为成德节度使,而遣韩愈宣慰其军。诏愈至境,更观事势,勿遽入①。愈曰:"止,君之仁;死,臣之义。"遂往。至镇,庭凑拔刃弦弓以逆之②。及馆,甲士罗于庭。庭凑言曰:"所以纷纷者,乃此曹所为③,非庭凑心。"愈厉声曰:"天子以尚书有将帅材,故赐之节钺,不知尚书乃不能与健儿语邪!"甲士前曰:"先太师为国击走朱滔,血衣犹在,此军何负朝廷,乃以为贼乎!"愈曰:"汝曹尚能记先太师则善矣。夫逆顺之为祸福岂远邪!自禄山、思明以来,至元济、师道,其子孙有今尚存者乎!田令公以魏博归朝廷,子孙孩提,皆为美官;王承元以此军归朝廷,弱冠建节④;刘悟、李祐,皆为节度使;汝曹亦闻之乎!"庭凑恐众心动,麾之使出⑤,谓愈曰:"侍郎来,欲何为?"愈曰:"神策诸将如牛元翼者不少,但朝廷顾大体,不可弃之耳!尚书何为围之不置?"庭凑曰:"即当出之。"因与愈宴礼而归之。未几,元翼将十骑突围出深州。

⬛纲 崔植罢,以元稹同平章事。

⬛纲 以裴度为司空、东都留守。

⬛目 元稹怨裴度,欲解其兵柄,故劝上雪王庭凑而罢兵⑥。以度为司空、平章事、东都留守。谏官争上言:"时未偃兵⑦,度有将相全才,不宜置

---

① 遽:仓猝。
② 逆:迎接。
③ 曹:辈。
④ 建节:执持符节,指担任节度使。
⑤ 麾:指挥,命令。
⑥ 雪:赦免。
⑦ 偃兵:休兵,停战。

之散地。"上乃命度入朝。

〔李听不肯献马邀宠〕

纲 以李听为河东节度使。

目 初,听为羽林将军,有良马,上为太子,遣左右讽求之①,听以职总亲军,不敢献。及河东缺帅,上曰:"李听不与朕马,是必可任。"遂用之。

纲 三月,诏留裴度辅政。

纲 王播罢。

纲 夏四月,诏免江州逃户欠钱。

纲 六月,裴度罢为右仆射,元稹罢为同州刺史。

纲 以李逢吉同平章事。

纲 冬十一月,太后幸华清宫,上畋于骊山。

纲 十二月,立景王湛为皇太子。

纲 癸卯,三年(823),春三月,以牛僧孺同平章事。

目 户部侍郎牛僧孺素为上所厚。至是,遂以为相。时僧孺与李德裕皆有入相之望;德裕出为浙西观察使②,八年不迁,以为李逢吉排己而引僧孺,由是怨愈深。

---

① 讽:用含蓄的话劝告。
② 浙西:藩镇名,治润州。

纲夏四月,以郑权为岭南节度使。

目翼城人郑注①,巧谲倾诒②,善揣人意,以医游四方。李愬饵其药颇
验,署为牙推,浸预军政③,妄作威福,军府患之。监军王守澄请去
之,愬曰:"注奇才也,将军试与之语,苟无可取,去之未晚。"乃使注见
守澄,守澄不得已见之,坐语未久,大喜,促膝恨相见之晚。守澄入知
枢密,挈(qiè)注以西④;荐于上,上亦厚遇之。自上有疾,守澄专制国
事,势倾中外,注日夜出入其家,与之谋议,人莫能窥其迹。始则微贱
巧宦之士,或因以进,数年之后,达官车马满其门矣。工部尚书郑权,
家多姬妾,禄薄不能赡,因注通于守澄以求节镇,遂得岭南。

纲五月,以柳公绰为山南东道节度使。

目公绰过邓县⑤,有二吏,一犯赃,一舞文,众谓公绰必杀犯赃者。公绰
判曰:"赃吏犯法,法在;奸吏乱法,法亡。"竟诛舞文者。

纲六月,以韩愈为京兆尹。

目愈为京兆,六军不敢犯法,私相谓曰:"是尚欲烧佛骨,何可犯也!"

纲秋八月,以裴度为司空、山南西道节度使。

目李逢吉恶度,出之山南,不兼平章事。

纲九月,复以韩愈为吏部侍郎,李绅为户部侍郎。

---

① 翼城:县名,今山西翼城县。
② 巧谲:机巧诡诈。倾诒:邪僻,谄媚。
③ 浸:逐渐。
④ 挈:带领。
⑤ 邓县:即邓城县,治今湖北襄阳市樊城区邓城。

目李逢吉结王守澄,势倾朝野,惟翰林学士李绅常排抑之。逢吉患之,而上遇绅厚,不能远也。会御史中丞缺,逢吉荐绅清直,宜居风宪之地①;上以中丞亦次对官,可之。会绅与京兆尹韩愈争台参②,文移往来③,辞语不逊;逢吉奏二人不协,以愈为兵部侍郎,绅为江西观察使。愈、绅入谢,上问其故,乃寤,故有是命。

纲甲辰,四年(824),春正月,帝崩,太子即位。

〔唐穆宗服食金丹而亡〕

目上饵金石之药④,处士张皋上疏曰:“神虑澹则血气和⑤,嗜欲胜则疾疹作。药以攻疾,无疾不可饵也。先帝信方士妄言,饵药致疾,岂得复循其覆辙乎!”上善其言,而求之不获。既而疾作,命太子监国。是夕上崩,敬宗即位。

纲二月,贬李绅为端州司马。

纲尊皇太后为太皇太后,上母王妃为皇太后。

纲幸中和殿击球。

目自是,数游宴、击球、奏乐,赏赐宦官、乐人,不可悉纪。

纲三月,以刘栖楚为起居舍人;不拜。

___

① 风宪:掌管风纪的官吏,指御史。
② 台参:台参之礼,指赴御史台参谒其长官(御史大夫、中丞)。
③ 文移:文书、公文。
④ 金石之药:方士所炼丹药。
⑤ 澹:清静寡欲。

［刘栖楚见敬宗初即位便贪图逸乐，进言直谏］

目上视朝每晏①，左拾遗刘栖楚进言曰："陛下富于春秋，嗣位之初，当宵衣求理，而嗜寝乐色，日晏方起。梓宫在殡②，鼓吹日喧。令闻未彰，恶声遄布，臣恐福祚之不长。请碎首玉阶以谢谏职之旷。"遂以额叩龙墀（chí）③，见血不已，响闻閤外。上命中使宣慰令归。寻擢栖楚为起居舍人，栖楚辞疾不拜④。

纲夏四月，以李虞为拾遗。

目李逢吉用事，所亲厚者张又新、李仲言、李虞、刘栖楚等八人，又有从而附丽之者，时人目之为"八关、十六子"。

纲五月，以李程、窦易直同平章事。

纲六月，加裴度同平章事。

纲夏绥节度使李祐进马百五十匹，却之。

［胆落于温御史］

目侍御史温造弹祐违敕进奉，请论如法⑤，诏释之。祐谓人曰："吾夜半入蔡州城取吴元济，未尝心动，今日胆落于温御史矣！"

---

① 晏：迟，晚。
② 梓宫：皇帝棺材。
③ 龙墀：宫殿前的台阶及台阶上的空地。
④ 不拜：不接受任命。
⑤ 论：议罪。

纲冬十月,赐韦处厚锦彩银器。

目翰林学士韦处厚谏上宴游曰:"先帝以酒色致疾损寿,臣时不死谏者,以陛下年已十五故也。今皇子才一岁,臣安敢畏死而不谏乎!"上感其言,故有是赐。

纲十一月,葬光陵①。

纲十二月,以刘栖楚为谏议大夫。

敬宗皇帝

纲乙巳,敬宗皇帝宝历元年(825),春正月,赦。

〔崔发因擒拿殴伤百姓的宦官而被关押下狱,李渤等上言营救〕

目先是,鄠(hù)令崔发闻五坊人殴百姓②,命擒以入,曳之于庭。诘之,乃中使也。上怒,收发,系台狱。是日,与诸囚立金鸡下③,忽有品官数十人执梃乱捶发④,气绝数刻始苏,诏复系之。给事中李渤上言:"县令曳中人,中人殴御囚,其罪一也。然县令所犯在赦前,中人所犯在赦后。中人横暴,若不早正刑书,臣恐四夷藩镇闻之,则慢易之心生矣。"谏议大夫张仲方亦上言曰:"鸿恩将布于天下而不行御前,霈泽遍被于昆虫而独遗崔发。"上皆不听。李逢吉从容言于上曰:"崔发

① 光陵:唐穆宗陵,在今陕西蒲城县北尧山。

② 鄠:县名,今陕西西安市鄠邑区。

③ 立金鸡下:古时大赦时所举行的一种仪式,即竖长杆,顶立金鸡,然后集中罪犯,击鼓,宣读赦令。

④ 品官:指宦官。梃:杖。

辄曳中人,诚大不敬,然其母年垂八十,自发下狱,积忧成疾。陛下方以孝理天下,所宜矜念①。"上乃愍然曰:"比谏官但言发冤,未尝言其不敬,亦不言有老母。如卿所言,朕何为不赦之!"即命中使释其罪,送归家,仍慰劳其母。母对中使杖发四十。

纲 牛僧孺罢为武昌节度使。

目 牛僧孺以上荒淫,嬖幸用事②,又畏罪不敢言,但累表求出。乃升鄂岳为武昌军,以僧孺为节度使。僧孺过襄阳,节度使柳公绰服橐鞬候于馆舍。将佐曰:"襄阳地望高于夏口③,此礼太过!"公绰曰:"奇章公甫离台席④,方镇重宰相,所以尊朝廷也。"竟行之。

〔李德裕献《丹扆六箴》〕

纲 二月,浙西观察使李德裕献《丹扆(yǐ)六箴》。

目 上游幸无常,昵比群小⑤,视朝月不再三,大臣罕得进见。德裕献《丹扆六箴》:一曰《宵衣》,以讽视朝稀晚;二曰《正服》,以讽服御乖异⑥;三曰《罢献》,以讽征求玩好;四曰《纳诲》,以讽侮弃谠言;五曰《辨邪》,以讽信任群小;六曰《防微》,以讽轻出游幸。上优诏答之。

纲 秋七月,盐铁使王播进羡余绢百万匹。

───────

① 矜念:怜悯。
② 嬖幸:受宠爱的侍臣。
③ 夏口:指武昌军。
④ 奇章公:牛僧孺祖先牛弘被封为奇章公,唐人亦以称之。甫:刚刚,才。台席:以三台星象征三公之位,后以台席指宰相。
⑤ 昵比:亲近。群小:众小人。
⑥ 乖异:反常。

纲 造竞渡船。

目 诏王播造竞渡船二十艘,计用转运半年之费。张仲方等力谏,乃减
其半。

纲 八月,昭义节度使刘悟卒。

纲 冬十一月,幸骊山温汤①。

〔张权舆谏止敬宗幸骊山温汤〕

目 上欲幸骊山温汤,左仆射李绛、谏议大夫张仲方等屡谏不听,拾遗张
权舆伏紫宸殿下,叩头谏曰:"昔周幽王幸骊山而为犬戎所杀;秦始皇
幸骊山而国亡;玄宗幸骊山而禄山乱;先帝幸骊山而享年不长。"上
曰:"骊山若此之凶邪? 我宜一往以验彼言。"幸温汤,还,谓左右曰:
"彼叩头者之言,安足信哉!"

纲 十二月,以刘从谏为昭义留后。

纲 以李绛为太子少师分司。

目 仆射李绛好直谏,李逢吉恶之。至是,以绛有足疾,出之东都。

〔裴度相〕

纲 丙午,二年(826),春二月,以裴度为司空、同平章事。

---

① 骊山温汤:指华清池。

〔张权舆诬谤裴度〕

目 言事者多称裴度贤，不宜弃之藩镇，上数遣使劳问，度因求入朝。逢吉之党大惧，百计毁之。先是民间谣云："绯衣小儿坦其腹，天上有口被驱逐①。"又长安城中有横亘六冈，如乾象②，度宅偶居第五冈。张权舆上言："度名应图谶，宅占冈原，不召而来，其旨可见。"上虽年少，悉察其诬谤，待度益厚。度至京师，复知政事。左右忽白失中书印，闻者失色。度饮酒自如。顷，复白已得之，度亦不应。或问其故，度曰："此必吏人盗之以印书券耳，急之则投诸水火，缓之则复还故处。"人服其识量。

纲 三月，罢修东都。

〔裴度谏幸东都〕

目 上欲幸东都，谏者甚众，上皆不听，已使按修宫阙。裴度从容言曰："国家本设两都以备巡幸，然自多难以来，宫阙、营垒、百司廨舍率已荒弛，陛下傥欲行幸，宜命有司徐加完葺，然后可往。"上曰："从来言事者皆云不当往，如卿所言，不往亦可。"乃敕罢之。

纲 秋九月，李程罢为河东节度使。

纲 冬十一月，李逢吉罢。

---

① 绯衣，合文为"裴"；天上有口，合文为"吴"。指裴度当年擒获淮西叛将吴元济。
② 乾象：乾卦之象，为六条阳爻，指长安城中六道高冈。

〔敬宗为宦官刘克明等人所弑〕

纲 十二月,宦官刘克明等弑帝于室内,立绛王悟。王守澄等讨克明,杀悟,立江王涵。

目 上游戏无度,狎昵群小,善击球,好手搏①,又好深夜自捕狐狸。性复褊急②,宦官小过,动遭捶挞,皆怨且惧。夜猎还宫,与宦官刘克明、击球军将苏佐明等二十八人饮酒。上酒酣,入室更衣,殿上烛灭,克明等弑帝于室内。克明矫称上旨,命学士路隋草遗制,以绛王悟权句当军国事③。又欲易置内侍之执权者。于是枢密使王守澄、杨承和、中尉魏从简、梁守谦定议,以衙兵迎江王涵入宫④,发左右神策、飞龙兵进讨贼党,尽斩之。绛王为乱兵所害。明日,江王即位,更名昂,是为文宗。

〔文宗即位,恢复旧制,每奇日视朝理政〕

纲 尊母萧氏为皇太后。以韦处厚同平章事。

纲 出宫人,放鹰、犬,省冗食,罢别贮、宣索⑤。

目 上自为诸王,深知两朝之弊,及即位,励精求治,去奢从俭。诏宫女非有职事者,出三千余人。放五坊鹰、犬。省教坊、总监冗食千二百余

---

① 手搏:角力、摔跤之类的运动。

② 褊急:气度偏窄,脾气急躁。

③ 句当:掌管。

④ 衙兵:唐代天子的禁卫兵。

⑤ 宣索:皇帝下旨向有司索取钱财用物。

员。近岁别贮钱谷,悉归之有司。宣索组绣、雕镂之物①,悉罢之。敬宗之世,每月视朝不过一二,上始复旧制,每奇日视朝②,对宰相群臣延访政事,久之方罢。待制官旧虽设之,未尝召对,至是屡蒙延问。中外翕然相贺,以为太平可冀。

文宗皇帝

纲 丁未,文宗皇帝太和元年(827),夏四月,韦处厚请避位,不许。

目 上虽虚怀听纳而不能坚决,与宰相议事已定,寻复中变。韦处厚于延英极论之,因请避位。上再三慰劳之。

纲 六月,以王播同平章事。

纲 秋七月,葬庄陵③。

纲 戊申,二年(828),春三月,亲策制举人。

〔刘蕡对策,希除宦官之弊〕

目 自元和之末,宦官益横,建置天子在其掌握④,威权出人主之右,人莫敢言。贤良方正刘蕡(fén)对策,极言其祸。其略曰:"陛下宜先忧者,宫闱将变、社稷将危、天下将倾、海内将乱。"又曰:"陛下将杜篡弑之

---

① 组绣:华丽的丝绣服饰。
② 奇日:单日。
③ 庄陵:唐敬宗陵,在今陕西三原县境。
④ 建置:扶植,指天子的废立。

渐，则居正位而近正人，远刀锯之贱①，亲骨鲠之直，辅相得以专其任，庶职得以守其官②，奈何以亵近五六人总天下大政③！祸稔萧墙，奸生帷幄④，臣恐曹节、侯览复生于今日⑤。"又曰："忠贤无腹心之寄，阍(hūn)寺恃废立之权⑥，陷先君不得正其终，致陛下不得正其始。"又曰："陛下何不塞阴邪之路，屏亵狎之臣，制侵陵迫胁之心，复门户扫除之役，戒其所宜戒，忧其所宜忧！"又曰："陛下诚能揭国权以归相，持兵柄以归将，则心无不达，行无不孚矣⑦。"

考官散骑常侍冯宿等见蒉策，皆叹服，而畏宦官，不敢取。裴休、李郃、杜牧、崔慎由等二十二人中第，皆除官，物论嚣然称屈。李郃曰："刘蒉下第，我辈登科，能无厚颜！"乃上疏曰："蒉所对策，汉、魏以来无与为比。今有司以蒉指切左右，不敢以闻，恐忠良道穷，纲纪遂绝。况臣所对不及蒉远甚，乞回臣所授，以旌蒉直。"不报。

纲 冬十二月，中书侍郎、同平章事韦处厚卒。

纲 以路隋同平章事。

纲 己酉，三年（829），秋八月，以李宗闵同平章事。

目 征李德裕为兵部侍郎，裴度荐以为相。会宗闵有宦官之助，遂以宗闵

----

① 刀锯：指宦官。
② 庶职：泛指百官。
③ 亵近：亲近宠幸。
④ 帷幄：宫中帐幕，指宫禁之内。
⑤ 曹节、侯览：东汉专权宦官。
⑥ 阍寺：宦官。
⑦ 孚：为人所信服。

同平章事。宗闵恶德裕逼己,出之滑州。

纲九月,命宦官毋得衣纱縠(hú)绫罗①。

目上性俭素,听朝之暇,惟以书史自娱,声乐游畋未尝留意。驸马韦处
仁着夹罗巾,上谓曰:"朕慕卿门地清素,故有选尚。如此巾服,听其
他贵戚为之,卿不须尔。"

纲冬十一月,禁献奇巧及织纤丽布帛。

纲庚戌,四年(830),春正月,以牛僧孺同平章事。

目李宗闵引僧孺为相,相与排摈李德裕之党②,稍稍逐之。

纲夏六月,以裴度为司徒、平章军国重事。

目度以老疾辞位,故有是命。仍诏三五日一入中书。

纲秋七月,以宋申锡同平章事。

目上患宦官强盛,元和、宝历逆党犹在;而中尉王守澄尤专横。尝密与
申锡言之,申锡请渐除其逼。上以申锡沉厚忠谨,可倚以事,擢为
宰相。

纲九月,以裴度为山南东道节度使。

目初,裴度往淮西,奏李宗闵为判官,由是渐获进用。至是,怨度荐李德
裕,因其谢病,出之。

---

① 縠:用细纱织成的皱状丝织物。
② 排摈:排斥摈弃。

[李德裕为西川节度使,积粮储以备边,蜀人初步安定]

纲 冬十月,以李德裕为西川节度使。

目 蜀自南诏入寇,一方残弊。德裕至镇,作筹边楼①,图蜀地形,南入南诏,西达吐蕃。日召老于军旅、习边事者,访以山川、城邑,道路险易,广狭远近,未逾月,皆若身尝涉历。乃练士卒,葺堡鄣(zhāng)②,积粮储以备边,蜀人粗安。

纲 辛亥,五年(831),春三月,贬漳王凑为巢县公,宋申锡为开州司马。

目 上与申锡谋诛宦官,申锡引王璠(fán)为京兆尹,以密旨谕之。璠泄其谋,王守澄、郑注知之,使人诬告申锡谋立漳王。上怒,漳王、申锡皆坐贬,申锡竟卒于贬所。

纲 夏五月,李德裕索南诏所掠百姓,得四千人。

纲 秋九月,吐蕃将悉怛(dá)谋以维州来降③,不受。

目 吐蕃维州副使悉怛谋请降,尽帅其众奔成都,李德裕遣兵据其城,具奏其状。事下尚书省,集百官议,皆请如德裕策。牛僧孺以为不可。上诏德裕以其城及悉怛谋等悉归之吐蕃。吐蕃诛之于境上,极其惨酷。德裕由是怨僧孺益深。

纲 壬子,六年(832),冬十月,立鲁王永为太子。

---

① 筹边楼:在今四川理县薛城镇。
② 堡鄣:用于战守的小土城。
③ 维州:治今四川理县薛城镇。

〔牛僧孺罢，李德裕相，牛李党争愈演愈烈〕

纲 十二月，牛僧孺罢为淮南节度使。

目 西川监军王践言入知枢密，数为上言："缚送悉怛谋以快虏心，绝降者，非计也。"上亦悔之，尤僧孺失策。僧孺内不自安。会上谓宰相曰："天下何时当太平，卿等亦有意于此乎？"僧孺对曰："太平无象①。今四夷不至交侵，百姓不至流散，虽非至理，亦谓小康。陛下若别求太平，非臣所及。"因累表请罢。乃出镇淮南。

纲 以李德裕为兵部尚书。

目 初，李宗闵与德裕有隙，及德裕还自西川，上注意甚厚，朝夕且为相。宗闵百方沮之不能，深以为忧。京兆尹杜悰（cóng）谓曰："德裕有文学而不由科第，常用此为慊（qiàn）慊②，若使之知举，则可以平宿憾矣！"宗闵曰："更思其次。"悰曰："不则用为御史大夫。"宗闵曰："可矣。"悰乃诣德裕，告之。德裕惊喜泣下，寄谢重沓。宗闵复与给事中杨虞卿谋之，事遂中止。

纲 癸丑，七年（833），春二月，以李德裕同平章事。

目 德裕入谢，上与之论朋党事。时给事中杨虞卿与从兄中书舍人汝士等善交结，依附权要，上闻而恶之，故与德裕言首及之，德裕因得以排其所不悦者。他日，上复言及朋党，李宗闵曰："臣素知之，故虞卿辈，臣皆不与美官。"李德裕曰："给、舍，非美官而何？"宗闵失色。

---

① 太平盛世并无一定标志。
② 慊慊：不满，怨恨。

纲 夏六月，以郑覃为御史大夫。

目 初，李宗闵恶覃在禁中数言事，奏罢其侍讲。上从容谓宰相曰："殷侑
经术，颇似郑覃。"宗闵对曰："覃、侑经术诚可尚，然论议不足听。"李
德裕曰："覃、侑议论，他人不欲闻，惟陛下欲闻之，幸甚。"后旬日，宣
出，除覃御史大夫。宗闵谓枢密使崔潭峻曰："事皆宣出，安用中书！"
潭峻曰："八年天子，听其自行事亦可矣！"宗闵愀然而止①。

纲 李宗闵罢。

纲 秋七月，以王涯同平章事，兼度支盐铁转运使。

〔停进士试诗赋〕

纲 八月，诏诸王出阁，停进士试诗赋。

目 上患近世文士不通经术，李德裕请依杨绾议，罢诗赋。又言："昔玄宗
以临淄王定内难，疑忌宗室，不令出阁②；议者以为幽闭骨肉，亏伤人
伦。天宝之末、建中之初，所以悉为安禄山、朱泚所鱼肉者，由聚于一
宫故也。陛下诚能听其年高属疏者出阁，又除诸州上佐，使携其男女
出外昏嫁，此则百年弊法，一旦去之，海内孰不欣悦！"上曰："兹事朕
久知其不可，今诸王岂无贤才，无所施耳！"于是下诏并停诗赋。然诸
王出阁，竟以议所除官不决而罢。

纲 加卢龙节度使杨志诚右仆射。

_____

① 愀然：形容神色变得严肃或不愉快。
② 出阁：皇子前往封地任职。

目初,以志诚为吏部尚书,志诚怒不得仆射,留官告使。朝廷不得已,加志诚仆射,别遣使慰谕之。

杜牧愤河朔三镇之桀骜,而朝廷议者专事姑息,乃作《罪言》,曰:"上策莫如先自治;中策莫如取魏①;最下策为浪战②,不计地势,不审攻守是也。"

〔杜牧作《原十六卫》,反思募兵制,强调唐前期府兵制的优势〕

又伤府兵废坏,作《原十六卫》,曰:"贞观中,内以十六卫蓄养戎臣,外开折冲果毅府五百七十四以储兵伍,有事则戎臣提兵居外,无事则放兵居内。其居内也,富贵恩泽以奉养之,所部之兵散舍诸府,三时耕稼③,一时治武,籍藏将府,伍散田亩,力解势破,人人自爱,虽有蚩尤为帅,亦不可使为乱耳。及其居外也,缘部之兵,被檄乃来④,斧钺在前,爵赏在后,飘暴交捽(zuó)⑤,岂暇异略,虽有蚩尤为帅,亦无能为叛也。自贞观至于开元,百三十年间,戎臣兵伍,未始逆篡,此大圣人所以柄统轻重,制郭表里⑥,圣算神术也。至于开元末,愚儒请罢府兵,武夫请搏四夷,于是府兵内铲,边兵外作,尾大中干,成燕偏重⑦,而天下掀然,根萌烬燃矣!盖兵居外则叛,居内则篡。使外不

① 魏:指魏博镇。
② 浪战:轻率作战,指无取胜把握的战斗。
③ 三时:春、夏、秋三季农作之时。
④ 檄:征兵文书。
⑤ 飘暴:迅疾猛烈。交捽:对抗、敌对。此句指朝廷军法的惩罚和爵赏的激励相互制约影响。
⑥ 制郭:相互制约。
⑦ 燕:指范阳节度使安禄山。

叛,内不篡,其置府立卫乎! 呜呼! 文皇帝十六卫之旨,其谁原而复之乎!"

〔杜牧作《战论》,言河北之要〕

又作《战论》,曰:"河北视天下,犹珠玑也;天下视河北,犹四支也①。河北气俗温厚,果于战耕,加以土息健马,便于驰敌,是以出则胜,处则饶,不窥天下之产,自可封殖,亦犹大农之家,不待珠玑然后以为富也。国家无河北,则精甲、锐卒、良弓、健马无有也。河东、盟津、滑台、大梁、彭城、东平,尽宿厚兵,不可他使。六镇之师,低首仰给。咸阳西北,戎夷大屯,赤地尽取,始能应费,四支尽解,头腹兀然,其能以是久为安乎! 诚能治其五败,则一战可定,四支可生。战士离落②,兵甲钝弊,是不搜练之过,其败一也;百人荷戈③,千夫仰食④,此不责实之过,其败二也;小胜则张皇邀赏⑤,贵极富溢则不肯搜奇出死以勤于戎! 此厚赏之过,其败三也;多丧兵士,跳身而来⑥,回视刀锯⑦,气色甚安,此轻罚之过,其败四也;大将兵柄不得自专,恩臣、敕使迭来挥之⑧,此不专任之过,其败五也。今诚欲调持干戈,洒扫垢污,以为万世安,而乃踵前非是,不可为也。"

————————

① 四支:即"四肢"。
② 离落:离散流落。
③ 荷戈:扛枪当兵。
④ 仰食:依靠他人而得食。
⑤ 张皇:夸大,显耀。
⑥ 跳身:轻身逃走。
⑦ 刀锯:指刑罚。
⑧ 恩臣、敕使:皇帝委派的官员。

纲 九月，以郑注为右神策判官。

纲 冬十二月，上有疾。

目 上始得风疾，不能言。王守澄荐郑注，上饮其药，颇有验，遂有宠。然上自是神识耗减，不能复故。

〔李宗闵相，李德裕罢〕

纲 甲寅，八年(834)，冬十月，以李宗闵同平章事，李德裕罢为山南西道节度使，以李仲言为翰林侍读学士。

目 初，李仲言流象州，遇赦，还东都。会留守李逢吉思复入相，仲言自言与郑注善，逢吉使仲言厚赂之。注引仲言见王守澄，守澄荐于上。上见之，大悦，欲以为谏官，置之翰林。李德裕以为不可，上曰：“逢吉荐之，朕不欲食言。”对曰：“逢吉身为宰相，乃荐奸邪以误国，亦罪人也。”上曰：“然则别除一官。”对曰：“亦不可。”上顾王涯，涯对曰：“可。”德裕挥手止之，上回顾适见，不怿而罢。仲言及注皆恶德裕，以宗闵与德裕不相悦，引宗闵以敌之。上遂相宗闵，而出德裕于兴元①。是日，以仲言为侍读，寻改名训。

纲 令进士复试诗赋。

纲 以李德裕为兵部尚书。

目 德裕见上，请留京师故也。

---

① 兴元：府名，治今陕西汉中市。

纲 十一月，成德节度使王庭凑卒，子元逵自知留后。

目 元逵改父所为，事朝廷甚谨。

纲 以李德裕为镇海节度使。

〔去河北贼易，去朝中朋党难〕

目 李宗闵言德裕制命已行，不宜自便。诏复以德裕镇浙西。时德裕、宗闵各有朋党，互相挤援，上患之，每叹曰："去河北贼易，去朝中朋党难。"

评牛李党争：

　　牛李二党之争，始于宪宗朝，胜负互有更迭。大体而言，穆宗、敬宗两朝牛党得势，牛僧孺、李宗闵用事，李德裕被贬在外；文宗朝党争最烈，两党之人同朝为相，相互倾轧；武宗时李党全盛；宣宗时则牛党全盛。随着宣宗时牛僧孺、李德裕相继病故，二党人物或亡或损，党争走向终结。二党的分歧，主要体现在对于藩镇、宦官等问题的处置之策不同，也包括对门风礼法、科举取人等看法的差异。牛李党争加剧了文臣集团的内耗，严重削弱了朝廷处理内外事务的能力。

纲 以王璠为尚书左丞。

纲 乙卯，九年（835），春正月，以王元逵为成德节度使。

纲 浚曲江及昆明池。

目 郑注言秦地有灾，宜兴役以禳之也。

纲 夏四月,以李德裕为宾客分司。

纲 以郑注守太仆卿,兼御史大夫。

目 注举李款自代曰:"加臣之罪,虽于理而无辜;在款之诚,乃事君而尽节。"人皆哂(shěn)之①。

纲 路隋罢为镇海节度使。

纲 以贾𫗧(sù)同平章事。

目 𫗧性褊躁轻率,与李德裕有隙,而善于宗闵、郑注,故上用之。

纲 贬李德裕为袁州长史。

纲 五月,以仇士良为神策中尉。

[李训、郑注请擢宦官仇士良,以分王守澄之权]

目 初,宋申锡获罪,宦官益横,上不能堪。李训、郑注揣知上意,数以微言动上。上意其可与谋大事,遂密以诚告之。训、注遂以诛宦官为己任,二人言无不从,声势烜(xuǎn)赫。上之立也,仇士良有功,王守澄抑之,由是有隙。训、注为上谋,进擢士良以分守澄之权。

纲 六月,贬李宗闵为明州刺史。秋七月,以李固言同平章事。

目 京城讹言郑注为上合金丹,须小儿心肝,民间惊惧。郑注素恶京兆尹杨虞卿,与李训共构之,云此语出于虞卿家人。上怒,下虞卿狱。注

---

① 哂:讥笑。

求为两省官，李宗闵不许，注毁之于上。会宗闵救虞卿，上怒，叱出，贬之。虞卿亦贬虔州司马①，而以李固言为相。训、注为上画太平之策，以为当先除宦官，次复河湟，次清河北，开陈方略，如指诸掌。上以为信，宠任日隆。连逐三相②，威震天下，于是平生丝恩发怨无不报者。

纲　以郑注为翰林侍读学士，贬李珏江州刺史。

目　注之初得幸，上尝问翰林学士李珏曰："卿知有郑注乎？"对曰："臣岂不知。其人奸邪，陛下宠之，恐无益圣德。臣忝在近密③，安敢与此人交通！"至是以注为工部尚书、翰林侍读学士，珏贬江州。时注、训所恶，皆目为二李之党，贬逐无虚日，班列殆空。

纲　陈弘志伏诛。

纲　李固言罢为山南西道节度使，以郑注为凤翔节度使。

目　初，注求镇凤翔，固言不可。乃出固言镇兴元，而以注为凤翔帅。李训虽因注得进，及势位俱盛，心颇忌注，托以中外协势以诛宦官，故出注于凤翔，其实俟既诛宦官，并图注也。

纲　以舒元舆、李训同平章事。

纲　冬十月，杀王守澄。

目　训、注请除守澄，遣中使就第赐鸩杀之。训、注本因守澄以进，卒谋而

① 虔州：治今江西赣州市。
② 三相：指李德裕、路隋、李宗闵。
③ 忝：有愧于，常用作谦辞。

杀之,人皆快守澄之受佞,而疾训、注之阴狡,于是元和之逆党略
尽矣。

纲加裴度兼中书令。

目李训所奖拔,率皆狂险之士,然亦时取天下重望以顺人心,如裴度、令
狐楚、郑覃皆累朝耆俊①,久在散地,训皆引居崇秩②。由是士大夫亦
有望其真能致太平者,不惟天子惑之也。

〔甘露之变〕

纲十一月,李训、舒元舆、郑注等谋诛宦官,不克。以郑覃、李石同平章
事,仇士良杀训、注、元舆及王涯、贾𫗧等。

目始郑注与李训谋,至镇,选壮士数百为亲兵。奏请入护王守澄葬,仍
请令内臣尽集送之,因令亲兵杀之,使无遗类。约既定,训与其党谋:
"如此事成,则注专有其功。"乃以郭行余镇邠宁,王璠镇河东,使多募
壮士为部曲③,以罗立言知京兆府事,韩约为金吾卫大将军,又与御史
中丞李孝本谋并注去之。宰相惟舒元舆与其谋,他人莫知也。
　及是日,上御紫宸殿。百官班定,韩约奏:"左金吾听事后石榴夜有甘
露。"因蹈舞再拜,宰相亦帅百官称贺。训、元舆劝上往观,以承天贶
(kuàng)④,上许之。先命宰相视之,训还奏:"非真,未可宣布。"上顾
仇士良帅诸宦者往视之。宦者既去,训召行余、璠受敕。时二人部曲

① 耆俊:年老而才能优异者。
② 崇秩:高官。
③ 部曲:私属部队。
④ 贶:赠,赐。

数百,皆执兵立丹凤门外,训召之入。士良等至,韩约变色流汗,士良怪之,俄风吹幕起,执兵者甚众。士良等惊走,诣上告变。训呼金吾卫士上殿,宦者即举软舆迎上[1],决殿后罘罳(fú sī)[2],疾趋北出。罗立言帅京兆逻卒三百[3],李孝本帅御史台从人二百,皆登殿纵击,宦官死伤者十余人。训知事不济,走马而出。王涯、贾𫗧、舒元舆还中书。士良等命左、右神策兵五百人露刃出讨贼,杀金吾吏卒千六百余人,擒舒元舆、王涯、王璠、罗立言等,皆系两军。

明日,百官入朝,上御紫宸殿,问:"宰相何为不来?"仇士良曰:"王涯等谋反系狱。"命左右仆射令狐楚、郑覃参决机务。使楚草制宣告中外;楚叙涯等反事浮泛,仇士良等不悦,由是不得为相,而以郑覃、李石同平章事。擒获贾𫗧、李孝本。李训为人所杀,传其首,左、右神策出兵以训首引涯、璠、立言、𫗧、元舆、孝本徇于两市[4],腰斩于独柳之下,亲属皆死。数日之间,杀生除拜皆决于中尉,上不豫知也。

〔天下事决于宦官〕

郑注将兵至扶风,知训已败,复还凤翔。监军伏甲斩之,灭其家,僚属皆死。右军获韩约,斩之。士良等进阶迁官有差。自是天下事皆决于北司[5],宰相行文书而已。宦官自是气益盛,迫胁天子,下视宰相,陵暴朝士如草芥。每延英议事,士良等动引训、注折宰相。郑覃、李

---

① 软舆:轿子。
② 决:冲断。罘罳:屏风。
③ 逻卒:巡逻的士兵。
④ 两市:长安城东市、西市的合称。
⑤ 北司:指宦官机构和群体,与宰相机构南衙相对。

石曰:"训、注诚为乱首,但不知训、注始因何人得进?"宦者稍屈,搢绅赖之。

评甘露之变:

甘露之变集中体现了唐后期处理宦官问题的难度。安史之乱后,宦官势力因掌握军权而崛起,进而专权干政,掌控机要,欺凌文臣。唐后期九帝中便有七位为宦官所立,两位为宦官所杀。文宗时以仇士良等人为代表的宦官集团盘根错节,文宗本拟藉甘露之谋剿除宦官,失败后却使其势力更甚。至此,宪宗以来的元和中兴局面在经历了河朔三镇复叛、牛李党争内耗和甘露之变宦官集团对于朝士文臣的血腥屠戮之后,已不复存在。至唐末,朱全忠采取屠杀手段解决宦官问题,唐朝国运也走至尽头。

纲 十二月,诏六道巡边使还京师。

〔京城讹言寇至,李石镇定自若〕

目 初,王守澄恶宦者田全操等六人,李训、郑注因遣分诣盐、灵等道巡边①,诏六道使杀之。会训败,六道得诏,皆废不行。至是,召之,全操等追忿训、注之谋②,在道扬言:"我入城,凡儒服者,尽杀之!"乘驿疾驱而入。京城讹言寇至,民惊走,诸司奔散,郑覃、李石在中书,覃谓石曰:"耳目颇异,宜出避之!"石曰:"宰相位尊望重,人心所属,不可轻也!今事虚实未可知,坚坐镇之,庶几可定。若宰相亦走,则中

① 分诣:分往,分派。
② 追忿:追溯以往,感到忿恨。

外乱矣。且果有祸乱,避亦不免!"覃然之。石坐视文案,沛然自若。

纲 以薛元赏为京兆尹。

〔薛元赏杖杀神策军将〕

目 时禁军暴横,京兆尹张仲方不敢诘,以薛元赏代之。元赏尝诣李石第,闻石方坐听事与一人争辩甚喧,元赏使觇之,云有神策军将诉事。元赏趋入,责石曰:"相公纪纲四海,不能制一军将,使无礼如此,何以镇服四夷!"即命左右擒出。士良召之,元赏曰:"属有公事,行当至矣。"乃杖杀之,而白服以见士良,曰:"中尉、宰相,皆大臣也,宰相之人若无礼于中尉,如之何?中尉之人无礼于宰相,庸可恕乎!中尉与国同体,为国惜法,元赏已囚服而来,惟中尉死生之!"士良无可如何,乃呼酒与元赏欢饮而罢。

纲 丙辰,开成元年(836),春二月,加刘从谏检校司徒。

目 昭义节度使刘从谏上表请王涯等罪名,且言:"涯等荷国荣宠,安肯构逆!训等实欲讨除内臣,两中尉遂诬以反逆,横被杀伤。臣欲身诣阙庭①,面陈臧否②,恐并陷孥(nú)戮③,事亦无成。谨当修饬封疆,训练士卒,如奸臣难制,誓以死清君侧!"士良等惧,乃加从谏检校司徒。从谏复表让曰:"臣之所陈,系国大体。可听则涯等宜蒙湔(jiān)洗④,不可听则赏典不宜妄加,安有死冤不申而生者荷禄!"因暴扬仇士良

---

① 阙庭:朝廷。
② 臧否:得失、好坏。
③ 孥戮:诛及子孙。
④ 湔洗:除去冤罪,洗刷冤屈。

等罪恶,士良等惮之。由是郑覃、李石粗能秉政,天子倚之亦差以自强。

〔若宰相尽同,则事必有欺陛下者矣〕

纲 夏四月,以李固言同平章事。

目 固言荐崔球为起居舍人,郑覃以为不可,上曰:"公事莫相违!"覃曰:"若宰相尽同,则事必有欺陛下者矣!"上与宰相语,患四方表奏华而不典①。李石对曰:"古人因事为文,今人以文害事。"上与宰相论诗,覃曰:"诗之工者无若三百篇,皆国人作之以刺美时政②,王者采之以观风俗耳,不闻王者为诗也。陈后主、隋炀帝皆工于诗,不免亡国,陛下何取焉。"覃笃于经术,上甚重之。上尝欲置诗学士,李珏曰:"诗人浮薄,无益于理。"乃止。上谓宰相曰:"荐人勿问亲疏。朕闻窦易直为相,未尝用亲故,若亲故果才,避嫌而弃之,是亦不为至公也。"

纲 闰月,以李听为河中节度使。

目 上尝叹曰:"付之兵不疑,置之散地不怨,惟听为可以然。"

纲 秋七月,以魏謩(mó)为补阙。

目 李孝本二女配没右军,上取之入宫。拾遗魏謩上疏曰:"窃闻数月以来,教坊选试以百数,庄宅收市犹未已;又召李孝本女,不避宗姓,大兴物论,臣窃惜之。"上即出之。擢謩为补阙,谓曰:"朕选市女子,以赐诸王耳。怜孝本女孤露,故收养宫中。謩于疑似之间皆能尽言,可

---

① 不典:不实。
② 刺美:讽刺和赞美。

谓爱我,不忝厥祖矣①!"

〔魏謩谏文宗观史〕

后謩为起居舍人,上就取记注观之,謩不可,曰:"记注兼书善恶,所以儆戒人君,陛下但力为善,不必观史。"上曰:"朕向尝观之。"对曰:"此向日史官之罪也②。若陛下自观史,则史官必有所讳避,何以取信于后!"上乃止。又尝命謩献其祖文贞公笏③,郑覃曰:"在人不在笏。"上曰:"亦甘棠之比也④。"

谢一峰 评注

黄正建 审定

———————

① 厥祖:其祖,指魏徵。

② 向日:往日。

③ 文贞公:指魏徵,卒谥文贞。

④ 甘棠:用《诗经·甘棠》之典,比喻官吏的美政和遗爱。

纲鉴易知录卷五八

　　卷首语：本卷起唐文宗开成二年（837），止唐懿宗咸通十四年（873），所记为文宗、武宗、宣宗、懿宗四朝三十七年间史事。文宗时《开成石经》落成。武宗任用李德裕，稍抑藩镇，崇道灭佛。宣宗恢复佛寺，贬逐李德裕，起用牛党。牛李党争最终以牛党苟延残喘、李党离开中央而结束，文臣与宦官集团之间的南衙北司之争则愈趋紧张。懿宗时吏治腐败，裘甫、庞勋等相继起兵，对唐廷统治形成严重威胁，加速了其衰落瓦解的过程。

文宗皇帝

纲 丁巳,二年(开成二年,837),春三月,彗星出。

纲 夏四月,以柳公权为谏议大夫。

[柳公权有诤臣风采]

目 上对中书舍人柳公权等于便殿,上举衫袖示之曰:"此衣已三浣矣!"时众皆美上之俭德,公权独无言。上问其故,对曰:"陛下贵为天子,富有四海,当进贤退不肖,纳谏诤,明赏罚,乃可以致雍熙①。服浣濯之衣,乃末节耳。"上曰:"朕知舍人不应复为谏议,以卿有诤臣风采,须屈卿为之。"故有是命。

纲 以陈夷行同平章事。

纲 秋七月,太子侍读韦温罢。

目 温晨诣东宫,日中乃得见,因谏曰:"太子当鸡鸣而起,问安视膳,不宜专事宴安!"太子不能用其言,温乃辞侍读。

[《开成石经》完成]

纲 冬十月,国子监石经成②。

纲 李固言罢。

―――――――――

① 雍熙:和乐升平。
② 石经:即《开成石经》。

纲 戊午,三年(838),春正月,盗射伤李石。

纲 以杨嗣复、李珏同平章事,李石罢为荆南节度使。

〔李石忘身殉国〕

目 李石承甘露之乱,人情危惧,宦官恣横,忘身殉国,故纪纲粗立。仇士良深恶之,潜遣盗杀之,不果。石惧,辞位;上深知其故而无如之何,从之。

纲 以李宗闵为杭州刺史。

纲 夏五月,禁诸道言祥瑞。

〔杜悰不奏白兔之祥,愿陛下专以百姓富安为庆〕

目 太和之末,杜悰镇凤翔时,有诏沙汰僧尼。会有五色云见于岐山①,近法门寺②,民间讹言佛骨降祥,以僧尼不安之故。监军欲奏之,悰曰:"云物变色,何常之有!"未几,获白兔,监军又欲奏之,悰曰:"野兽未驯,且宜畜之。"旬日而毙。监军不悦,画图献之。及郑注代悰,奏紫云见,又献白雉。是岁,遂有甘露之变。及悰判度支,河中奏驺虞见③,百官称贺。上谓悰曰:"李训、郑注皆因瑞以售其乱,乃知瑞物非国之庆。卿在凤翔,不奏白兔,真先觉也。"对曰:"昔河出图,伏羲

---

① 岐山:在今陕西岐山县境。
② 法门寺:在今陕西扶风县法门镇,宪宗迎佛骨于此。
③ 驺虞:古代中国神话传说中的义兽。

以画八卦;洛出书,大禹以叙《九畴》①,皆有益于人,故足尚也。至于禽兽草木之瑞,何时无之! 愿陛下专以百姓富安为国庆,自余不足取也。"上善之。遂诏"诸道有瑞,皆勿以闻"。

纲冬十月,太子永卒。

纲己未,四年(839),春三月,司徒、中书令、晋文忠公裴度卒。

〔裴度遗表不及私〕

目度镇河东,以疾求归东都,诏入知政事。正月至京师,不能入见,劳赐旁午②。至是薨,上怪度无遗表,问其家,得半稿,以储嗣未定为忧,言不及私。度身貌不逾中人,而威望远达四夷,四夷见唐使,辄问度老少用舍。以身系国家轻重如郭子仪者,二十余年。

纲夏五月,郑覃罢为右仆射,陈夷行罢为吏部侍郎。

纲以姚勖检校礼部郎中。

目上以盐铁推官姚勖能鞫疑狱,命权知职方员外郎,右丞韦温奏:"郎官朝廷清选,不宜以赏能吏。"上乃以勖检校礼部郎中,仍充旧职。杨嗣复曰:"温志在澄清流品,若有吏能者皆不得清流,则天下之事孰为陛下理之! 恐似衰晋之风。"然上素重温,终不夺其所守。

纲秋七月,以崔郸同平章事。

---

① 九畴:指传说中天帝赐给禹治理天下的九类大法,见《洪范·九畴》。
② 旁午:亦作"旁迕",交错、纷繁之义。

纲 冬十月，立陈王成美为皇太子。

〔郝、献受制于强诸侯，今朕受制于家奴〕

目 杨妃请立皇弟安王溶为嗣，上谋于宰相，李珏非之，乃立敬宗少子成美为皇太子。上伤太子之死，旧疾遂增。十一月，疾少间①，坐思政殿，召当直学士周墀问曰："朕可方前代何主？"对曰："陛下尧、舜之主也。"上曰："朕岂敢比尧、舜！所以问卿者，何如周郝（nǎn）、汉献耳？"墀惊曰："彼亡国之主，岂可比圣德！"上曰："郝、献受制于强诸侯，今朕受制于家奴，以此言之，殆不如也！"因泣下沾襟，墀伏地流涕。自是不复视朝。

纲 庚申，五年（840），春正月，立颍王瀍为皇太弟，废太子成美为陈王。

目 上疾甚，欲命太子监国。中尉仇士良、鱼弘志以太子之立，功不在己，矫诏立瀍为太弟。以成美冲幼，复封陈王。

〔武宗承继帝位〕

纲 帝崩，太弟杀陈王成美，遂即位。

纲 夏五月，杨嗣复罢，以崔珙同平章事。

纲 秋八月，葬章陵②。

纲 李珏罢。九月，以李德裕同平章事。

---

① 间：病愈。
② 章陵：唐文宗陵墓，在今陕西富平县西北天乳山。

目初，上之立，非宰相意，故杨嗣复、李珏相继罢去，召德裕而相之。德裕入谢，言于上曰："致理之要，在于辨群臣之邪正。夫邪正二者，势不相容，正人指邪人为邪，邪人亦指正人为邪，人主辨之甚难。臣以为正人如松柏，特立不倚；邪人如藤萝，非附他物不能自起。故正人一心事君，而邪人竞为朋党。先帝深知朋党之患，然所用卒皆朋党之人，良由执心不定，故奸邪得乘间而入也。夫宰相不能人人忠良，或为欺罔，主心始疑，于是旁询小人以察执政。如德宗末年，所听任者惟裴延龄辈，宰相署敕而已，此政事所以日乱也。陛下诚能慎择贤才以为宰相，有奸罔者立黜去之，常令政事皆出中书，推心委任，坚定不移，则天下何忧不理哉！"又曰："先帝于大臣好为形迹，小过皆含容不言，日累月积，以至祸败。兹事大误，愿陛下以为戒！臣等有罪，陛下当面诘之。小过则容其悛改，大罪则加之诛谴，如此，君臣之际无疑间矣。"上嘉纳之。

纲冬十一月，以李中敏为婺州刺史[①]。

目内谒者监仇士良请以开府荫其子为千牛[②]，给事中李中敏判云："开府阶诚宜荫子，谒者监何由有儿?"士良惭恚。李德裕亦以中敏为杨嗣复之党，恶之，出为刺史。

武宗皇帝

纲辛酉，武宗皇帝会昌元年(841)，春三月，以陈夷行同平章事。

---

① 婺州：治今浙江金华市。
② 千牛：千牛备身，掌执御刀以宿卫皇帝。

纲 杀知枢密刘弘逸、薛季棱,贬杨嗣复、李珏远州刺史,裴夷直驩州司马。

目 刘弘逸、薛季棱有宠于文宗,仇士良恶之。上之立,非二人及宰相意,故嗣复、珏既罢,士良屡谮弘逸等,劝上除之。于是赐二人死,仍遣中使就诛嗣复及珏。杜悰奔马见李德裕曰:"天子年少,新即位,兹事不宜手滑!"德裕乃与崔珙、崔郸、陈夷行三上奏,愿开延英赐对。遂入,泣涕极言。上乃追还二使,更贬嗣复等。

纲 夏六月,诏群臣言事,毋得乞留中①。

目 诏:"臣下言人罪恶,并应请付御史台按问,毋得乞留中,以杜谗邪。"

纲 上受法箓于赵归真。

纲 秋九月,以牛僧孺为太子太师。

目 先是僧孺镇襄阳,汉水溢,坏民居。李德裕以为僧孺罪而废之。

纲 冬十一月,崔郸罢。

纲 壬戌,二年(842),春二月,以李绅同平章事。

纲 以柳公权为太子詹事。

目 散骑常侍柳公权素与李德裕善,崔珙奏为集贤学士;德裕以恩非己出,因事左迁之。

纲 夏五月,陈夷行罢。

---

① 留中:将臣子上的奏章留置宫禁之中,不交议或批答。

纲 秋七月,以李让夷同平章事。

纲 八月,以白敏中为翰林学士。

目 上闻白居易名,欲相之,以问李德裕。德裕素恶居易,乃言:"居易衰病,不任朝谒。其从弟敏中,辞学不减居易,且有器识。"故有是命。

纲 癸亥,三年(843),春二月,崔珙罢。

纲 三月,赠悉怛谋右卫将军。

目 李德裕言:"维州据高山绝顶,三面临江,在戎虏平川之冲,是汉地入兵之路。自为吐蕃所陷,号曰'无忧城'。从此得以并力西边,凭陵近甸。臣到西蜀,空壁来归,南蛮震慑,山西八国,皆愿内属。可减八处镇兵,坐收千余里旧地。当时不与臣者,望风疾臣,诏执送悉怛谋等令彼自戮,绝忠款之路,快凶虐之情。乞追奖忠魂,各加褒赠。"故有是命。

〔唐廷征讨刘稹〕

纲 夏四月,昭义节度使刘从谏薨,其子稹自为留后;诏诸道发兵讨之。

目 初,从谏累表言仇士良罪恶,遂与朝廷相猜恨。及疾病,与幕客张谷等谋效河北诸镇,以弟之子稹为都知兵马使。至是薨,稹秘不发丧,逼监军崔士康奏称从谏疾病,请命其子稹为留后。宰相谏官多以为:"回鹘余烬未灭,边鄙犹须警备,复讨泽潞,国力不支。"李德裕独曰:"泽潞事体与河朔三镇不同。河朔习乱已久,人心难化,是故累朝以来,置之度外。泽潞近处腹心,一军素称忠义。如李抱真成立此军,德宗犹不许承袭。敬宗不恤国务,宰相又无远略,刘悟之死,因授从谏,使其跋扈,垂死之际,复以兵权擅付竖子。若又因而授之,则诸镇谁不思效其所为,天子威令不复行矣!"上曰:"卿以何术制之？果可克否?"对曰:"积所恃者三镇。但得镇、魏不与之同①,则积无能为也。若遣重臣往谕王元逵、何弘敬②,以河朔自艰难以来,列圣许其传袭,已成故事,与泽潞不同。今将加兵泽潞,不欲更出禁军,其山东三州③,委两镇攻之;贼平之日,将士并当厚加官赏。苟两镇听命,不从旁沮挠官军,则积必成擒矣!"上喜曰:"吾与德裕同之,保无后悔。"遂决意讨积,群臣言者不复入矣。

上命德裕草诏赐元逵、弘敬曰:"泽潞一镇,与卿事体不同,勿为子孙之谋,欲存辅车之势④。但能显立功效,自然福及后昆⑤。"上曰:"当如此直告之是也!"又赐卢龙节度使张仲武诏,令专御回鹘。元逵、弘敬得诏,悚息听命。

德裕又以分司宾客李宗闵与刘从谏交通,不宜置之东都,奏以为湖州刺史。制削夺从谏及积官爵,以王元逵、何弘敬为招讨使,与河东节度使刘沔、河阳节度使王茂元合力攻讨。

纲 以崔铉同平章事。

纲 筑望仙观于禁中。

---

① 镇:指成德镇。魏:指魏博镇。
② 王元逵:成德节度使。何弘敬:魏博节度使。
③ 山东三州:邢、洺、磁三州,为昭义属州,在太行山以东。
④ 辅车:比喻事物互相依存的利害关系。
⑤ 后昆:后嗣,子孙。

纲六月,内侍监仇士良致仕。

[天子不可令闲]

目上外尊宠士良,内实忌之。士良颇觉,遂以老病致仕。其党送归私第,士良教之曰:“天子不可令闲,常宜以奢靡娱其耳目,使日新月盛,无暇更及他事,然后吾辈可以得志。慎勿使之读书,亲近儒生,彼见前代兴亡,心知忧惧,则吾辈疏斥矣。”其党拜谢而去。

纲秋七月,遣御史中丞李回宣慰河北三镇。

目诏遣御史中丞李回宣慰河北,令幽州早平回鹘,镇、魏早平泽潞。回至河朔,弘敬、元逵、仲武皆具櫜鞬郊迎,立于道左,不敢令人控马,让制使先行,自兵兴以来,未之有也。回明辩有胆气,三镇无不奉诏。

纲甲子,四年(844),春三月,以赵归真为道门教授先生。

纲夏六月,诏削仇士良官爵,籍其家。

纲秋七月,以杜悰同平章事。

目上闻扬州倡女善为酒令,敕监军选而献之。监军请节度使杜悰,不从。监军怒,表其状。左右因请敕悰同选,上曰:“敕藩方选倡女入宫,岂圣天子所为! 杜悰得大臣体,朕甚愧之!”遽敕勿选,召悰入相,劳之曰:“卿不从监军之言,朕知卿有致君之心。今相卿,如得一魏徵矣!”

纲八月,邢、洺、磁三州降,郭谊斩刘稹以降。

〔平定刘稹〕

目刘稹年少懦弱,押牙王协①、兵马使李士贵用事,专聚货财,府库充溢,而将士有功无赏,由是人心离怨。邢州将裴问请降于王元逵。洺州守将王钊、磁州守将安玉闻之,皆请降于何弘敬。李德裕曰:"昭义根本,尽在山东,三州降则上党不日有变矣②。"上曰:"郭谊必枭刘稹以自赎。"德裕曰:"诚如圣料。"潞人闻三州降,大惧。郭谊、王协谋,说刘稹以兵授谊,束身归朝。稹许之。遂杀稹,灭其族,函首遣使奉表降于王宰。宰以状闻,宰相入贺,上曰:"郭谊宜如何处之?"德裕对曰:"刘稹騃(ái)孺子耳③,阻兵拒命,皆谊为之谋主;及势孤力屈,又卖稹以求赏。此而不诛,何以惩恶!宜及诸军在境,并谊等诛之!"上曰:"朕意亦以为然。"乃诏石雄将七千人入潞州。雄至潞州,尽执郭谊、王协等送京师,皆斩之。

〔李德裕加官赐爵,牛僧孺、李宗闵被贬〕

纲加李德裕太尉,赐爵卫国公。

目加李德裕太尉、卫国公,德裕辞,上曰:"恨无官赏卿耳!"

初,德裕以比年将帅出兵屡败,其弊有三:一者,诏令下军前者,日有三四,宰相多不预闻;二者,监军各以意见指挥军事,将帅不得专进退;三者,每军各有宦者为监使,悉选军中骁勇数百为牙队,其有战

---

① 押牙:藩镇低级武职僚佐。
② 上党:郡名,指潞州。
③ 騃:呆痴,不明事理。

陈,斗者皆怯弱之士,每战,视事势小却,辄引旗先走,陈从而溃。德裕乃与枢密使杨钦义、刘行深议,约敕监军不得预军政,每兵千人听取十人自卫,有功随例沾赏。二枢密皆以为然,白上行之。自非中书进诏意,更无他诏自中出者。号令既简,将帅得以施其谋略,故所向有功。

河北三镇每遣使者至京师,德裕常面谕之曰:"河朔兵力虽强,不能自立,须藉朝廷官爵威命以安军情。语汝使:与其使大将邀敕使以求官爵,何如自奋忠义,立功立事,结知明主乎!且李载义为国家平沧景①,及为军中所逐,不失作节度使;杨志诚遣大将遮敕使马求官,及为军中所逐,朝廷竟不赦其罪。此二人祸福足以观矣。"由是三镇不敢有异志。

纲 冬十月,贬牛僧孺为循州长史,流李宗闵于封州。

目 李德裕言于上曰:"刘从谏据上党十年,太和中入朝,僧孺、宗闵执政,不留之,加宰相纵去,以成今日之患。"上遂贬僧孺等。

纲 乙丑,五年(845),夏五月,杜悰、崔铉罢,以李回同平章事。

[武宗灭佛]

纲 秋七月,诏天下佛寺僧尼并勒归俗。

纲 冬十月,以道士刘玄静为崇玄馆学士②。

---

① 沧景:横海节度使,治沧州。
② 崇玄馆:唐代官办的道教学校。

目 玄静固辞还山,许之。

纲 十二月,贬韦弘质为某官。

目 李德裕秉政日久,好徇爱憎,人多怨之。左右言其太专,上亦不悦。给事中韦弘质上疏,言宰相权重,不应更领三司钱谷。德裕奏曰:"制置职业,人主之柄。弘质受人教导,所谓贱人图柄臣①,非所宜言。"弘质贬官,由是众怒愈甚。

纲 诏罢来年正旦朝会。

目 初,上饵方士金丹,性加燥急,喜怒不常。问李德裕以外事,对曰:"陛下威断不测,外人颇惊惧。天下既平,愿陛下以宽理之,使得罪者无怨,为善者不惊,则天下幸甚。"上自秋来,已觉有疾,而道士以为换骨。至是,诏罢正旦朝会。

〔武宗去世,宣宗即位〕

纲 丙寅,六年(846),春三月,立光王忱为皇太叔。帝崩,太叔即位。

目 初,宪宗纳李锜妾郑氏,生光王怡。幼时宫中皆以为不慧,太和以后,益自韬匿②。及上疾笃,诸宦官密于禁中定策,下诏以皇子冲幼,立怡为皇太叔,更名忱,令权句当军国政事。太叔见百官,哀戚满容;裁决庶务,咸当于理,人始知有隐德焉。上崩,以李德裕摄冢宰。宣宗即位,德裕奉册,既罢,上谓左右曰:"适近我者,非太尉邪? 每顾我,

① 柄臣:执权柄之臣。
② 韬匿:敛藏,隐藏。

使我毛发洒浙①！"

纲 夏四月，尊帝母郑氏为皇太后。

纲 李德裕罢为荆南节度使。

目 德裕秉权日久，位重有功，众不谓其遽罢，闻之莫不惊骇。

纲 赵归真等伏诛。五月，诏上京增置八寺，复度僧、尼。

纲 以白敏中同平章事。

纲 六月，定太庙为九代十一室。

纲 秋八月，葬端陵②。

纲 以牛僧孺为衡州长史，李宗闵为郴州司马。

目 僧孺、宗闵及崔珙、杨嗣复、李珏等五相，皆武宗所贬逐，至是，同日北迁。宗闵未行而卒。

纲 九月，郑肃罢，以卢商同平章事。

〔景让之母，教子有方，家风熏染，代有相承〕

纲 以李景让为浙西观察使。

目 初，景让母郑氏，性严明，早寡，家贫。子幼，每自教之。宅后墙陷，得

———————

① 洒浙：寒颤，畏惧不安。
② 端陵：唐武宗陵墓，在今陕西三原县东。

钱盈船,母祝之曰:"吾闻无劳而获,身之灾也。天必以先君余庆①,矜其贫而赐之,则愿诸孤学问有成,此不敢取!"遽命掩而筑之。景让宦达,发已斑白,小有过,不免捶楚②。弟景庄,老于场屋③,每被黜,母辄挞景让。然景让终不肯属主司,曰:"朝廷取士自有公道,岂可效人求关节乎!"

纲 冬十月,上受三洞法箓④。

宣宗皇帝

纲 丁卯,宣宗皇帝大中元年(847),春二月,以李德裕为太子少保分司。

目 初,德裕引白敏中入翰林;及德裕失势,敏中竭力排之,使其党讼德裕罪,故有是命。

纲 卢商罢。以崔元式、韦琮同平章事。

纲 闰月,敕复废寺。

纲 夏六月,以令狐绹(táo)为考功郎中、知制诰。

纲 秋八月,李回罢。

纲 冬十二月,贬李德裕为潮州司马。

---

① 余庆:留存的福祉。
② 捶楚:杖击,鞭打。
③ 场屋:唐人谓贡院为场屋。老于场屋,言屡试不中。
④ 三洞法箓:三洞指洞真、洞玄、洞神,泛指道教经典。三洞法箓为唐代道教高级法位。

纲戊辰，二年(848)，春正月，贬丁柔立为南阳尉。

目初，李德裕执政，有荐丁柔立清直可任谏官者，德裕不能用。至是，为右补阙，上疏讼德裕冤。坐阿附，贬。

纲二月，以令狐绹为翰林学士。

目上尝以太宗所撰《金镜》授绹，使读之，"至乱未尝不任不肖，至治未尝不任忠贤"，止之曰："凡求致太平，当以此言为首。"又书《贞观政要》于屏风，每正色拱手而读之。

纲夏五月，崔元式罢，以周墀、马植同平章事。

目初，墀为义成节度使，辟韦澳为判官，及为相，谓澳曰："何以相助？"澳曰："愿相公无权。"墀愕然，澳曰："官赏刑罚，与天下共其可否，勿以己之爱憎喜怒移之，天下自理，何权之有！"墀深然之。

〔李德裕贬崖州〕

纲秋九月，贬李德裕为崖州司户。

纲冬十一月，韦琮罢。

纲己巳，三年(849)，春正月，以韦宙为御史。

目上与宰相论元和循吏孰为第一，周墀曰："臣尝守土江西，闻观察使韦丹功德被于八州①，没四十年，老稚歌思，如丹尚存。"诏史馆修撰杜牧撰《丹遗爱碑》，仍擢其子宙为御史。

————————

① 八州：江南西道节度、观察，管洪、江、鄂、岳、虔、吉、袁、抚八州。

纲 夏四月,周墀罢为东川节度使。

目 墀谏上开边,忤旨,遂罢。翰林学士郑颢言于上曰:"周墀以直言入相,亦以直言罢。"上深感悟,加检校右仆射。

纲 以崔铉、魏扶同平章事。

[收复安史之乱后陷于吐蕃的河湟之地]

纲 秋七月,克复河湟。

纲 冬闰十一月,加顺宗、宪宗谥号。

目 宰相以克复河湟,请上尊号。上曰:"宪宗尝有志复河湟,未遂而崩,今乃克成先志耳。其议加顺、宪二庙尊谥,以昭功烈。"

纲 李德裕卒。

纲 庚午,四年(850),夏四月,贬马植为常州刺史。

纲 六月,魏扶卒,以崔龟从同平章事。

纲 秋九月,贬孔温裕为柳州司马。

目 党项为边患,发兵讨之,连年无功;补阙孔温裕上疏切谏,上怒,贬之。温裕,戣(kuí)之子也。既而戣弟子吏部侍郎温业亦求补外,白敏中谓同列曰:"我辈须自点检,孔吏部不肯居朝廷矣。"

纲 冬十月,以令狐绹同平章事。

纲 辛未,五年(851),冬十月,以魏謩同平章事。

目时上春秋已高,尚未立太子,群臣莫敢言。暮入谢,因言:"今海内无事,惟未建储副,使正人辅导,臣窃以为忧。"且泣,时人重之。

纲冬十一月,崔龟从罢。

纲壬申,六年(852),夏六月,以毕諴(xián)为邠宁节度使。

目党项复扰边,上欲择帅而难其人,从容与翰林毕諴论边事,諴援古据今,具陈方略。上悦曰:"不意颇、牧近在禁庭①。卿其为朕行乎!"諴欣然奉命。

纲秋八月,以裴休同平章事。

纲冬十月,毕諴招谕党项,降之。

纲十二月,复禁私度僧尼。

纲甲戌,八年(854),春正月朔,日食,罢元会②。

纲秋九月,以高少逸为陕虢观察使。

〔南衙北司之争〕

目有敕使过硖石③,怒饼黑,鞭驿吏见血;少逸以闻。上责敕使,谪配恭陵④。其后,上召翰林学士韦澳,屏左右问之曰:"近日内侍权势如

---

① 颇、牧:廉颇、李牧,战国末赵国名将。
② 元会:即元旦朝会。
③ 硖石:县名,在今河南三门峡市陕州区东硖石乡。
④ 恭陵:唐高宗子李弘陵墓,在今河南洛阳市偃师区缑氏镇东北。

何?"对曰:"陛下威断,非前朝之比。"上闭目摇首曰:"全未,全未! 尚畏之耳。策将安出?"对曰:"若与外庭议之,恐有太和之变①,不若 就其中择有才识者与之谋。"上曰:"此乃末策,朕已试之矣!"上又与 令狐绹谋尽诛宦官,绹恐滥及无辜,密奏曰:"但有罪勿舍,有阙勿补, 自然渐耗,至于尽矣。"宦者窃见其奏,由是益与朝士相恶,南北司如 水火矣。

纲 冬十月,以李行言为海州刺史。

目 上猎于苑北,遇樵夫,问其:"县令为谁?"曰:"李行言。""为政如何?" 曰:"性执。有强盗数人匿军家,索之,竟不与,尽杀之。"上归,帖其名 于寝殿之柱。及除刺史,入谢,上赐之金紫,取帖示之。

纲 乙亥,九年(855),春二月,以李君奭为怀州刺史。

目 初,上校猎渭上,有父老十数,聚于佛寺,上问之,对曰:"醴泉百姓也。 县令李君奭有异政②,考满当罢,诣府乞留,故此祈佛,冀谐所愿耳。" 及怀州刺史阙,上手笔除君奭。

上聪察强记,天下奏狱吏卒姓名,一览皆记之。尝密令翰林学士韦澳 纂次州县境土风物及诸利害为一书,号曰《处分语》。他日,邓州刺史 薛弘宗入谢,出谓澳曰:"上处分本州事惊人。"澳询之,皆《处分语》 中事也。

纲 秋七月,崔铉罢为淮南节度使。

---

① 太和之变:指甘露之变。
② 异政:优异的政绩。

纲 冬十一月,以柳仲郢为盐铁转运使。

纲 丙子,十年(856),春正月,以郑朗同平章事。

纲 夏五月,以韦澳为京兆尹。

纲 六月,裴休罢为宣武节度使。

目 初,上命休极言时事,休请早建太子,上曰:"若建太子,则朕遂为闲人。"休不敢复言。以疾辞位,从之。

纲 冬十一月,以崔慎由同平章事。

纲 丁丑,十一年(857),春正月,以韦澳为河阳节度使。

目 澳尝奏事,上欲以澳判户部,以"心力衰耗,难处繁剧"为辞①,上不悦。及归,其甥柳玭(pín)尤之②,澳曰:"主上不与宰相佥(qiān)议③,私欲用我,人必谓我以他歧得之④,何以自明!且尔知时事浸不佳乎?由吾曹贪名位所致耳。"遂出镇河阳。

纲 二月,魏暮罢为西川节度使。

目 上乐闻规谏,凡谏官论事,门下封驳⑤,苟合于理,多屈意从之。得大臣章疏,必焚香盥手而读之。尝欲幸华清宫,谏官论之,上为之止。暮为相,每议事,正言无所避,上每叹曰:"暮绰有祖风,我心重之。"然

---

① 繁剧:繁难复杂的事务。
② 尤:怨恨、归咎。
③ 佥议:共同商议。
④ 他歧:他路。
⑤ 封驳:封还诏令。

竟以刚直为令狐绹所忌而出之。

纲 秋七月,以萧邺同平章事。冬十月,郑朗罢。

纲 遣使迎道士轩辕集于罗浮山①。

目 上好神仙,迎轩辕集至长安,问曰:"长生可学乎?"对曰:"王者屏欲而崇德,则自然受天遐福,何处更求长生!"留数月,求还山,乃遣之。

纲 戊寅,十二年(858),春正月,以刘瑑(zhuàn)同平章事。

纲 二月,崔慎由罢。

目 上欲御楼肆赦②,令狐绹曰:"御楼所费甚广,事须有名,且赦不可数。"上不悦,曰:"遣朕于何得名!"慎由曰:"陛下未建储宫,四海属望。若举此礼,虽郊祀亦可,况于御楼!"时上饵方士药,已觉燥渴,疑忌方深,闻之,俯首不复言。旬日,慎由罢相。

纲 夏四月,以夏侯孜同平章事。

纲 五月,刘瑑卒。

纲 秋七月,河南、北、淮南大水。

纲 冬十月,以于延陵为建州刺史③。

目 延陵入谢,上曰:"建州去京师几何?"对曰:"八千里。"上曰:"卿到彼为政善恶,朕皆知之,勿谓其远! 此阶前则万里也,卿知之乎?"

────────

① 罗浮山:为道教名山,在今广东省中部。

② 肆赦:大赦。

③ 建州:治今福建建瓯市。

令狐绹拟李远杭州刺史,上曰:"吾闻远诗云'长日惟消一局棋',安能理人!"绹曰:"诗人托此为高兴耳,未必实然。"上曰:"且令往,试观之。"

[宣宗重刺史之选任]

诏刺史毋得外徙,必令至京师,面察其能否,然后除之。令狐绹尝徙其故人为邻州刺史,便道之官。上以问绹,对曰:"以其道近,省送迎耳。"上曰:"朕以刺史多非其人,为百姓害,故欲一一访问,知其优劣以行黜陟。而诏命既行,直废格不用,宰相可谓有权!"时方寒,绹汗透重裘①。

上临朝,接对群臣如宾客,虽左右近习②,未尝见其有惰容。每宰相奏事,旁无一人立者,威严不可仰视。奏事毕,忽怡然曰:"可以闲语矣!"因问闾阎细事,或谈宫中游宴,无所不至。一刻许,复整容曰:"卿辈善为之,朕常恐卿辈负朕,后日不复得再相见。"乃起入宫。令狐绹谓人曰:"吾十年秉政,最承恩遇;每延英奏事,未尝不汗沾衣也。"

纲 十二月,以蒋伸同平章事。

目 伸从容言于上曰:"近日官颇易得,人思侥幸。"上惊曰:"如此,则乱矣!"对曰:"乱则未乱,但侥幸者多,乱亦非难。"上称叹再三,曰:"异日不复得独对卿矣。"伸不谕。寻拜相。

---

① 重裘:厚毛皮衣。
② 近习:亲近的人。

〔宣宗饵药，疽发于背〕

纲　己卯，十三年（859），秋八月，帝崩，郓王漼即位。

目　初，上长子郓王温无宠，爱第三子夔王滋，欲以为嗣，为其非次①，故久不建东宫。上饵李玄伯等药，疽发于背，宰相不得见。上密以夔王属王归长等三人，使立之。独左军中尉王宗实素不同心，三人相与谋，出宗实为淮南监军。宗实已受敕，将出，左军副使亓（qí）元实谓曰："圣人不豫逾月②，中尉何不一见圣人而出乎？"宗实感悟，复入，至寝殿，上已崩。宗实叱归长等，责以矫诏；皆捧足乞命。乃迎郓王立为太子，权勾当军国政事，更名漼。取归长等杀之。太子即位，是为懿宗。宣宗性明察沉断，用法无私，从谏如流，重惜官赏，恭谨节俭，惠爱民物，故大中之政，讫于唐亡，人思咏之，谓之小太宗。

纲　尊皇太后为太皇太后。

纲　李玄伯等伏诛。

纲　冬十一月，萧邺罢。十二月，以杜审权同平章事。

纲　令狐绹罢，以白敏中同平章事。

懿宗皇帝

纲　庚辰，懿宗皇帝咸通元年（860），春正月，浙东贼裘甫作乱。

---

① 非次：不合次序。
② 不豫：天子生病的讳称。

目 初,裘甫攻陷象山①,观察使郑祗德遣兵讨之,大败;甫遂陷剡(shàn)县②。开府库,募壮士,众至数万人。

纲 葬贞陵③。

纲 三月,以王式为浙东观察使,发诸道兵讨裘甫,破之。

〔王式平定浙东裘甫之乱〕

纲 夏六月,王式擒裘甫,送京师,斩之。

目 诸将还越,式大置酒。诸将请曰:"某等生长军中,久更行陈,今幸得从公破贼,然私有所不谕者。敢问:公之始至,军食方急,而遽散之,何也?"式曰:"此易知耳。贼聚谷以诱饥人,吾给之食,则彼不为盗矣。且诸县无守兵,贼至,则仓谷适足资之耳。""不置烽燧,何也④?"式曰:"烽燧所以趣救兵也,今兵尽行,无以继之,徒惊士民,使自溃乱耳。""使懦卒为候骑而少给兵,何也?"式曰:"彼勇卒操利兵,遇敌且不量力而斗;斗死,则贼至不知矣。"皆拜曰:"非所及也!"

纲 秋九月,以白敏中为司徒、中书令。

纲 冬十月,追复李德裕官爵,赠左仆射。

纲 夏侯孜罢,以毕諴同平章事。

———————————

① 象山:县名,今浙江象山县。
② 剡县:今浙江嵊州市。
③ 贞陵:唐宣宗陵墓,在今陕西泾阳县北。
④ 烽燧:遇敌来犯时点烟火示警。

纲 辛巳,二年(861),春正月,白敏中罢,以杜悰同平章事。

纲 壬午,三年(862),春正月,蒋伸罢。

纲 夏四月,置戒坛,度僧尼。

纲 秋七月,以夏侯孜同平章事。

纲 癸未,四年(863),夏四月,毕諴罢为兵部尚书。

纲 五月,以杨收同平章事。杜审权罢。

纲 六月,杜悰罢,以曹确同平章事。

纲 秋八月,以吴德应为馆驿使。

目 台谏上言:"故事,御史巡驿,不应忽以内臣代之。"上谕以"敕命已行,不可复改"。左拾遗刘蜕上言:"自古明君所尚者,从谏如流,岂有已行而不改!且敕自陛下出之,自陛下改之,何为不可!"弗听。

纲 冬十月,以令狐滈(hào)为詹事司直①。

〔令狐滈号"白衣宰相"〕

目 初,以令狐滈为左拾遗。拾遗刘蜕上言:"滈专家无子弟之法②,布衣行公相之权。"起居郎张云言:"滈父绹用李涿为安南,致南蛮至今为梗,由滈纳贿,陷父于恶。绹执政时,人号滈'白衣宰相'。"滈亦引

① 詹事司直:太子詹事府属官。
② 专家:专父兄之权。

避,故有是命。

纲 甲申,五年(864),春三月,彗星出。

目 彗出于娄①,长三尺。司天监奏:"按《星经》,是名含誉②,瑞星也,主大喜。请宣示中外,于是编诸史策。"从之。

纲 夏四月,以萧寘同平章事。

纲 冬十一月,夏侯孜罢,以路岩同平章事。

纲 乙酉,六年(865),春正月,以杜宣猷为宣歙观察使。

目 宦官多闽人,宣猷为福建观察使,每寒食遣吏分祭其先垄③,宦官德之,故有是命,时人谓之"敕使墓户"。

纲 三月,萧寘卒。夏四月,以高璩(qú)同平章事。

纲 六月,高璩卒,以徐商同平章事。

纲 丙戌,七年(866),冬十月,杨收罢。

纲 丁亥,八年(867),秋七月,以于琮同平章事。

纲 戊子,九年(868),秋七月,桂州戍卒作乱,判官庞勋将之。冬十月,陷宿、徐州,囚观察使崔彦曾。十一月,诏遣康承训发诸道兵讨之。十二月,贼陷滁、和州,攻泗州④,不克。

---

① 娄:星宿名,二十八宿之一。
② 含誉:星名,光耀似彗。
③ 先垄:祖先坟墓。
④ 泗州:治今江苏盱眙县西北。

目 初，南诏陷安南，敕徐、泗募兵二千赴援，分八百人别戍桂州，初约三年一代，至是，戍桂者已六年，屡求代还。徐泗观察使崔彦曾，性严刻。押牙尹勘等用事，以军帑空虚[1]，不能发兵，请令更留戍一年，彦曾从之。戍卒闻之，怒。都虞候许佶等作乱，推粮料判官庞勋为主[2]，劫库兵北还，所过剽掠，州县不能御。朝廷屡敕崔彦曾慰抚之。彦曾遣使谕以敕意，道路相望。勋至徐城，乃言于众曰："吾辈擅归，思见妻子耳。今闻已有密敕下本军，至则灭族！与其自投网罗，曷若相与戮力同心，赴汤蹈火，岂徒脱祸，富贵可求也。"众皆呼跃称善。遂于递中申状，乞停尹勘等职任。

彦曾命都虞候元密等将三千人讨勋，复命宿、泗州出兵邀之。密至任山[3]，顿兵不进，欲俟贼入馆，乃击之。贼诇（xiòng）知之[4]，夜遁。官军引退。贼至符离[5]，宿州戍卒出战，望风奔溃，贼遂攻城，陷之。贼知彭城无备，还聚彭城。彦曾始选城中丁壮为守备，内外震恐，无复固志。贼至，城陷，囚彦曾，杀尹勘等。即日城中愿从者万余人。

诏以将军康承训为行营都招讨使，王晏权、戴可师为南、北面招讨使，大发诸道兵以讨之。承训奏乞沙陀三部落使朱邪赤心帅以自随，诏许之。

勋以李圆攻泗州久不克，遣其将吴迥代攻，昼夜不息。十二月，贼陷

---

① 军帑：军用库藏。
② 粮料判官：负责粮食马料调配转运的官员。
③ 任山：在今江苏徐州市铜山区西南。
④ 诇知：侦察得知。
⑤ 符离：县名，今安徽宿州市埇桥区符离镇。

都梁城①,据淮口,漕驿路绝。承训军新兴,兵才万人,以众寡不敌,退屯宋州。勋乃遣其将攻陷滁州,杀刺史高锡望。又寇和州,刺史崔雍引贼入城,贼遂大掠。

泗州援绝粮尽,辛谠以浙西军至楚州,贼水陆布兵,锁断淮流。谠募敢死士数十人,先以四舟乘风直进,死战,斧断其鏁,帅众扬旗鼓噪而前。贼见其势猛锐,避之,遂得入城。

纲 己丑,十年(869),春二月,康承训大败贼将王弘立于鹿塘②。

纲 夏四月,庞勋杀崔彦曾,自称"天册将军",与官军战,大败。

纲 马举救泗州,杀贼将王弘立,泗州围解。

纲 六月,徐商罢,以刘瞻同平章事。

纲 秋八月,贼将张玄稔以宿州降。引兵进平徐州。

〔赐朱邪赤心姓名李国昌〕

纲 冬十月,以张玄稔为骁卫大将军,康承训为河东节度使,杜悰为义成节度使,朱邪赤心为大同军节度使,赐姓李,名国昌,辛谠为亳州刺史。

纲 庚寅,十一年(870),春正月,贬康承训为恩州司马③。

---

① 都梁城:在今江苏盱眙县东南都梁山下。
② 鹿塘:在今河南永城市东南。
③ 恩州:治今广东恩平市。

纲三月,曹确罢,夏四月,以韦保衡同平章事。

纲秋九月,贬刘瞻为骥州司户,温璋为振州司马①。

目刘瞻罢为荆南节度使。温璋贬振州司马,璋叹曰:"生不逢时,死何足惜!"仰药卒。韦保衡又与路岩共谮刘瞻,云与医官通谋,投毒药。贬康州刺史②。翰林学士承旨郑畋草制曰:"安数亩之居,仍非己有;却四方之赂,惟畏人知。"岩谓畋曰:"侍郎乃表荐刘相也!"坐贬梧州刺史。岩素与瞻论议不协,既贬,犹不快,阅《十道图》,以骥州去长安万里,再贬之。

纲冬十一月,以王铎同平章事。

纲十二月,以李国昌为振武节度使。

纲辛卯,十二年(871),夏四月,路岩罢。

纲五月,上幸安国寺。

纲以刘邺同平章事。

纲壬辰,十三年(872),春二月,于琮罢,以赵隐同平章事。

纲秋七月,以李璋为宣歙观察使。

目初,韦保衡欲以其党裴条为郎官,惮左丞李璋方严,恐其不授,乃先遣人达意。璋曰:"朝廷迁除,不应见问。"保衡怒,出之。

---

① 振州:治今海南三亚市崖州区。
② 康州:治今广东德庆县。

〔懿宗再迎佛骨〕

纲 癸巳,十四年(873),春正月,遣使迎佛骨,夏四月,至京师。

目 上遣敕使诣法门寺迎佛骨,群臣谏者甚众,至有言宪宗迎佛骨寻晏驾者①。上曰:"朕生得见之,死亦无恨!"及至京师,仪卫之盛,过于郊祀。

纲 六月,王铎罢。

纲 秋七月,帝崩,普王俨即位。

目 上疾大渐②,中尉刘行深、韩文约立上少子普王俨为皇太子,权句当军国政事。帝崩,太子即位,时年十二,是为僖宗。

纲 八月,关东、河南大水。

纲 九月,贬韦保衡为贺州刺史,寻赐死。

纲 冬十月,以萧仿同平章事。

纲 十一月,贬路岩为新州刺史。

谢一峰 评注

黄正建 审定

---

① 晏驾:古时帝王死亡的讳称。
② 大渐:病危。

纲鉴易知录卷五九

卷首语：本卷起唐僖宗乾符元年（874），止唐昭宗天复元年（901），所记为僖宗、昭宗两朝二十八年间史事。僖宗倚重宦官，致使田令孜专权。王仙芝、黄巢揭竿而起，僖宗两次被迫离开长安。昭宗虽有恢复之志，但受宦官、藩镇的内外双重制约，终未能挽救唐朝衰亡的命运。此后，李克用、朱温、李茂贞、钱镠、王建等人在此乱世中崛起。

唐　纪

僖宗皇帝

纲 甲午,僖宗皇帝乾符元年(874),春正月,关东旱、饥。

纲 赐路岩死。

纲 二月,葬简陵①。

纲 赵隐罢。以裴坦同平章事,夏五月卒。

纲 以刘瞻同平章事,秋八月卒。

目 瞻之贬也,人无贤愚,莫不痛惜。及还长安,两市人率钱雇百戏迎之②。瞻闻之,改期由他道而入。初,瞻南迁,刘邺附于韦、路③,共短之。至是,邺惧。延瞻,置酒。瞻归而薨,人以为邺鸩之也。

纲 以崔彦昭同平章事。

纲 冬十月,刘邺罢,以郑畋、卢携同平章事。

〔王仙芝起兵〕

纲 十一月,濮州人王仙芝作乱。

---

① 简陵:唐懿宗陵墓,在今陕西富平县西北。
② 率:募集。百戏:古代乐舞杂技的总称。
③ 韦、路:韦保衡、路岩,唐懿宗时宰相。

目自懿宗以来,奢侈日甚,用兵不息,赋敛愈急。关东连年水旱,州县不以实闻,百姓流殍,无所控诉,相聚为盗,所在蜂起。是岁,王仙芝聚众数千人,起于长垣①。

纲乙未,二年(875),春正月,以田令孜为中尉②。

〔田令孜专政〕

目上之为普王也,小马坊使田令孜有宠③。及即位,使知枢密,遂擢为中尉。上专事游戏,政事一委令孜,呼为"阿父"。令孜颇读书,多巧数,纳贿除官,不复关白④。

纲夏五月,萧仿卒。六月,以李蔚同平章事。

〔黄巢响应王仙芝〕

纲王仙芝陷濮、曹州,冤句人黄巢聚众应之⑤。

目仙芝及其党尚君长攻陷濮、曹州。冤句人黄巢,善骑射,喜任侠,粗涉书传,屡举进士不第,遂与仙芝共贩私盐。至是,聚众应之,攻掠州县,民之困于重敛者争归之,数月之间,众至数万。

纲秋七月,大蝗。

---

① 长垣:县名,今河南长垣市。
② 中尉:护军中尉省称。
③ 小马坊使:唐代内诸司使职之一,掌饲本坊御马。
④ 关白:禀告。
⑤ 冤句:县名,在今山东菏泽市境。

目飞蝗蔽日,所过赤地。京兆尹杨知至奏:"蝗不食稼,皆抱荆棘而死。"宰相以下皆贺。

纲冬十二月,以宋威为诸道行营招讨使。

目王仙芝寇沂州,平卢节度使宋威请帅兵讨贼①,故有是命。

纲丙申,三年(876),春三月,崔彦昭罢,以王铎同平章事。

纲夏六月,雄州地震裂②,水涌出。

纲秋七月,宋威击王仙芝于沂州,大破之。

纲诏忠武节度使崔安潜发兵讨王仙芝③。

纲丁酉,四年(877),春二月,王仙芝陷鄂州。

纲黄巢陷郓州。

纲秋七月,王仙芝、黄巢围宋州。

纲戊戌,五年(878),春正月,招讨副使曾元裕大破王仙芝于申州,诏以为招讨使,张自勉副之。

纲大同军乱,杀防御使段文楚④,推李克用为留后。

目振武节度使李国昌之子克用,为沙陀副兵马使,戍蔚州。时河南盗贼

---

① 平卢:藩镇名,治青州。
② 雄州:在今宁夏中宁县境。
③ 忠武:藩镇名,治许州。
④ 防御使:掌本区军事防务的使职,低于节度使。

蜂起,沙陀兵马使李尽忠与牙将康君立、薛志勤、程怀信、李存璋等谋曰:"今天下大乱,朝廷号令不复行于四方,此乃英雄立功名取富贵之秋也。李振武功大官高,名闻天下,其子勇冠诸军,若辅以举事,代北不足平也。"众以为然。会代北荐饥①,漕运不继,防御使段文楚颇减军士衣、米,军士怨怒。尽忠遣君立潜诣蔚州说克用起兵,除文楚而代之。克用曰:"吾父在振武,俟我禀之。"君立曰:"今机事已泄,缓则生变。"于是尽忠夜执文楚系狱。克用帅其众趣云州,行收兵,众且万人。尽忠送符印,请克用为留后,而杀文楚,克用遂入府视事。表求敕命,朝廷不许。国昌上言:"请速除防御使。若克用违命,臣请帅本道兵讨之,终不爱一子以负国家。"朝廷乃以卢简方为防御使。诏国昌语克用,令迎候如常仪,除克用官,必令称惬。

纲二月,曾元裕大破王仙芝于黄梅,斩之。

纲黄巢自称冲天大将军,陷沂、濮,掠宋、汴。

纲夏四月,以李国昌为大同节度使,国昌不奉诏。

目朝廷以克用据云中,以李国昌为大同节度使,以为克用必无以拒也。国昌欲父子并据两镇,得制书,毁之,杀监军,与克用合兵,进击宁武及岢(kě)岚军②。

纲五月,郑畋、卢携罢。

纲以豆卢瑑、崔沆同平章事。

---

① 荐饥:连年灾荒。
② 宁武:军镇名,在今河北怀来县境。岢岚军:军镇名,在今山西岢岚县境。

〔宰相每出,襁褓盈路〕

目时宰相有好施者,常以囊贮钱自随,行施丐者,每出,襁褓盈路。有朝
　士以书规之曰:"今百姓疲弊,寇盗充斥,相公宜举贤任能,纪纲庶务,
　捐不急之费,杜私谒之门,使万物各得其所,何必如此行小惠乎!"宰
　相大怒。

〔高骈为镇海节度使,统领浙西〕

纲六月,以高骈为镇海节度使①。

目王仙芝余党剽掠浙西,朝廷以西川节度使高骈先在天平②,有威名,仙
　芝党多郓人,乃徙骈镇浙西。

纲秋七月,黄巢寇宣州,入浙东。

纲九月,李蔚罢,以郑从谠同平章事。

纲冬十二月,黄巢陷福州。

纲曹师雄寇掠二浙。

目王仙芝余党曹师雄寇掠二浙。杭州募兵,使石镜都将董昌等将兵讨
　之③。临安人钱镠(liú)以骁勇事昌④,为兵马使。

---

① 镇海:藩镇名,治润州。
② 天平:藩镇名,治郓州。
③ 石镜:镇名,在今浙江杭州市临安区南。
④ 临安:县名,今浙江杭州市临安区。

纲 己亥,六年(879),春正月,高骈遣将分道击黄巢,大破之。巢趣广南①。

纲 岭南西道节度使辛谠遣使如南诏②。

目 初,辛谠遣贾宏等使南诏,相继道死。时谠已病风痹③,召摄巡官徐云虔④,执其手曰:"遣使入南诏,而相继物故,吾子既仕,则思徇国,能为此行乎? 谠恨风痹不能拜耳。"因呜咽流涕。云虔曰:"士为知己死,敢不承命!"谠喜,厚其资装而遣之。

〔徐云虔谕南诏〕

云虔至善阐城⑤,骠信见之与抗礼⑥,使人谓曰:"贵府牒欲使骠信称臣,奉表贡方物⑦;骠信已遣人与唐约为兄弟,不则舅甥,何表贡之有?"云虔曰:"骠信之先,由大唐之命,得合六诏为一,恩德深厚,中间小忿,罪在边鄙⑧。今骠信欲修旧好,岂可违祖考之故事乎! 顺祖考,孝也;事大国,义也;息战争,仁也;审名分,礼也。四者,皆令德也,可不勉乎!"骠信待云虔甚厚,授以木夹遣还⑨,然犹未肯奉表称贡。

---

① 广南:今广东、广西、海南一带。
② 岭南西道:藩镇名,治邕州,今广西南宁市。
③ 风痹:中医学指因风寒湿侵袭而引起的肢节疼痛或麻木的病症。
④ 摄:代理,兼职。巡官:藩镇低级文职僚佐。
⑤ 善阐城:在今云南昆明市境。
⑥ 骠信:唐代南诏王名号。
⑦ 奉表:臣子给皇帝上奏表。
⑧ 边鄙:指边将。
⑨ 木夹:古代传递并保护文书用的木制夹板。

纲夏四月,以王铎为行营招讨都统。

〔黄巢攻陷广州〕

纲秋七月,黄巢陷广州。

目黄巢上表求广州节度使;朝廷不许,巢遂急攻广州,陷之。执节度使
　　李迢,使草表,迢曰:"予代受国恩,亲戚满朝,腕可断,表不可草。"巢
　　杀之。
　　高骈奏:"请遣兵马使张璘将兵五千于郴州守险,留后王重任将兵八
　　千于循、潮二州邀遮①,自将万人自大庾岭趣广州击黄巢②。巢必逃
　　遁,乞敕王铎以兵三万守梧、昭、桂、永四州之险③。"不许。

纲冬十月,以高骈为淮南节度使。

纲黄巢陷潭州。

目巢士卒罹瘴疫死者什三四,其徒劝之北还,以图大事,巢乃自桂州编
　　筏沿湘而下,抵潭州,攻陷之。

纲王铎罢,以卢携同平章事。

纲庚子,广明元年(880),春正月,沙陀寇忻、代④,逼晋阳。

纲二月,杀左拾遗侯昌业。

---

① 邀遮:拦阻。
② 大庾岭:在今江西大余县南,广东南雄市北。
③ 昭州:在今广西平乐县境。
④ 沙陀:指李国昌父子。

目昌业以盗贼满关东,而上专务游戏,赏赐无度,田令孜专权无上,社稷将危,上疏极谏。上大怒,召昌业至内侍省①,赐死。

〔击球状元〕

上善骑射、剑槊、法算,至于音律、蒲(pú)博②,无不精妙,好蹴(cù)鞠、斗鸡,尤善击球。尝谓优人石野猪曰③:"朕若应击球进士举,须为状元。"对曰:"若遇尧、舜作礼部侍郎,恐陛下不免驳放④。"上笑而已。

纲三月,以高骈为诸道行营都统。

纲夏六月,黄巢陷宣州。

纲秋七月,黄巢渡江。

〔李国昌、李克用亡走达靼〕

纲李可举讨李克用,大破之。李琢讨李国昌,败之。国昌、克用亡走达靼(dá)⑤。

纲黄巢渡淮。

〔黄巢相继攻陷洛阳、长安,僖宗西逃〕

纲冬十一月,黄巢陷东都。

---

① 内侍省:宦官机构,管理宫廷内部事务。
② 蒲:也称摴蒲,古代的一种赌博游戏。博:即双陆,古代的一种棋类游戏。
③ 优人:古代以乐舞、戏谑为业的艺人。
④ 驳放:科举考试中否定已发榜公布的中试者,并加以贬黜。
⑤ 达靼:鞑靼之别部,居于阴山,即今内蒙古包头市北一带。

纲 十二月,黄巢入潼关。

纲 以王徽、裴澈同平章事,卢携自杀。

目 田令孜闻巢已入关,恐天子责己,乃归罪于携,贬为宾客分司,而荐徽、澈为相。携仰药死。

纲 黄巢入长安,上走兴元。

目 凤翔、博野援兵至渭桥①,见新军衣裘温鲜,大怒,掠之,更为巢向导以趋长安。既入城,令孜帅神策兵五百奉帝自金光门出②,惟福、穆、泽、寿四王及妃嫔数人从行,百官皆莫之知。

上趋骆谷,凤翔节度使郑畋谒于道次,请留凤翔。上曰:"朕不欲密迩巨寇,且幸兴元征兵以图收复。卿可纠合邻道,勉建大勋。"畋曰:"道路梗涩,奏报难通,请得便宜从事。"许之。

〔黄巢称帝〕

纲 黄巢僭号。

目 巢杀唐宗室在长安者无遗类。遂入宫,自称大齐皇帝,改元金统。以其将尚让为太尉。

〔朱温非常人〕

巢将砀(dàng)山朱温屯东渭桥。温少孤贫,与兄存、昱依萧县刘崇家,

---

① 博野:军镇名,治镇州,今河北正定县。
② 金光门:唐长安城西面中门。

崇数笞辱之,崇母独怜之,戒家人曰:"朱三非常人,汝曹善遇之。"

纲 凤翔节度使郑畋合邻道兵讨贼。

纲 车驾至兴元,诏诸道出兵收复京师。

纲 义成节度使王处存举兵入援。

纲 黄巢遣朱温攻河中,节度使王重荣与战,大破之,遂入援。

纲 辛丑,中和元年(881),春正月,帝幸成都。

目 西川节度使陈敬瑄遣兵奉迎,请幸成都。田令孜亦劝上,上从之。

纲 以萧遘(gòu)同平章事。

纲 以乐朋龟为翰林学士。

目 裴澈自贼中奔诣行在。时百官未集,乏人草制,右拾遗乐朋龟谒田令孜而拜之,由是擢为翰林学士。兵部郎中张濬先亦拜令孜。至是,令孜召朝贵饮酒,濬耻于众中拜之,乃先谒令孜谢酒。及宾客毕集,令孜言曰:"令孜与张郎中清浊异流,尝蒙不外,既虑沾辱,何惮改更,今日于隐处谢酒则又不可。"濬惭惧无所容。

纲 二月,以王铎同平章事。

纲 加高骈东面都统。

目 上遣使趣骈讨黄巢,道路相望,骈终不出兵。

纲 三月,以郑畋为京城四面诸营都统。

纲 赦李克用,遣李友金召之。

目 沙陀李友金入援。至绛州,刺史瞿稹谓曰:"贼势方盛,未可轻进。"乃俱还代州①。募兵得三万人,皆北方杂胡,稹与友金不能制。友金乃说监军陈景思曰:"吾兄司徒父子②,勇略过人,为众所服;请奏天子赦其罪,召以为帅,则代北之人一麾响应,贼不足平也!"景思遣使言之,诏如所请。友金以五百骑迎之,克用帅达靼诸部万人赴之。

纲 郑畋传檄天下,合兵讨贼。

纲 夏五月,高骈移檄讨贼,出屯东塘③。

目 有双雉集广陵府舍④,占者以为城邑将空之兆。骈恶之,乃移檄四方,云将入讨黄巢,发兵八万,舟二千艘,出屯东塘。诸将数请行期,骈托风涛为阻,竟不发。

纲 六月,以郑畋为司空、同平章事,都统如故。

纲 秋七月,以韦昭度同平章事。

[北司未必尽可信,南司未必尽无用]

纲 杀左拾遗孟昭图。

目 上日夕专与宦官同处,议天下事,待外臣殊薄。左拾遗孟昭图上疏

---

① 代州:治今山西代县。

② 司徒父子:指李国昌、李克用父子。

③ 东塘:在今江苏扬州市东。

④ 广陵:指扬州。

曰："天下者,高祖、太宗之天下,非北司之天下;天子者,九州四海之天子,非北司之天子。北司未必尽可信,南司未必尽无用。若天子与宰相了无关涉,朝臣皆若路人,臣恐收复之期,尚劳宸虑①。"疏入,令孜屏不奏,矫诏贬昭图嘉州司户②,遣人沉于蟆颐津③,闻者气塞。

纲 八月,星交流如织,或大如杯碗。

纲 寿州人王绪作乱,陷光州。

目 寿州屠者王绪,与妹夫刘行全聚众五百,盗据本州。月余,复陷光州,有众万余人。蔡州刺史秦宗权表为光州刺史。固始县佐正潮及弟审邽(guī)④、审知,皆以材气知名,绪以潮为军正⑤,信用之。

纲 九月,高骈罢兵还府。

目 骈与镇海节度使周宝俱出神策军,骈以兄事宝,及封壤相邻,数争细故,遂有隙。骈留东塘百余日,诏屡趣之,骈上表托以宝将为后患,复罢兵还府。其实无赴难心,但欲禳雊集之异耳。

纲 以董昌为杭州刺史。

目 高骈召董昌至广陵,钱镠说昌曰:"观高公无讨贼心,不若去之。"昌从之,自石镜引兵入据杭州;周宝表为杭州刺史。

① 宸虑:帝王的思虑谋划。
② 嘉州:治今四川乐山市。
③ 蟆颐津:在今四川眉山市东蟆颐山下。
④ 县佐:县属吏。
⑤ 军正:军中司法官。

纲 冬十月,裴澈罢。郑畋赴行在。

纲 壬寅,二年(882),春正月,以王铎为诸道行营都统。

纲 二月,朱温据同州。

纲 以郑畋为司空、同平章事。

纲 夏四月,王铎以诸道兵逼长安。

纲 秋九月,朱温以华州降,王铎以为同华节度使①。

目 朱温见巢兵势日蹙,知其将亡,遂举州降。

纲 冬十月,以朱温为河中行营招讨副使,赐名全忠。

纲 十一月,李克用将沙陀趣河中。

〔杨复光谋召李克用〕

目 黄巢兵势尚强,王重荣谋于都监杨复光②,复光曰:"雁门李仆射③,骁勇,有强兵,素有徇国之志;所以不来者,以与河东结隙耳。若以朝旨喻郑公而召之④,必来,来则贼不足平矣!"时王铎在河中,乃以墨敕召克用⑤,喻郑从谠。克用遂将沙陀万七千人趣河中,不敢入太原境,独以数百骑过晋阳城下别从谠,从谠厚赠之。

---

① 同华:藩镇名,治同州。

② 都监:宦官监军。

③ 李仆射:即李克用。

④ 郑公:即河东节度使郑从谠。

⑤ 墨敕:唐末藩镇未经朝廷认可而直接下达的诏令。

纲十二月，以李克用为雁门节度使①。

目李克用将兵四万至河中，皆衣黑，贼惮之曰："鸦军至矣②，当避其锋。"

纲癸卯，三年(883)，夏五月，李克用破黄巢，收复长安。

〔李克用收复长安〕

目李克用与忠武将庞从、河中将白志迁等引兵先进，与黄巢军战于渭南，一日三捷；义成、义武等诸军继之，贼众大奔。克用等入京师，巢焚宫室遁去。诏克用同平章事。克用时年二十八，于诸将最少，而兵势最强，破黄巢，复长安，功第一，诸将皆畏之。克用一目微眇，时人谓之"独眼龙"。

纲六月，黄巢取蔡州，节度使秦宗权降之，合兵围陈州。

〔朱全忠为宣武节度使〕

纲秋七月，以朱全忠为宣武节度使。

纲郑畋罢为太子太保。以裴澈同平章事。

纲甲辰，四年(884)，夏四月，李克用会许、汴、徐、兖之军于陈州，黄巢退走。

---

① 雁门：藩镇名，治代州。
② 鸦军：指李克用军队，因其全身黑衣黑甲如乌鸦，故名。

纲 五月,黄巢趣汴州,李克用等追击,大破之。尚让帅众降,巢收余众奔兖州。

纲 李克用至汴州,朱全忠袭之,克用走还。

〔黄巢之死〕

纲 六月,尚让败黄巢于瑕丘①,贼党斩巢以降。

目 尚让追黄巢至瑕丘,败之。巢众殆尽,巢甥林言斩巢兄弟妻子首,将诣时溥;沙陀军夺之,并斩言以献。

纲 秋七月,时溥献黄巢首。

纲 李克用表乞讨朱全忠,诏谕解之。

〔藩镇相攻,惟力是视〕

目 李克用还晋阳,大治甲兵,奉表自陈为朱全忠所图,将佐三百余人,并牌印皆没不返,乞遣使按问,发兵讨之。朝廷方务姑息,得表,大恐,但优诏和解之。克用终郁郁不平。时藩镇相攻者,朝廷不复为之辨曲直。由是互相吞噬,惟力是视,皆无所禀受矣!

纲 八月,进李克用爵为陇西郡王。

纲 冬十一月,田令孜杀内常侍曹知悫。

———————

① 瑕丘:县名,在今山东济宁市兖州区。

目 初,宦者曹知悫有胆略。黄巢陷长安,知悫集壮士据嵯(cuó)峨山①。数遣人变服夜入长安攻贼营,贼惊疑不自安。朝廷闻而嘉之,就除内常侍。田令孜恶之,矫诏使邠宁节度使王行瑜袭杀之。令孜由是益骄横,禁制天子,不得有所主断,上时语左右而流涕。

纲 乙巳,光启元年(885),春正月,诏招抚秦宗权。

目 黄巢虽平,宗权复炽,寇掠焚剪,其残暴又甚于巢。上将还长安,畏宗权为患,诏招抚之。

纲 车驾发成都。

纲 王绪陷汀、漳二州②。

目 秦宗权责租赋于光州刺史,王绪不能给。宗权怒,发兵击之。绪惧,悉举光、寿二州兵五千人渡江,转掠江、洪、虔州,是月,陷汀、漳,然皆不能守也。

纲 三月,车驾至京师。

纲 秦宗权僭号,诏以时溥为行营都统,讨之。

纲 夏四月,田令孜自兼两池榷盐使③。

目 先是,安邑、解县两池皆隶盐铁④,中和以来,河中节度使王重荣专之。

① 嵯峨山:在今陕西三原县西。
② 汀州:治今福建长汀县。
③ 两池榷盐使:唐置,掌河东安邑、解县两盐池事务的使职。
④ 安邑:县名,今山西运城市盐湖区东北安邑街道。解县:在今山西运城市盐湖区境。

令孜奏复旧制,自兼两池使,收其利以赡军。重荣论诉不已,令孜乃徙重荣为泰宁节度使①,以王处存代之,仍诏李克用以河东兵援处存赴镇。重荣自以有复京城功,为令孜所摈,不肯之兖州,累表数令孜十罪。令孜结邠宁节度使朱玫、凤翔节度使李昌符以抗之。

纲 秋八月,王绪前锋将擒绪,奉王潮为将军。

〔王潮扶母从军〕

目 王绪至漳州,以道险粮少,令军中"无得以老弱自随,犯者斩!"惟王潮兄弟扶其母以从,绪责之曰:"军皆有法,未有无法之军。汝违吾令而不诛,是无法也。"潮等曰:"人皆有母,未有无母之人;将军奈何使人弃其母乎!"绪怒,命斩其母。潮等曰:"潮等事母如事将军,既杀其母,安用其子! 请先母死。"将士皆为之请,乃舍之。有望气者谓绪曰②:"军中有王者气。"于是绪见将卒有勇略及气质魁岸者皆杀之,众皆自危。行至南安③,潮说其前锋将,伏壮士篁竹中,擒绪,反缚以徇。遂奉潮为将军,引兵围泉州。

纲 冬十月,田令孜遣朱玫、李昌符攻河中,李克用救之。十二月,进逼京城,上奔凤翔。

〔李克用、王重荣大败朱玫、李昌符〕

目 十月,王重荣求救于李克用,克用方怨朝廷不罪朱全忠,聚结诸胡,议

---

① 泰宁:藩镇名,治兖州。
② 望气:古代方士的一种占候术,观察云气以预测吉凶。
③ 南安:县名,今福建南安市。

攻汴州,报曰:"待吾先灭全忠,还扫鼠辈如秋叶耳!"重荣曰:"待公自关东还,吾为虏矣!不若先除君侧之恶,退擒全忠易矣。"时朱玫、李昌符亦阴附于全忠,克用乃上言:"玫、昌符与全忠相表里,欲共灭臣,臣不得不自救,已集蕃、汉兵十五万,决以来年济河,北讨二镇。不近京城,保无惊扰。还灭全忠,以雪仇耻。"上遣使者谕释,冠盖相望。

令孜遣玫、昌符将本军及神策等军合三万人屯沙苑①,以讨王重荣。重荣发兵拒之,告急于克用,克用引兵赴之。十一月,与重荣俱壁沙苑,表请诛令孜及玫、昌符;诏和解之,克用不听。十二月,合战,玫、昌符大败,克用进逼京城,令孜奉天子幸凤翔。

〔田令孜弄权,劫持僖宗,西入宝鸡〕

纲 丙午,二年(886),春正月,田令孜劫上如宝鸡②。

目 李克用还军河中,与王重荣同表请上还宫,因罪状田令孜,请诛之。令孜引兵入宫,劫上幸宝鸡。时令孜弄权,再致播迁,天下共忿疾之;朱玫、李昌符亦耻为之用,且惮蒲、晋之强③,更与之合。

纲 朱玫、李昌符追逼车驾,上复走入大散关④。

目 玫攻散关,不克。襄王熅(yūn),肃宗之玄孙也,为玫所得,与之俱还凤翔。克用还太原,重荣与玫、昌符表请诛田令孜。

---

① 沙苑:在今陕西大荔县南。
② 宝鸡:县名,今陕西宝鸡市。
③ 蒲、晋:指河中王重荣、晋阳李克用。
④ 大散关:在今陕西宝鸡市西。

纲二月,至兴元。

纲三月,以孔纬、杜让能同平章事。

纲夏四月,朱玫奉襄王煴权监军国事,还京师。以郑昌图同平章事。

纲秋七月,朱玫遣王行瑜寇兴州①,诏神策都将李茂贞拒之。

纲八月,王潮陷泉州。

纲冬十月,朱玫立襄王煴称帝,改元。

纲十一月,董昌取越州。

纲十二月,王行瑜还长安,斩朱玫。煴奔河中,王重荣杀之,传首行在。

目中尉杨复恭传檄关中曰:"得朱玫首者,以静难节度使赏之②。"王行瑜战数败,与其下谋曰:"今无功,归亦死;曷若与汝曹斩玫首,定京城,迎大驾,取邠宁节钺乎?"遂引兵归长安,擒玫斩之。裴澈、郑昌图奉襄王奔河中;重荣执煴,杀之,传首行在。

纲田令孜自为西川监军。

纲丁未,三年(887),春正月,以王行瑜为静难军节度使,李茂贞领武定节度使③,杨守亮为山南西道节度使。

纲以董昌为浙东观察使,钱镠为杭州刺史。

---

① 兴州:治今陕西略阳县。
② 静难:藩镇名,即邠宁。
③ 武定:藩镇名,治洋州,今陕西洋县。

纲二月,流田令孜于端州。

目令孜依陈敬瑄,竟不行。

纲代北节度使李国昌卒。

纲三月,车驾至凤翔。

纲夏六月,以李罕之为河阳节度使,张全义为河南尹。

〔张全义治河南〕

目初,东都荐经寇乱①,居民不满百户。全义选麾下十八人材器可任者,人给一旗一榜,谓之屯将,使诣十八县故墟落中,植旗张榜,招怀流散,劝之树艺②,蠲其租税,惟杀人者死,余但笞杖而已,由是民归之者如市。又选壮者,教之战陈,以御寇盗。数年之后,都城坊曲③,渐复旧制,诸县户口,率皆归复,桑麻蔚然,野无旷土。全义明察,人不能欺,而为政宽简。出,见田畴美者,辄下马与僚佐共观之,召田主,劳以酒食;有蚕、麦善收者,或亲至其家,悉呼出老幼,赐以茶绫衣物。民间言:"张公不喜声伎,见之未尝笑;独见佳麦、良茧则笑耳。"有田荒秽者,则集众杖之;或诉以乏人牛,乃召其邻里,责使助之。由是邻里有无相助,比户丰实,凶年不饥,遂成富庶焉。

纲秋九月,以张濬同平章事。

---

① 荐:屡次。
② 树艺:种植,栽培。
③ 坊曲:里坊和街巷。

纲 戊申,文德元年(888),春正月,以朱全忠为蔡州四面行营都统。

纲 二月,以杨行密为淮南留后。

纲 帝至长安。

纲 三月朔,日食既①。

纲 立寿王杰为皇太弟。帝崩,太弟即位。

目 上疾大渐,观军容使杨复恭请立皇弟寿王杰;是日,下诏,立杰为皇太弟。中尉刘季述遣兵迎杰。上崩,遗制太弟即位,更名敏,以韦昭度摄冢宰。

〔昭宗有恢复前人功业之志〕

昭宗体貌明粹,有英气,喜文学。以僖宗威令不振,朝廷日卑,有恢复前烈之志②,尊礼大臣,梦想贤豪,践阼之始,中外忻忻焉③。

纲 冬十月,葬靖陵④。

纲 十二月,蔡将申丛执秦宗权以降。

　　昭宗皇帝

纲 己酉,昭宗皇帝龙纪元年(889),春正月,以刘崇望同平章事。

━━━━━━━━━

① 日食既:日全食。
② 前烈:前人功业。
③ 忻忻:欣喜得意。
④ 靖陵:唐僖宗陵,在今陕西乾县东北。

纲二月,秦宗权伏诛。

纲三月,进朱全忠爵东平郡王。

纲夏六月,以杨行密为宣歙观察使。

纲冬十一月,上更名晔。

纲庚戌,大顺元年(890),春二月,李克用攻云州。

目克用将兵攻云州,克其东城。防御使赫连铎求救于卢龙,李匡威将兵三万赴之。克用引还。

纲夏四月,诏削夺李克用官爵属籍①,以张濬为招讨制置使②,会诸道兵讨之。

目赫连铎、李匡威请讨克用。朱全忠亦上言:"克用终为国患,臣请与河北三镇共除之。乞朝廷命大臣为统帅。"

〔张濬自比谢安、裴度,欲倚外势以挤杨复恭〕

初,张濬因杨复恭以进,复恭中废,更附田令孜而薄复恭。复恭再用事,深恨之。上知濬与复恭有隙,特亲倚之;濬亦以功名为己任,每自比谢安、裴度。克用薄其为人,闻其作相,私谓诏使曰:"张公好虚谈而无实用,倾覆之士也。主上采其名而用之,他日交乱天下,必是人也。"濬闻而衔之。

及全忠请讨克用,上命三省、御史台四品以上议之,以为不可者十六

———————————————

① 属籍:宗室的谱系册籍。
② 制置使:唐后期置,为临时委任的军事长官。

七。濬欲倚外势以挤复恭,乃曰:"先帝再幸山南①,沙陀所为也。臣常虑其与河朔相表里,致朝廷不能制。今两河藩镇共请讨之,此千载一时也。但乞陛下付臣兵柄,旬月可平。"孔纬曰:"濬言是也。"上曰:"克用有兴复大功,今乘其危而攻之,天下其谓我何?"纬曰:"陛下所言,一时之体也;张濬所言,万世之利也。"上以二相言协,僶俛(mǐn miǎn)从之②,曰:"兹事付卿二人,无贻朕羞!"乃以濬为河东行营都招讨制置使,孙揆副之。

纲 昭义军乱,杀留后李克恭。朱全忠取潞州,李克用遣兵围之。诏以孙揆领昭义节度使。

纲 六月,以朱全忠为宣武、宣义节度使③。

纲 秋八月,李克用执招讨副使孙揆以归,杀之。

目 张濬恐昭义遂为汴人所据④,使孙揆将兵二千趣潞州。八月,发晋州,李存孝闻之,以三百骑伏于长子西谷中,擒揆及中使韩归范献于克用。克用欲以揆为河东副使,揆曰:"吾天子大臣,兵败而死,分也,岂能复事镇使邪!"克用怒,命锯之,不能入。揆骂曰:"死狗奴! 锯人当用板夹⑤,汝岂知邪!"乃以板夹而锯之,至死,骂不绝声。

纲 九月,朱全忠遣兵围泽州,李克用养子存孝与战,破之,复取潞州。

---

① 山南:指山南西道。

② 僶俛:勤勉。

③ 宣义:藩镇名,即义成。

④ 汴人:指朱全忠。

⑤ 板夹:用来固定或限制身体部位活动的一种刑具。

纲李匡威攻蔚州,李克用养子嗣源击走之。

纲冬十月,李克用遣兵拒官军于赵城①。官军溃,张濬、韩建遁还。

纲辛亥,二年(891),春正月,孔纬、张濬罢,以崔昭纬、徐彦若同平章事。贬孔纬、张濬远州刺史。复克用官爵。

纲二月,加李克用中书令,贬张濬绣州司户②。

目张濬奔华州依韩建,与孔纬密求援于朱全忠。全忠表讼其冤,朝廷不得已,并听自便。

纲夏四月,彗星见,赦天下。

目彗星出三台③,入太微,长十丈余。

〔王建为西川节度使〕

纲冬十月,以王建为西川节度使④。

纲壬子,景福元年(892),春三月,以郑延昌同平章事。

纲夏六月,杨行密击孙儒,斩之,遂归扬州。

〔杨行密节度淮南〕

纲秋八月,以杨行密为淮南节度使。

———

① 赵城:县名,在今山西洪洞县境。
② 绣州:在今广西桂平市境。
③ 三台:属太微垣,分上台、中台、下台,共六颗,两两排列。
④ 王建:田令孜养子,前蜀开国皇帝。

目淮南被兵六年,士民转徙几尽,行密能以勤俭足用,非公宴,未尝举乐。招抚流散,轻徭薄敛,未及数年,公私富庶,几复承平之旧。

纲癸丑,二年(893),春正月,以柳玭为泸州刺史。

〔柳玭戒子弟,凡门地高,可畏不可恃也〕

目柳氏自公绰以来,世以孝悌礼法为士大夫所宗。玭为御史大夫,上欲以为相,宦官恶之,故出之于外。玭尝戒其子弟曰:"凡门地高,可畏不可恃也。立身行己,一事有失,则得罪重于他人,死无以见先人于地下,此其所以可畏也。门高则骄心易生,族盛则为人所嫉;懿行实材①,人未之信,小有疵颣(lèi)②,众皆指之;此其所以不可恃也。故膏粱子弟,学宜加勤,行宜加励,仅得比他人耳!"

〔王潮取福州〕

纲夏五月,王潮取福州。

纲秋七月,杨行密克庐州。

目先是庐州刺史蔡俦发杨行密父祖墓,遣使求救于朱全忠。全忠恶其反覆,牒报行密;行密遣李神福将兵讨俦。至是,克而斩之。左右请发俦父母冢,行密曰:"此俦之罪也,吾何为效之!"

纲九月,以钱镠为镇海节度使。

—————————

① 懿行:善行。
② 疵颣:缺点,毛病。

纲 以韦昭度、崔胤同平章事。

纲 冬十月,以李茂贞为凤翔兼山南西道节度使。

目 于是茂贞尽有凤翔、兴元、洋、陇、秦十五州之地。

纲 以王潮为福建观察使。

纲 十一月,以王行瑜为太师,号"尚父",赐铁券。

纲 甲寅,乾宁元年(894),春二月,以郑綮(qǐ)同平章事。

〔歇后郑五作宰相〕

目 綮好诙谐,多为歇后诗,讥嘲时事;上以为有所蕴,手注班簿①,命以为相,闻者大惊。堂吏往告之②,綮笑曰:"诸君大误,使天下更无人,未至郑綮!"吏曰:"特出圣意。"綮曰:"果如是,奈人笑何!"既而贺客至,綮搔首言曰:"歇后郑五作宰相③,时事可知矣!"累让不获,乃视事。

纲 夏五月,郑延昌罢,六月,以李谿同平章事,寻罢之。秋七月,郑綮致仕。以徐彦若同平章事。

纲 八月,杨复恭等伏诛。

〔才得尊位,废定策国老,有如此负心门生天子〕

目 李茂贞献复恭与杨守亮书,诉致仕之由,云:"承天门乃隋家旧业④,大

---

① 班簿:官员名册。
② 堂吏:唐代宰相机构政事堂吏员。
③ 郑五:即郑綮,因排行第五,故称。
④ 承天门:隋唐长安太极宫的正门,此指代皇位。

佴但积粟训兵,勿贡献。吾于荆榛中立寿王①,才得尊位,废定策国老,有如此负心门生天子!"

纲 以刘隐为封州刺史。

纲 乙卯,二年(895),春正月,以陆希声同平章事。二月,复以李谿同平章事,三月罢。

纲 以刘仁恭为卢龙节度使。

纲 崔胤罢,以王抟同平章事。

纲 杨行密取濠州。

目 行密攻濠州,拔之。掠得徐州李氏子,生八年矣,养以为子,其长子渥(wò)憎之。行密谓其将徐温曰:"此儿质状性识,颇异于人,吾度渥必不能容,今赐汝为子。"温名之曰知诰②。知诰勤孝过诸子,温爱之,及长,喜书善射,识度英伟。行密谓温曰:"知诰俊杰,诸将子皆不及也。"

纲 夏四月,陆希声罢。

纲 以刘建锋为武安节度使③。

目 建锋以马殷为内外马步军都指挥使。

纲 五月,王行瑜、李茂贞、韩建举兵犯阙④,杀韦昭度、李谿。

----

① 荆榛:泛指丛生灌木,多用以形容荒芜的情景,比喻艰危、困难。寿王:指昭宗。
② 知诰:即徐知诰,南唐建立者,后改名李昪。
③ 武安:藩镇名,治潭州。
④ 犯阙:举兵进犯朝廷。

目初，王行瑜求为尚书令，不得，怨朝廷。王珂、王珙争河中，行瑜及韩建、李茂贞皆为珙请，不能得，耻之。行瑜、茂贞、建各将精骑兵数千人入朝，奏称："南北司互有朋党，隳(huī)紊朝政①，韦昭度讨西川失策，李谿作相不合众心，请诛之。"上未之许，行瑜等辄杀之。请除王珙河中，上许之。三帅皆还本镇。

纲秋七月，以崔胤同平章事。

纲制削夺王行瑜官爵，以李克用为招讨使，讨之。

〔李存勖登场，后建立后唐〕

目诏李克用讨王行瑜。克用遣其子存勖诣行在，年十一，上奇其状貌，抚之曰："儿方为国之栋梁，他日宜尽忠于吾家。"

纲崔昭纬罢。冬十月，以孙偓同平章事。

纲十一月，李克用克邠州，王行瑜伏诛。

纲十二月，进李克用爵晋王。

纲李克用还晋阳。

纲丙辰，三年(896)，夏四月，河涨。

纲武安军乱，杀刘建锋，推马殷为留后。

纲秋七月，崔胤罢，八月，以朱朴同平章事。

---

① 隳紊：败坏紊乱。

纲 九月,以王潮为威武军节度使①。

纲 以崔胤、崔远同平章事。

纲 冬十月,以钱镠为镇海、镇东节度使②。

纲 以刘隐为清海行军司马③。

纲 丁巳,四年(897),春正月,立德王裕为皇太子。冬十月,立淑妃何氏
为皇后。

纲 十二月,威武节度使土潮卒。

〔王审知知威武军事〕

目 王潮以弟审知为观察副使,有过,犹加捶挞,审知无怨色。潮寝疾,舍
其子而命审知知军府事。

纲 戊午,光化元年(898),春三月,以朱全忠为宣武、宣义、天平节度使。

纲 以马殷知武安留后。秋九月,以王审知为威武节度使。

纲 己未,二年(899),春正月,崔胤罢,以陆扆同平章事。

纲 秋九月,以李茂贞为凤翔、彰义节度使④。

---

① 威武:藩镇名,治福州。
② 镇东:藩镇名,治越州。
③ 清海:藩镇名,治广州。
④ 彰义:藩镇名,治泾州,今甘肃泾川县。

纲 庚申,三年(900),夏六月,以崔胤同平章事,杀司空、同平章事王抟。

〔南北司各结藩镇〕

目 王抟明达有度量,时称良相。上素疾枢密使宋道弼、景务修专横,崔胤日与上谋去之。由是南北司益相憎疾,各结藩镇以相倾。抟恐其致乱,从容言于上曰:"宦官擅权之弊,其势未可猝除,宜俟多难渐平,以道消息。"胤闻之,谮抟"为道弼辈外应",上疑之。及胤罢相,意抟排己,恨之。遗朱全忠书,使表论之。上不得已,召胤复相之。贬抟崖州司户,流道弼驩州,务修爱州,皆赐自尽。于是胤专制朝政,势震中外,宦官皆侧目。

纲 秋九月,以徐彦若为清海节度使。

纲 崔远罢,以裴贽同平章事。

〔刘季述幽昭宗于少阳院而立太子李裕〕

纲 冬十一月,中尉刘季述幽上于少阳院而立太子裕①。

目 自宋道弼、景务修死,宦官皆惧。中尉刘季述、王仲先、枢密王彦范、薛齐偓等阴相与谋立太子。至是,上猎苑中,夜醉归,手杀黄门②、侍女数人。明旦,日加辰巳③,宫门不开。季述帅禁兵千人,破门而入,具得其状。出谓崔胤曰:"主上所为如此,岂可理天下!废昏立明,自古

---

① 少阳院:唐德宗以后太子的居所,位于大明宫中。
② 黄门:指宦官。
③ 辰巳:辰时为早晨七至九时,巳时为九至十一时。

有之,为社稷大计,非不顺也。"胤不敢违。季述召百官,陈兵殿庭,作胤等状,请太子监国,胤及百官皆署之。将士大呼入思政殿①,上惊起,季述等出状白之,曰:"此非臣等所为,皆南司众情,不可遏也。"即扶上与何后同辇,嫔御才十余人,适少阳院。季述以银檛画地数上罪数十,乃手锁其门,镕铁固之,穴墙以通饮食。季述迎太子入宫,矫诏立之。

崔胤密致书朱全忠,使兴兵图返正。季述遣其养子希度诣全忠,许以唐社稷输之。全忠犹豫未决,副使李振独曰:"王室有难,霸者之资也。公为唐桓、文,安危所属。宦竖囚废天子,不能讨,何以复令诸侯! 且幼主位定,则天下之权尽归宦官矣。"全忠大悟,即囚希度,遣亲吏蒋玄晖如京师,与崔胤谋之。

纲 辛酉,天复元年(901),春正月朔,神策指挥使孙德昭等讨刘季述等,皆伏诛。迎上复位,黜太子裕为德王。

目 神策指挥使孙德昭自季述等废立,常愤惋不平。崔胤闻之,遣判官石晋说之曰:"今反者独季述、仲先尔,公诚能诛此二人,迎上皇复位,则富贵穷一时,忠义流千古;苟狐疑不决,则功落他人之手矣!"德昭曰:"相公有命,不敢爱死。"遂结右军都将董彦弼②、周承诲,谋以除夜伏兵安福门外以俟之③。正旦,仲先入朝,德昭擒斩之。崔胤迎上御长乐门楼④,帅百官称贺。周承诲擒刘季述、王彦范继至,方诘责,已为乱梃所毙。薛齐偓赴井死,出而斩之。上曰:"裕幼弱,非其罪。"黜为德王。

---

① 思政殿:大明宫内的便殿,位在大明宫西部延英殿偏南处,是皇帝召见朝臣之所。
② 右军:神策军右军。
③ 安福门:唐长安城皇城西面偏北之门。
④ 长乐门:唐长安宫城之东南门。

赐德昭姓名李继昭,承诲姓名李继诲,彦弼亦赐姓,皆以使相留宿卫①,时人谓之"三使相"。上宠待胤益厚。朱全忠由是亦益重李振。

〔进朱全忠、李茂贞为王〕

纲进朱全忠爵为东平王,李茂贞为岐王。

纲以韩全诲、张彦弘为中尉,袁易简、周敬容为枢密使。

目崔胤、陆扆上言:"祸乱之兴,皆由中官典兵。乞令胤主左军②,扆主右军,则诸侯不敢侵陵,王室尊矣!"上召李继昭等谋之,皆曰:"臣等累世在军中,未闻书生为军主;若属南司,必多所变更,不若归之北司为便。"于是复以宦者为中尉。胤以宦官终为肘腋之患③,欲以外兵制之,会李茂贞入朝,胤讽茂贞留兵宿卫,以假子继筠将之④。谏议大夫韩偓以为不可,胤不从。

纲二月,以王溥、裴枢同平章事。

纲夏五月,以朱全忠为宣武、宣义、天平、护国节度使。

纲李茂贞入朝。

目茂贞至京师,韩全诲深与相结,崔胤始惧,益厚朱全忠而与茂贞为仇敌矣。

纲六月,解崔胤盐铁使。

───────────

① 使相:唐时以节度使兼同平章事者为使相。
② 左军:神策军左军。
③ 肘腋之患:近在身边的祸患。
④ 假子:养子,义子。

〔韩偓论除宦官〕

目时上悉以军国事委崔胤，宦官侧目，胤欲尽除之。上独召翰林学士韩
　偓问之，对曰："今不若择其尤无良者数人，明示其罪，置之于法；然后
　抚谕其余，有善则奖，有罪则惩，则咸自安矣。此曹任公私者以万数，
　岂可尽诛邪！夫帝王之道，当以重厚镇之，公正御之，至于琐细机巧，
　此机生则彼机应矣，终不能成大功。况今朝廷之权，散在四方；苟能
　先收此权，则事无不可为者矣。"上深以为然，曰："此事终以属卿。"
　胤复请尽诛宦官，宦官得胤密谋，日夜谋所以去胤者。时胤领三司，
　韩全诲等教禁军对上喧噪，诉胤减损冬衣；上不得已，解胤盐铁使。
　时朱全忠、李茂贞各有挟天子令诸侯之意，胤知谋泄，事急，遗全忠
　书，称被密诏，令全忠以兵迎车驾。

纲冬十月，朱全忠举兵发大梁。

〔韩全诲劫持昭宗前往凤翔〕

纲十一月，韩全诲等劫帝如凤翔，朱全忠取华州。

目韩全诲等闻全忠将至，令李继诲、李彦弼等勒兵劫上，请幸凤翔。全
　忠至河中，表请车驾幸东都，京师大骇。全诲等陈兵殿前，言于上曰：
　"全忠欲劫天子幸洛阳，求传禅；臣等请奉陛下幸凤翔，收兵拒之。"上
　不许，拔剑登乞巧楼。全诲等逼上下楼，上不得已，与后、妃、诸王百
　余人皆上马，恸哭而出。
　李茂贞出迎，上下马慰接之。还入凤翔。

全忠议引兵还,张濬说之曰:"韩建,茂贞之党,不取之,必为后患。"乃引兵逼其城,建单骑迎谒,全忠以建为忠武节度使,以兵送之。

纲 朱全忠引兵至凤翔城东而还。

目 朱全忠至长安,宰相帅百官班迎。至凤翔,军于城东。李茂贞登城谓曰:"天子避灾,非臣下无礼;谗人误公至此。"全忠报曰:"韩全诲劫迁天子,今来问罪,迎扈还宫①。岐王若不预谋,何烦陈谕!"上屡诏全忠还镇,全忠乃拜表奉辞,移兵趣邠州。节度使李继徽请降,复姓名杨崇本。李茂贞以诏命征兵河东,李克用遣李嗣昭将五千骑趣晋州,与汴兵战于平阳北②,破之。

纲 以卢光启参知机务③,崔胤、裴枢罢。

纲 十二月,清海节度使徐彦若卒。

目 彦若遗表荐刘隐权留后。

谢一峰 评注

黄正建 审定

---

① 扈:随从。
② 平阳:郡名,指晋州。
③ 参知机务:唐末宰相头衔之一。

纲鉴易知录卷六〇

卷首语：本卷起唐昭宗天复二年（902），止梁末帝龙德二年（922），所记为唐末及后梁二十一年史事。朱温从李茂贞手中夺回唐昭宗后，诛杀宦官和宰相崔胤，随之逼昭宗迁都，又弑昭宗，改立昭宣帝，并制造白马之祸，为篡唐扫清障碍。天祐四年（907），后梁代唐，但河东、淮南、西川等皆不承认后梁正统。梁晋之间持续爆发夹寨之战、柏乡之战、胡柳陂之战等多次大战，在此过程中李存勖逐渐占领河北，掌握战略主动权，与后梁隔黄河对峙。

唐　纪

昭宗皇帝

纲 壬戌,二年(天复二年,902),春正月,以韦贻范同平章事。

纲 三月,汴兵围晋阳。

目 朱全忠还河中,遣氏叔琮、朱友宁攻河东,围晋阳。李克用召诸将议走保云州,李嗣昭、周德威及李嗣源皆曰:"儿辈在此,必能固守,王勿为此谋,摇人心。"克用乃止。会大疫,汴兵引还。

〔李袭吉富强之对〕

克用以贮粮、缮兵、修城利害问于幕府,掌书记李袭吉曰:"国富不在仓储,兵强不由众寡,霸国无贫主,强将无弱兵。愿大王崇德爱人,去奢省役,设险固境,训兵务农。如此,则国不求富而自富,不求安而自安矣。"克用以封疆日蹙,忧形于色,存勖进言曰:"朱氏穷凶极暴,人怨神怒,今其极也,殆将毙矣! 吾家代袭忠贞,大人当遵养时晦①,以待其衰,奈何轻为沮丧,使群下失望乎!"克用悦。

刘夫人无子,克用宠姬曹氏生存勖,幼警敏,有勇略,刘夫人待曹氏加厚。

〔杨行密进爵吴王〕

纲 以杨行密为行营都统,赐爵吴王。

————————

① 遵养时晦:韬光养晦。

纲夏四月,卢光启罢。

纲五月,朱全忠至东渭桥。

目崔胤诣河中,泣诉于朱全忠,请以时迎奉。全忠与之宴,胤亲执板歌
以侑酒①。全忠乃将兵五万发河中。

纲韦贻范罢。

〔钱镠进爵越王〕

纲进钱镠爵为越王。

纲以苏检同平章事。

纲朱全忠围凤翔。

目全忠朝服向城而泣曰:"臣但欲迎车驾还宫耳,不与岐王角胜也。"

纲秋八月,起复韦贻范同平章事。

〔韩偓言腕可断,此制不可草〕

目贻范之为相也,多受人赂,许以官;既而以丧罢去,日为债家所噪,故
汲汲于起复,日遣人诣两中尉、枢密及李茂贞求之。上命韩偓草制,
偓曰:"吾腕可断,此制不可草!"即上疏论之,上命罢草。明日,班定,
无白麻可宣;宦官喧言韩侍郎不肯草麻。茂贞入见曰:"陛下命相而
学士不肯草麻,与反何异!"上曰:"学士所陈,事理明白,若之何不

① 侑:相助、相佐。

从！"茂贞不悦而出，语人曰："我实不知书生礼数，为贻范所误。"贻范乃止。至是，竟起复贻范，使姚洎草制。贻范不让，即表谢，明日视事。

纲 冬十月，韦贻范卒。

纲 癸亥，三年（903），春正月，李茂贞杀韩全海等，帝幸朱全忠营。遂发凤翔，复以崔胤为司空、同平章事。

目 李茂贞独见上，请诛全海等，与全忠和解，奉车驾还京。上喜，即收全海等斩之。又斩李继筠、继海、彦弼等十六人，而以第五可范、仇承坦为中尉，王知古、杨虔朗为枢密使。时凤翔所诛宦官已七十二人，全忠又密令京兆捕诛九十人。车驾幸全忠营，全忠素服待罪，顿首流涕。上亦泣，亲解玉带以赐之。少休，即行。全忠命朱友伦将兵扈从。驾至兴平，崔胤帅百官迎谒，复以为相，领三司如故。

〔大诛宦官〕

纲 车驾至长安，大诛宦官，以崔胤判六军十二卫事。

目 车驾入长安，崔胤奏："以宦官典兵预政，倾危国家；不剪其根，祸终不已。请悉罢内诸司使，其事务尽归之省寺①，诸道监军俱召还阙下。"上从之。全忠遂以兵驱第五可范已下数百人，尽杀之，冤号之声，彻于内外。其出使外方者，诏所在诛之，止留黄衣幼弱者三十人以备洒扫。以崔胤兼判六军十二卫事。

_____

① 省寺：三省九寺，泛指外朝诸官司机构。

纲二月，赐朱全忠号"回天再造竭忠守正功臣"。以辉王祚为诸道兵马元帅，朱全忠守太尉以副之，进爵梁王，崔胤为司徒兼侍中。

纲贬韩偓为濮州司马。

目上尝谓偓曰："崔胤虽忠，然颇用机数。"对曰："凡为天下者，万国皆属之耳目，安可以机数欺之！莫若推诚直致，虽日计之不足而岁计之有余也。"上欲用偓为相，偓荐赵崇、王赞自代。胤恶其分己权，使朱全忠白上曰："赵崇轻薄，王赞不才，韩偓何得妄荐！"上不得已贬偓。上与泣别，偓曰："是人非复向来之比，臣得贬死为幸，不忍见篡弑之辱！"

纲梁王全忠辞归镇。

纲以裴枢同平章事。

纲秋八月，进王建爵为蜀王。

〔赵匡凝取荆南〕

纲冬十月，山南东道节度使赵匡凝取荆南，表其弟匡明为留后。

目时天子微弱，诸道多不上供，惟匡凝兄弟委输不绝①。

纲李茂贞、李继徽举兵逼京畿。

目朱全忠之克邠州也，执节度使杨崇本妻于河中而私焉。崇本怒，使谓李茂贞曰："唐室将灭，父忍坐视之乎！"遂相与连兵侵逼京畿，复姓名

————————

① 委输：转运，输送。

李继徽。全忠恐其复有劫迁之谋,乃发兵屯河中。

纲 十一月,以独孤损同平章事,裴贽罢。

纲 甲子,天祐元年(904),春正月,梁王全忠杀崔胤,以崔远、柳璨同平章事。

目 初,崔胤假朱全忠兵力以诛宦官,全忠既破李茂贞,威震天下,遂有篡夺之志。胤惧,与全忠外虽亲厚,私心渐异。至是,全忠欲迁天子都洛,恐胤立异,密表胤等专权乱国,请并其党郑元规等诛之。诏皆贬之,而以裴枢、独孤损分判六军、三司。全忠密令朱友谅杀胤及元规等数人。

[朱全忠迫胁昭宗迁都洛阳]

纲 梁王全忠屯河中,表请迁都。上发长安,二月,至陕①。

目 朱全忠引兵屯河中,遣牙将奉表称:"邠、岐兵逼畿甸②,请上迁都洛阳。"时上御延喜楼。及下,裴枢已促百官东行。驱徙士民,号哭满路,骂曰:"贼臣崔胤,召朱温来倾覆社稷,使我曹流离至此!"上遂发长安,全忠以张廷范为御营使③,毁长安宫室百司及民间庐舍,长安遂墟。上至华州,民夹道呼万岁,上泣曰:"勿呼万岁,朕不复为汝主矣!"馆于兴德宫,谓侍臣曰:"鄙语云:'纥干山头冻杀雀④,何不飞去生处乐?'朕今漂泊,不知竟落何所!"因泣下霑襟,左右莫能仰视。二

---

① 陕:陕州,治今河南三门峡市陕州区。
② 邠:指静难军节度使(邠宁节度使)李继徽。
③ 御营使:皇帝出行,掌行营守卫。
④ 纥干山:又名纥真山,在今山西大同市境。

月,至陕,全忠来朝,上延入寝室,见何后。后泣曰:"自今大家夫妇①,委身全忠矣!"

纲三月,梁王全忠赴洛阳。

纲遣间使以密诏告难于四方②。

目上复遣间使以绢诏告急于王建、杨行密、李克用等,令纠率藩镇以图匡复,曰:"朕至洛阳则为全忠所幽闭,诏敕皆出其手,朕意不得复通矣!"

纲夏四月,上至洛阳。

纲更封钱镠为吴王。

纲五月,梁王全忠还镇。

纲六月,李茂贞、王建、李继徽合兵讨朱全忠,全忠拒之河中。

〔朱全忠弑杀昭宗〕

纲秋八月,全忠弑帝于椒殿,太子柷(zhù)即位。

目帝自离长安,日忧不测,与何后终日沉饮,或相对悲泣。时李茂贞等移檄往来,皆以兴复为辞。全忠方西讨,以帝有英气,恐变生于中,欲立幼君,易谋禅代。乃遣判官李振至洛阳,与蒋玄晖及朱友恭、氏叔

---

① 大家:指皇帝。
② 间使:密使。

琼等图之。玄晖遣牙官史太等百人夜叩宫门①,杀宫人裴贞一。帝
在椒殿,方醉,遽起,单衣绕柱走,太追弑之。立辉王祚为皇太子,更
名柷。于柩前即位,时年十三。全忠闻之,阳惊哭②,自投于地曰:
"奴辈负我,令我受恶名于万代!"至东都,伏梓宫恸哭,杀友恭、叔琮。
友恭临刑大呼曰:"卖我以塞天下之谤,如鬼神何!"全忠遂辞赴镇。

纲冬十二月,以刘隐为清海节度使。

昭宣帝

纲乙丑,昭宣帝天祐二年(905)。

纲春二月,朱全忠杀德王裕等九人。

目全忠使蒋玄晖邀德王裕九人,置酒九曲池,悉缢杀之,投尸池中。皆
昭宗之子也。

纲葬和陵③。

纲三月,以王师范为河阳节度使。

纲独孤损、裴枢、崔远并罢,以张文蔚、杨涉同平章事。

目涉为人和厚恭谨,闻当为相,泣谓其子凝式曰:"此吾家之不幸也,以
为汝累。"

---

① 牙官:泛指下属小官。
② 阳:诈,假装。
③ 和陵:唐昭宗陵,在今河南洛阳市偃师区懊来山。

纲夏四月,彗星出西北,长竟天①。

纲六月,杀裴枢、独孤损、崔远、陆扆、王溥等三十余人。

〔白马驿之祸〕

目柳璨恃朱全忠之势,恣为威福。会有星变,占者曰:“君臣俱灾,宜诛杀以应之。”璨因疏其素所不快者于全忠曰:“此曹皆怨望腹非,宜以之塞灾异。”李振因言于全忠曰:“王欲图大事,此曹皆朝廷之难制者也,不若尽去之。”全忠以为然。贬独孤损、裴枢、崔远、陆扆、王溥、赵崇、王赞等官有差。自余或门胄高华②,或科第自进,以名检自处者③,皆指以为浮薄,贬之。六月朔,聚枢等三十余人于白马驿,一夕尽杀之,投尸于河。初,李振屡举进士不中第,故深疾缙绅之士,言于全忠曰:“此辈常自谓清流,宜投之黄河,使为浊流!”全忠笑而从之。振自汴至洛,朝臣必有窜逐者,时谓之“鸱(chī)枭”④。

纲秋八月,征前礼部员外司空图诣阙⑤,寻放还山。

目初,图弃官,居虞乡王官谷⑥,昭宗屡征之,不起。柳璨以诏书征之,图惧,入见,阳为衰野,坠笏失仪。璨复下诏曰:“养高钓名⑦,匪夷匪惠⑧,

---

① 竟天:满天。
② 自余:其余。
③ 名检:名节。
④ 鸱枭:猫头鹰。
⑤ 礼部员外:即礼部员外郎,尚书省礼部司次官。
⑥ 虞乡:县名,在今山西永济市境。王官谷:在今山西永济市境之中条山。
⑦ 养高钓名:指故作清高、闲居不仕以求取名誉。
⑧ 匪夷匪惠:既非伯夷,又非柳下惠。

难居公正之朝。可放还山。"

纲 冬十一月,吴王杨行密卒,子渥代为淮南节度使。

纲 以梁王全忠为相国,封魏王,加九锡①;全忠不受。

纲 十二月,朱全忠弑太后何氏,杀蒋玄晖、柳璨、张廷范。

目 初,柳璨与玄晖、廷范相结,为全忠谋禅代事。何太后使宫人达意,求传禅之后,子母生全。王殷、赵殷衡谮玄晖,云:"与璨、廷范与太后夜宴,焚香为誓,兴复唐祚。"全忠信之,诛玄晖,令殷等弑太后于积善堂,斩柳璨于上东门②,车裂廷范丁都市。璨临刑呼曰:"负国贼柳璨,死其宜矣!"

右唐二十一帝,共二百八十九年。

评唐朝:

　　唐朝在政治、经济、文化、社会等诸多领域取得了卓越成绩,是中国古代制度建设和文化成就的高峰。唐朝国力强盛、文化自信,体现出雄大豪迈的气魄和海纳百川的胸襟。在制度建设上,唐代发展完善了隋朝开创的三省六部制和科举制,建立了以中书省、门下省和尚书省为主干,政事堂中书门下议政制度为枢纽的中央决策体系,影响直至明清;以明经、进士科为主体的科举制度全面确立,为此后近一千三百年中国的官僚考试、选拔制度奠定了基本框架。在文化思想方面,以李白、杜甫、白居易、李商隐等为代表的诗人成就了中国古代诗歌艺术的顶峰;韩愈、柳

---

① 九锡:天子赐给有殊勋的诸侯、大臣的九种天子规格礼器,以示最高礼遇。赐九锡多为权臣篡位步骤。"锡"同"赐"。
② 上东门:唐代洛阳东三门中最北面之门。

宗元等人所倡导的"古文运动"一扫过于注重形式的骈文风尚,形成了"文以载道"的新风,为儒学复兴奠定了基础。在文化交流层面:从印度、中亚而来的佛教完成了中国化的过程,注入中华传统文化血脉;中原王朝的制度、思想、文学和物质文化向周边地区辐射,推动了周边民族以及日本和朝鲜半岛的文明进程与文化发展,促进了东西方文明的交流互鉴。

　　唐朝历史可以玄宗开元年间为界分为前后两期。前期总结完善了南北朝以来三省制、均田制、租庸调制、府兵制等各项制度;儒学整齐为《五经正义》,佛教纷纷创宗立派;后期则产生了以中书门下体制、使职差遣制、募兵制、两税法、新《春秋》学、禅宗等为代表的新制度或新思想萌芽。门阀士族的彻底衰败,推动了宋代以后平民化的发展趋势。

谢一峰 评注

黄正建 审定

五代梁唐晋汉周

后梁纪

后梁世系表

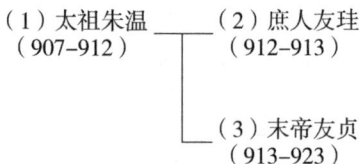

（1）太祖朱温 ——（2）庶人友珪
（907–912） （912–913）

（3）末帝友贞
（913–923）

太祖皇帝

纲丁卯，四年(天祐四年,907)①,春正月,淮南牙将张颢、徐温作乱。

目杨渥骄侈日甚,居丧酣饮作乐,燃十围之烛以击球。或单骑出游,从者不知所之。左右牙指挥使张颢、徐温泣谏,渥怒。颢、温潜谋作乱。一日帅牙兵二百,露刃直入庭中,渥曰:"尔果欲杀我邪?"对曰:"非敢然也,欲诛王左右乱政者尔!"因数渥所亲信十余人之罪,曳下击杀之,谓之"兵谏"。

纲三月,唐遣使奉册宝如梁②。

目帝下诏禅位于梁。遣宰相张文蔚、杨涉及薛贻矩、苏循、张策、赵光逢

———

① 四月以后梁开平元年。是岁唐亡。
② 如:到、往。

等奉玉册、传国宝,帅百官备法驾诣大梁①。杨涉子直史馆凝式言于
涉曰:"大人为唐宰相,而国家至此,不可谓之无过。况手持天子玺绶
与人,虽保富贵,奈千载何! 盍辞之②?"涉大骇曰:"汝灭吾族!"神色
为之不宁者数日。

纲 夏四月,卢龙节度使刘仁恭为其子守光所囚③。

目 仁恭骄侈贪暴,以大安山四面悬绝④,筑馆其上,极壮丽。实以美
女⑤,与方士炼药其中。有爱姜罗氏,其子守光通焉,仁恭杖守光而
斥之。至是,梁遣李思安击之,直抵城下。仁恭在大安,城几不守。
守光自外引兵入,登城拒守,却之。遂自称节度使,令部将李小喜攻
大安,虏仁恭以归,囚于别室。守光弟守奇奔河东⑥。

〔朱全忠灭唐建梁,五代历史开启〕

纲 梁王全忠更名晃,称皇帝,奉唐帝为济阴王。

目 张文蔚等至大梁。梁王更名晃,即皇帝位。文蔚等升殿读册宝已,
降,帅百官舞蹈称贺⑦。梁王与之宴,举酒劳之曰:"此皆诸公推戴之
力也。"文蔚等皆惭伏,不能对,独苏循、薛贻矩盛称功德,宜应天
顺人。

---

① 大梁:汴州古称,今河南开封市。
② 盍:何不。
③ 卢龙:藩镇军号,治幽州,今北京市。
④ 大安山:在今北京市房山区。
⑤ 实:填塞。
⑥ 河东:藩镇军号,治太原府,今山西太原市。
⑦ 舞蹈:臣子朝拜帝王时做出特定的舞蹈姿势,是一种礼节。

梁王复与宗戚饮博宫中①,其兄全昱谓曰:"朱三,汝本砀山一民也,从黄巢为盗,天子用汝为四镇节度使②,富贵极矣,奈何一旦灭唐家三百年社稷,他日得无灭吾族乎!"梁主不怿而罢。

奉唐帝为济阴王,迁于曹州③,使甲士守之。

〔后梁建都开封,长安彻底退出都城行列〕

綱梁以汴州为东都开封府,洛阳为西都,长安为大安府佑国军。

綱梁以马殷为楚王。

綱梁以敬翔知崇政院事④。

綱淮南、西川移檄兴复唐室⑤。

目时惟河东、凤翔、淮南称"天祐"⑥,西川称"天复"年号,余皆禀梁正朔。蜀王建与杨渥移檄诸道,云"欲与岐王、晋王会兵兴复唐室",卒无应者。建乃谋称帝,遗(wèi)晋王书云⑦:"请各帝一方。"晋王复书不许,曰:"誓于此生,靡敢失节。"

綱岐王李茂贞开府。

① 饮博:饮酒博戏。
② 四镇节度使:天复元年,唐昭宗以朱全忠为汴州宣武、滑州宣义、郓州天平、河中护国四镇节度使。
③ 曹州:治今山东曹县西北。
④ 崇政院:后梁改枢密院为崇政院,为内廷机构,长官备皇帝顾问,参谋议。
⑤ 淮南:指淮南节度使吴王杨渥。西川:指西川节度使蜀王王建。
⑥ 河东:指河东节度使晋王李克用。凤翔:指凤翔节度使岐王李茂贞。
⑦ 遗:给予。

目茂贞治军宽简,无纪律。兵羸地蹙①,不敢称帝,但开岐王府,置百官,宫殿、号令皆拟帝者。

纲契丹遣使如梁。

〔云州之盟〕

目是岁,契丹耶律阿保机,帅众三十万寇云州②,晋王与之连和,约为兄弟,延之帐中,纵酒尽欢,约共击梁。或劝晋王擒之,王曰:"仇敌未灭而失信夷狄,自亡之道也。"留之旬日,厚赠遗之。阿保机既归而背盟,更附于梁,晋王由是恨之。

纲梁以钱镠为吴越王。

目镇海节度判官罗隐说镠举兵讨梁③,谓:"纵无成功,犹可退保杭越④,自为'东帝'。奈何交臂事贼⑤,为终古之羞乎!"镠始以隐为不遇于唐⑥,必有怨心;及闻其言,虽不能用,心甚义之。

纲梁以高季昌为荆南节度使⑦。

目依政进士梁震⑧,唐末登第。归蜀,过江陵,高季昌爱其才识,留之,欲

① 羸:弱。蹙:狭小。
② 云州:治今山西大同市。
③ 镇海:藩镇军号,治杭州,今浙江杭州市。节度判官:节度使文职僚佐,总管军府事。
④ 杭越:杭州、越州,代指钱镠吴越国境。
⑤ 交臂:拱手,比喻恭敬、降服。
⑥ 不遇:不得志,指罗隐考科举十余次均未中。
⑦ 荆南:藩镇军号,治江陵府,今湖北荆州市。
⑧ 依政:县名,在今四川邛崃市。

奏为判官。震耻之,欲去,恐及祸,乃曰:"震素不慕荣宦,明公不以为愚,必欲使参谋议,但以白衣侍樽俎(zūn zǔ)可也①。"季昌许之。震终身止称"前进士",不受高氏辟署。季昌甚重之,以为谋主,呼曰"先辈"。

纲 梁主封其兄全昱为广王。

目 全昱不乐在京师,常居砀山故里,三子皆封王。

纲 梁礼部尚书苏循等致仕②。

目 循及其子楷,自谓有功于梁,朝夕望为相。梁主薄其为人,敬翔、李振亦鄙之,言于梁主曰:"苏循,唐之鸱枭③,卖国求利,不可以立于维新之朝。"诏循等十五人并勒致仕,楷斥归田里。

纲 秋七月,梁以刘守光为卢龙节度使。

纲 九月,蜀王王建称帝。

〔晋王李克用去世〕

纲 戊辰(908)④,春正月,晋王李克用卒,子存勖立。

目 晋王病笃。命其弟克宁、监军张承业、大将李存璋、吴珙、掌书记卢质立其子存勖为嗣⑤,曰:"此子志气远大,必能成吾事,尔曹善教导

---

① 樽俎:古代盛酒食的器皿,代指宴席。白衣侍樽俎即不任官职但参与谋议。
② 礼部尚书:尚书省礼部长官,掌国家礼仪、祭祀、科举等事。
③ 鸱枭:猫头鹰,比喻贪恶之人。
④ 梁开平二年,晋天祐五年。是岁西川建国称蜀。
⑤ 掌书记:节度使幕府文职僚佐,负责起草文书。

之。"又谓克宁等曰："以亚子累汝!"亚子,存勖小名也。言终而卒。
存勖袭位。

纲二月,梁主晃弑济阴王。

[李存勖夹寨大破梁军,既解围潞州,也压服了河东旧将,真正确立起河
东之主地位]

纲夏五月,晋王攻梁夹寨①,破之,潞州围解②。

目李思安攻潞州,久不下。晋王与诸将谋曰:"上党③,河东之藩蔽,无
　上党,是无河东也。且朱温所惮者先王尔,闻吾新立,以为童子,未闲
　军旅④,必有骄怠之心。若简精兵,倍道趣之⑤,出其不意,破之必矣。
　取威定霸,在此一举,不可失也!"乃大阅士卒,以丁会为都招讨使,帅
　周德威等发晋阳。五月朔⑥,晋王伏兵三垂冈下⑦,诘旦大雾⑧,进兵
　直抵夹寨。梁军无斥候,将士尚未起,晋王命周德威、李嗣源分兵为
　二道,填堑烧寨⑨,鼓噪而入。梁兵大溃,南走,失亡将士万计,委弃
　资械山积。梁主闻夹寨不守,大惊,既而叹曰:"生子当如李亚子,克
　用为不亡矣! 至如吾儿,豚犬尔!"

---

① 夹寨:环绕敌城建立的壁垒,内防城内敌军突围,外防援兵。
② 潞州:治今山西长治市。
③ 上党:潞州郡名。
④ 闲:通"娴",熟习。
⑤ 趣:通"趋",趋向。
⑥ 朔:农历每月初一日。
⑦ 三垂冈:在今山西长治市西。
⑧ 诘旦:平明,清晨。
⑨ 堑:护城河。

纲 晋王归晋阳。

目 晋王归晋阳,休兵行赏。命州县举贤才,黜贪残,宽租税,抚孤穷,伸
　冤滥,禁奸盗,境内大治。

纲 淮南张颢、徐温弑其节度使杨渥,温复攻颢,杀之。

纲 秋七月,淮南将吏推杨隆演为节度使。

纲 己巳(909)①,春正月,梁迁都洛阳。

纲 淮南徐温自领昇州刺史②。

目 徐温以金陵形胜,战舰所聚,乃自以淮南行军副使领昇州刺史③,留广
　陵④,以其假子元从指挥使知诰为昇州防遏兼楼船副使⑤,往治之。

纲 夏四月,梁以王审知为闽王。

目 审知俭约,常蹑麻履⑥,府舍卑陋,未尝营葺。宽刑薄赋,公私富实,境
　内以安。

纲 秋七月,梁以刘守光为燕王。

纲 庚午(910)⑦,春二月,岐王承制,加杨隆演嗣吴王。

---

① 梁开平三年,晋天祐六年。
② 昇州:治今江苏南京市。
③ 行军副使:节度使地位最高的僚佐,节度使不在镇时常代理节镇事务。
④ 广陵:扬州。
⑤ 假子:养子。
⑥ 蹑:穿。
⑦ 梁开平四年,晋天祐七年。是岁淮南称吴。

綱 夏四月,梁宋州献瑞麦①。

目 梁宋州节度使衡王友谅献瑞麦,一茎三穗,梁主曰:"丰年为上瑞。今宋州大水,安用此为!"诏除本县令名,遣使诘责友谅,以惠王友能代之。

綱 辛未(911)②,春正月朔,日食。

綱 三月,梁清海节度使刘隐卒,弟岩知留后③。

綱 秋八月,燕王刘守光称帝。

綱 冬十月,晋遣李承勋使于燕。

目 晋王闻刘守光称帝,大笑曰:"俟彼十年,吾当问其鼎矣。"张承业请遣使致贺以骄之,晋王遣太原少尹李承勋往,用邻藩通使之礼。燕典客欲使称臣庭见,承勋曰:"吾受命于唐朝,为太原少尹,燕王岂得而臣之乎!"守光怒,囚之数日,竟不能屈。

綱 十一月,幽州参军冯道奔晋。

目 刘守光攻赵、易定④,道以为未可,系狱。得免,亡奔晋,张承业荐之晋王,以为掌书记。

綱 刘守光寇易定,晋遣兵救之。

_____

① 宋州:治今河南商丘市。

② 梁乾化元年,晋天祐八年。

③ 留后:节度观察留后,节度使不在镇或去世后,多由僚佐或子弟暂代节镇事务,称留后,下节度使一等。

④ 赵:指成德节度使王镕,梁初封赵王。易定:指义武节度使王处直。

纲壬申(912)①,春正月,晋师及镇、定之兵伐幽州。二月,梁主救之,大败,走还。

纲夏五月,梁主至洛阳。

目梁主至洛阳,疾甚,谓近臣曰:"我经营天下三十年,不谓太原余孽更昌炽如此! 吾观其志不小,天复夺我年。我死,诸儿非彼敌也,吾无葬地矣!"因哽咽,绝而复苏。

〔朱友珪杀梁太祖自立〕

纲六月,梁郢(yǐng)王友珪弑其主晃而自立。

目梁主长子友裕早卒。次假子博王友文,梁主特爱之,常留守东都。次郢王友珪,其母娼也,为控鹤指挥使②,无宠。次均王友贞,为东都指挥使。初,张后严整多智,梁主敬惮之。后殂③,梁主恣意声色,诸子虽在外,常征其妇入侍,友文妇王氏色美,尤宠之,欲以友文为太子。友珪心不平。

梁主疾甚,命王氏召友文,欲付以后事。友珪妇张氏知之,密告友珪。珪与统军韩勍(qíng)合谋,以牙兵杂控鹤士中,夜斩关入,至寝殿,梁主惊起曰:"我固疑此贼,恨不早杀之。汝悖逆如此,天地岂容汝乎!"友珪曰:"老贼,万段!"友珪仆夫冯廷谔刺梁主腹,刃出于背。以败毡裹之,瘗(yì)于寝殿④。遣供奉官丁昭溥驰诣东都,命友贞杀友文。

---

① 梁乾化二年,晋天祐九年。
② 控鹤:禁军军号,负责拱卫宫城。
③ 殂:帝后去世。
④ 瘗:掩埋。

矫诏称:"友文谋逆,赖友珪忠孝,将兵诛之,宜令友珪权主军国之务。"韩勍为友珪谋,多出金帛赐诸军及百官以取悦,乃发丧即位。

纲 秋七月,梁以杨师厚为天雄节度使①。

纲 梁遣兵击河中②,节度使朱友谦降晋。

纲 梁以敬翔同平章事③。

纲 冬十月,晋王救河中,梁兵败走。

　　梁主瑱

[朱友贞杀朱友珪,是为梁末帝]

纲 癸酉(913)④,春二月,梁均王友贞起兵讨贼。友珪伏诛,友贞立于大梁,更名瑱(tiàn)。友谦复归梁。

目 友珪遽为荒淫,内外愤怒。驸马都尉赵岩,太祖之婿也;龙虎统军袁象先⑤,太祖之甥也。岩奉使至大梁,均王友贞密与之谋诛友珪,岩曰:"此事成败在杨令公⑥。得其一言谕禁军,吾事立办。"均王乃遣腹心说师厚曰:"郢王篡弑,人望属(zhǔ)在大梁,公若因而成之,此不世之功也。"师厚乃遣其将王舜贤至洛阳,阴与袁象先谋。岩归洛阳,

————————

① 天雄:藩镇军号,治魏州,今河北大名县。
② 河中:府名,治今山西永济市。
③ 同平章事:全称"同中书门下平章事",宰相衔。
④ 梁乾化三年,晋天祐十年。
⑤ 龙虎军:后梁六军之一,统军为其长。
⑥ 杨令公:杨师厚,时为魏博节度使兼招讨使,掌管河北行营禁军。

亦与象先定计。象先等帅禁兵数千人突入宫中。友珪令冯廷谔先杀妻,次杀己,廷谔亦自刭。均王即位于大梁,更名瑱。加杨师厚兼中书令,赐爵邺王。遣使招抚朱友谦,友谦复称藩。

纲 夏四月,晋师逼幽州。拔平、营州①。

纲 六月,梁赐高季昌爵渤海王。

〔李存勖灭燕〕

纲 冬十一月,晋王入幽州,执刘仁恭及守光以归。

纲 甲戌(914)②,春正月,刘仁恭、刘守光伏诛。

目 晋王以练绁(chè)刘仁恭父子③,凯歌入于晋阳,献于太庙,自临斩刘守光。械仁恭至代州④,刺其心血以祭先王墓⑤,然后斩之。

纲 高季昌攻蜀夔(kuí)州⑥,不克。

纲 秋八月,蜀以毛文锡判枢密院⑦。

目 峡上有堰,或劝蜀主乘夏秋江涨,决之以灌江陵。文锡谏曰:"季昌不服,其民何罪! 陛下方以德怀天下,忍以邻国之民为鱼鳖食乎!"蜀主

① 平州:治今河北卢龙县。营州:治今辽宁朝阳市。
② 梁乾化四年,晋天祐十一年。
③ 练:白绢。绁:捆绑。
④ 代州:治今山西代县。
⑤ 先王:指李克用。
⑥ 夔州:治今重庆奉节县。
⑦ 判:高官任低职称判。枢密院:职掌军政事务。

乃止。

〔梁晋争霸,关键在河北,河北关键为魏州天雄军。自天雄军入晋,晋方开始占据战略主动权〕

綱乙亥(915)①,春正月,梁分天雄为两镇。夏四月,魏人降晋。六月,晋王入魏。

綱秋七月,梁刘鄩(xún)引兵袭晋阳,不至,还守莘城②。

目刘鄩以晋兵尽在魏州,晋阳必虚,欲袭取之,乃潜引兵自黄泽西去③。晋人怪鄩军数日不出,遣骑觇(chān)之④,时见旗帜循堞(dié)往来⑤,晋王曰:"吾闻刘鄩用兵,一步百计,此必诈也。"更使觇之,乃缚刍为人⑥,执旗乘驴在城上尔。晋王曰:"鄩长于袭人,短于决战,计彼行才及山下。"亟发骑兵追之。晋将李嗣恩倍道先入晋阳,城中知之,勒兵为备。鄩粮尽,又闻晋有备,追兵在后,众惧,将溃,鄩谕止之。

周德威闻鄩西上,自幽州引千骑救晋阳。鄩知临清有蓄积⑦,欲据之以绝晋粮道。德威急追至南宫⑧,擒其斥候者,断腕而纵之,使言曰:

---

① 梁贞明元年,晋天祐十二年。

② 莘城:即莘县,今山东莘县。

③ 黄泽:即黄泽岭,在今山西左权县境。

④ 觇:窥视。

⑤ 堞:城上如齿状的矮墙。

⑥ 刍:喂牲口的草。

⑦ 临清:县名,今河北临西县。

⑧ 南宫:县名,今河北南宫市。

"周侍中已据临清矣!"诘朝①,略郓营而过,入临清。郓引军趋贝州②,军堂邑③,德威攻之不克。翌日,军于莘县,堑而守之。晋王营莘西三十里,一日数战。

晋王爱元行钦骁健④,从李嗣源求之,赐姓名曰李绍荣。王复欲求高行周,重于发言,密使人以官禄啖之⑤,行周辞曰:"代州养壮士⑥,亦为大王尔,行周事代州,亦犹事大王也。代州脱行周兄弟于死,行周不忍负之。"乃止。

纲 八月,梁刘郓攻镇、定营,晋击败之。

纲 冬十月,梁康王友敬作乱,伏诛。

目 梁德妃张氏卒,将葬,友敬使腹心数人匿于寝殿,梁主觉之,召宿卫兵索殿中,得而手刃之。捕友敬,诛之。由是疏忌宗室,专任赵岩及妃兄弟汉鼎、汉杰、从兄弟汉伦、汉融。岩等依势弄权,卖官鬻狱,离间旧将相,敬翔、李振虽为执政,所言多不用。振每称疾不预事,政事日紊,以至于亡。

纲 丙子(916)⑦,春正月,梁以李愚为左拾遗。

目 梁主闻李愚学行,召为左拾遗,充崇政院直学士。衡王友谅贵重,李

---

① 诘朝:次日清晨。
② 贝州:治今河北清河县。
③ 堂邑:县名,在今山东聊城市。
④ 元行钦:与高行珪、高行周均为刘守光将领,降于李嗣源。
⑤ 啖:用利益引诱。
⑥ 代州:指代州刺史李嗣源。
⑦ 梁贞明二年,晋天祐十三年,契丹神册元年。是岁契丹建国。

振等见皆拜之，愚独长揖，梁主让之曰①："衡王，朕兄也，朕犹拜之，卿长揖可乎？"对曰："陛下以家人礼见衡王，拜之宜也。振等陛下家臣。臣于王无素②，不敢妄有所屈。"久之，竟以抗直罢。

纲秋九月，晋王还晋阳。

目王性孝，虽经营河北，而数还晋阳省曹夫人③，岁再三焉。

纲冬十二月，晋以张瓘（guàn）为麟州刺史④。

目张承业治家甚严，有侄为盗，杀贩牛者，承业斩之。晋王以其侄瓘为麟州刺史，承业谓曰："汝本为贼，惯为不法，今若不悛（quān）⑤，死无日矣！"由此瓘所至，不敢贪暴。

〔耶律阿保机称帝，契丹建国，中国历史进入第二个南北朝时期〕

纲契丹称帝改元。

目契丹主阿保机自称皇帝，国人谓之天皇王，以妻述律氏为皇后。置百官，改元神册。晋王方经营河北，欲结契丹为援，常以叔父事阿保机⑥，以叔母事述律后。刘守光末年衰困，遣参军韩延徽求援于契丹，阿保机怒其不拜，留之，使牧马于野。延徽有智略，颇知属文⑦。

————————

① 让：责备。
② 无素：平素不交往。
③ 曹夫人：李存勖生母。
④ 麟州：治今陕西神木市。
⑤ 悛：悔改。
⑥ 叔父：李克用与阿保机约为兄弟，故李存勖称之为叔父。
⑦ 属文：撰写文章。

述律后曰："延徽能守节不屈,此今之贤者,奈何辱以牧圉(yǔ)①? 宜礼而用之。"阿保机召与语,悦之,遂以为谋主。延徽始教契丹建牙开府②,筑城郭,立市里,以处汉人,使各有配偶,垦艺荒田③。由是汉人安业,逃亡者少。契丹威服诸国,延徽有功焉。顷之,逃奔晋阳。晋王欲置之幕府,掌书记王缄(jiān)疾之。延徽不自安,求归省母,遂复入契丹,阿保机待之益厚。至是,以为相。延徽寄书于晋王曰："非不恋英主,非不思故乡,所以不留,正惧王缄之谗尔。"因以老母为托,且曰："延徽在此,契丹必不南牧。"故终同光之世,契丹不深入为寇,延徽之力也。

纲 晋王如魏州。

纲 丁丑(917)④,春二月,晋新州裨将卢文进杀其防御使李存矩⑤,亡奔契丹。

纲 三月,契丹陷新州,晋师攻之,不克。

纲 契丹围幽州,夏四月,晋王遣李嗣源将兵救之。

目 契丹乘胜进围幽州,卢文进教之攻城。周德威遣使告急,晋王与梁相持河上,欲分兵则兵少,欲勿救恐失之,谋于诸将,独李嗣源、李存审、阎宝劝王救之。王喜曰："昔太宗得一李靖犹擒颉利,今吾有猛将三

---

① 圉:养马。
② 牙:通"衙",衙署。
③ 艺:种植。
④ 梁贞明三年,晋天祐十四年,契丹神册二年。是岁岭南称汉,即南汉。
⑤ 新州:治今河北涿鹿县。防御使:州一级军事使职。

人,复何忧哉!"存审、宝以为虏无辎重,势不能久,不若俟其还而击之。李嗣源曰:"德威,社稷之臣,今朝夕不保,恐变生于中,何暇待虏之衰! 臣请身为前锋以赴之。"王曰:"公言是也。"即日,命治兵。四月,命嗣源将兵先进,宝以镇、定之兵继之。

纲 五月,吴徐温徙治昇州。

纲 秋八月,刘岩称越帝于广州。

纲 晋师击契丹,败之,幽州围解。

纲 冬十月,晋王还晋阳。

〔张承业治河东〕

目 王连岁出征,凡军府政事一委监军使张承业,承业劝课农桑,畜积金谷,收市兵马,征租行法不宽贵戚,由是军民肃清,馈饷不乏。王或时须钱蒱(pú)博及给赐伶人①,而承业靳之②。王乃置酒库中,令其子继岌为承业舞,指钱欲赐之,承业曰:"此钱,大王所以养战士也,承业不敢以为私礼。"王不悦,语侵之,承业怒曰:"仆老敕使尔! 非为子孙计,惜此库钱,所以佐王成霸业也;不然,王自取用之,何问仆为! 不过财尽人散,一无所成尔。"王怒,顾李绍荣索剑。承业起挽王衣,泣曰:"仆受先王顾托之命,誓为国家诛汴贼,若以惜库物死于王手,仆下见先王无愧矣。"曹太夫人闻之,遽令召王,王惶恐叩头谢,请承业痛饮以分其过,承

---

① 蒱博:摴蒱,一种博戏,泛指赌博。伶人:乐工。
② 靳:吝惜。

业不肯。王入宫,太夫人使人谢承业曰:"小儿忓特进①,已答之矣。"明日,与王俱至承业第谢之。未几,承制授承业开府仪同三司②、左卫上将军③、燕国公。承业固辞不受,但称唐官终身。

卢质嗜酒轻傲,王衔之④。承业恐其及祸,乘间言曰:"卢质数无礼,请为大王杀之。"王曰:"吾方招纳贤士以就功业,七哥何言之过也⑤!"承业起贺曰:"王能如此,何忧不得天下!"质由是获免。

纲 十一月,晋王如魏州。

纲 戊寅(918)⑥,春正月,晋师掠梁濮、郓而还⑦。

目 梁敬翔上疏曰:"国家连年丧师,疆土日蹙。陛下所与计事者皆左右近习,岂能量敌国之胜负乎!宜询访黎老,别求异策,不然,忧未艾也⑧。"疏奏,赵、张之徒言翔怨望⑨,梁主遂不用。

纲 夏六月,蜀主建殂,太子宗衍立。

纲 秋七月,吴以徐知诰为淮南行军副使,辅政。

目 吴徐温入朝于广陵,以知诰为行军副使,知诰权润州团练事⑩。温还

① 特进:指张承业,其散官为特进。
② 开府仪同三司:文散官最高级。
③ 左卫上将军:高阶环卫官。
④ 衔:记恨。
⑤ 七哥:张承业排行第七,李存勖兄事之,故称其为七哥。
⑥ 梁贞明四年,晋天祐十五年,契丹神册三年。
⑦ 濮:州名,治今山东鄄城县。郓:州名,治今山东东平县。
⑧ 艾:止、尽。
⑨ 赵、张之徒:租庸使赵岩与外戚张汉鼎、汉杰兄弟等。
⑩ 润州:治今江苏镇江市。

金陵,庶政皆决于知诰。知诰事吴王尽恭,接士大夫以谦,御众以宽,约身以俭。蠲(juān)逋(bū)税①,求贤才,纳规谏,除奸猾,杜请托。于是士民归心,宿将悦服,以宋齐丘为谋主。

先是吴有丁口钱,又计亩输钱,钱重物轻,民甚苦之。齐丘请蠲丁口钱,余税悉输谷帛,知诰从之。由是江淮间旷土益辟,桑柘(zhè)满野,国以富强。

知诰欲进用齐丘,而徐温恶之。知诰夜引齐丘于水亭屏语,常至夜分,或居高堂,悉去屏障,独置大炉,以铁筋画灰为字,随以匙灭去之,故其所谋,人莫得而知也。

纲 八月,晋王大举伐梁。

目 晋王谋大举伐梁,周德威将幽州步骑三万,李存审、李嗣源及王处直遣将各将步骑万人,及诸部落奚(xī)②、契丹、室韦③、吐谷(yù)浑皆以兵会之④,并河东、魏博之兵,大阅于魏州,军于麻家渡⑤。梁贺瓌、谢彦章屯濮州北,相持不战。

晋王好自引轻骑迫敌营挑战,危窘者数四,赖李绍荣力战,得免。赵王镕及王处直皆遣使致书曰:"元元之命系于王⑥,本朝中兴系于王⑦,奈何自轻如此!"王笑谓使者曰:"定天下者,非百战何由得之,

① 蠲:免除。逋税:欠缴的租税。
② 奚:东北少数民族。
③ 室韦:蒙古部先世,居住于蒙古草原东部。
④ 吐谷浑:当时居住于山西北部的少数民族。
⑤ 麻家渡:黄河渡口,在今山东鄄城县境。
⑥ 元元:百姓。
⑦ 本朝:指唐朝,李克用父子为沙陀人,被唐廷赐姓李,故以李唐宗室自居。

安可深居帷房以自肥乎!"一旦将出,李存审扣马泣谏曰:"大王当为天下自重。先登陷阵,存审之职也。"王为之揽辔(pèi)而还。他日,伺存审不在,策马急出,以数百骑抵梁营,谢彦章伏精甲五千,围王数十重,王力战,仅得出,始以存审之言为忠。

纲 冬十一月,越改国号汉①。

纲 十二月,晋王与梁战于胡柳陂(bēi)②,周德威败死。晋王收兵复战,大破梁军。

纲 己卯(919)③,春三月,晋以郭崇韬为中门副使④。

目 孟知祥荐教练使雁门郭崇韬能治剧⑤,王以为中门副使。崇韬倜傥有智略,临事敢决,王宠待日隆。知祥称疾辞位,崇韬专典机密。

纲 夏四月,吴王隆演建国改元。

纲 秋七月,吴越攻吴常州,吴人与战,破之。

目 吴越王镠遣钱传瓘将兵三万攻吴常州,徐温帅诸将拒之,战于无锡。吴越兵败,杀其将何逢,传瓘遁去。

温募生获叛将陈绍者赏钱百万,获之。绍勇而多谋,温复使之典兵。初,吴将曹筠亦奔吴越,温厚遇其妻子,遣间使告之曰:"使汝不得志而去,吾之过也。"及是役,筠复奔吴。温自数昔日不用筠言者三,而

---

① 是为南汉。
② 胡柳陂:在今河南濮阳市东南,陂即山坡、斜坡。
③ 梁贞明五年,晋天祐十六年,契丹神册四年。
④ 中门副使:河东藩镇僚佐,参谋军事。
⑤ 雁门:县名,今山西代县。治剧:处理繁杂难办的事务。

不问其罪,归其田宅,复其军职,筠内愧而卒。

吴越王镠见何逢马,悲不自胜,故将士心附之。镠自少在军中,夜未尝寐,倦极则就圆木小枕,或枕大铃,寐熟辄欹(qī)而寤①,名曰"警枕"。置粉盘于卧内,有所记则书盘中,比老不倦。

纲 晋王以冯道掌书记。

纲 八月,吴与吴越连和。

纲 冬十二月,吴团结民兵。

目 吴禁民私畜兵器,盗贼益繁。御史台主簿卢枢言:"今四方分争,宜教民战,且善人畏法禁而奸民弄干戈,是欲偃武而反招盗也。宜团结民兵,使之习战,自卫乡里。"从之。

纲 庚辰(920)②,夏五月,吴宣王隆演卒,弟溥立。

目 王疾,温自金陵入朝,议当为嗣者。或曰:"蜀先主谓武侯:'嗣子不才,君宜自取。'"温正色曰:"吾果有意取之,当在诛张颢之初,岂至今日邪! 使杨氏无男,有女亦当立之。敢妄言者斩!"乃以王命迎丹阳公溥监国。王徂,溥即位。

〔李存勖得传国宝,谋求称帝〕

纲 辛巳(921)③,春正月,晋得传国宝。

————————

① 欹:倾斜。
② 梁贞明六年,晋天祐十七年,契丹神册五年。
③ 梁龙德元年,晋天祐十八年,契丹神册六年。

目蜀主、吴王屡以书劝晋王称帝,晋王以示僚佐曰:"昔王太师亦尝遗先王书①,劝以自帝一方。先王语余云:'昔天子幸石门,吾发兵诛贼臣,当是之时,威振天下,吾若挟天子据关中,自作九锡禅文,谁能禁我!顾吾家世忠孝,立功帝室,誓死不为耳。他日当务以复唐社稷为心,慎勿效此曹所为!'言犹在耳,此议非所敢闻也。"因泣。既而将佐及藩镇劝进不已,乃令有司市玉造法物。

黄巢之破长安也,魏州僧得传国宝,至是,以为常玉,将鬻之。或识之,曰:"传国宝也。"乃诣行台献之,将佐皆奉觞称贺。张承业闻之,亟诣魏州谏曰:"吾王世世忠于唐室,救其患难,所以老奴三十余年为王捃(jùn)拾财赋②,召补兵马,誓灭逆贼,复本朝宗社耳。今河北甫定,朱氏尚存,而王遽即大位,殊非从来征伐之意,天下其谁不解体乎!王何不先灭朱氏,复列圣之深仇,然后求唐后而立之,南取吴,西取蜀,汛扫宇内,合为一家,当是之时,虽使高祖、太宗复生,谁敢居王上者?让之愈久则得之愈坚矣。老奴之志无他,但以受先王大恩,欲为王立万年之基耳。"王曰:"此非余所愿,奈群下意何。"承业知不可止,恸哭曰:"诸侯血战,本为唐家,今王自取之,误老奴矣!"即归晋阳,邑邑成疾,不复起。

纲秋七月,晋以苏循为节度副使。

目晋王既许藩镇之请,求唐旧臣。朱友谦遣苏循诣行台,循至魏州,望府即拜,谓之"拜殿"。见王呼万岁舞蹈,泣而称臣。翌日,又献大笔

---

① 王太师:蜀王王建。
② 捃拾:收集。

三十枚,谓之"画日笔"①。王大喜,即命循为河东节度副使,张承业深恶之。

纲 壬午(922)②,冬十一月,唐特进、河东监军使张承业卒。

目 曹太夫人诣其第,为之行服,如子侄之礼。晋王闻之,亦不食者累日。

右后梁二主,共十七年。

闫建飞　评注

李华瑞　高纪春　审定

---

① 画日:皇帝、皇太子在签发的文书上填写日期,表示同意。
② 梁龙德二年,晋天祐十九年,契丹神册七年。

纲鉴易知录卷六一

卷首语:本卷起后唐庄宗同光元年(923),止唐废帝清泰三年(936),记载了后唐四帝十四年的史事,同时穿插契丹、吴、吴越、闽等国历史。唐庄宗灭梁,完成北方统一,并进一步灭蜀。但其猜忌大臣,信任宦官、伶官,加上中宫干政,朝政混乱。郭崇韬无罪被杀后,出现一系列兵乱,庄宗亦被杀。唐明宗即位后,朝政相对稳定。但其后继者李从厚、李从珂均因处置藩镇不当,引发兵乱亡国。

后唐纪

后唐世系表

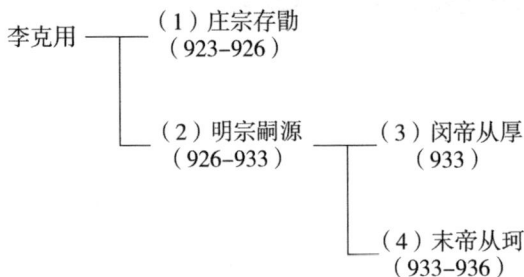

李克用 ——┬—— （1）庄宗存勖
（923-926）
└—— （2）明宗嗣源 ——┬—— （3）闵帝从厚
（926-933）　　　　（933）
└—— （4）末帝从珂
（933-936）

庄宗皇帝

〔李存勖称帝,后唐建国〕

纲 癸未(923)①,夏四月,晋王存勖称皇帝于魏州②,国号唐。

纲 唐以豆卢革、卢程同平章事,郭崇韬、张居翰为枢密使③。

纲 闰月,唐遣李嗣源袭梁郓州,取之。以嗣源为节度使。

纲 秋七月,唐卢程罢。

纲 八月,梁以段凝为招讨使,遣王彦章、张汉杰攻郓州。

---

① 梁龙德三年,契丹天赞二年。四月以后唐庄宗李存勖同光元年。是岁梁亡,晋称唐。
② 魏州:治今河北大名县。
③ 枢密使:枢密院长官,职掌军政。

纲 梁将康延孝奔唐。

目 唐主引兵屯朝城①。康延孝来奔,唐主解锦袍玉带赐之,以为招讨
指挥使。问以梁事,对曰:"梁朝地不为狭,兵不为少,然主既暗懦,
赵、张擅权,段凝智勇俱无。近又闻欲数道出兵,令董璋趣太原,霍
彦威寇镇、定②,王彦章攻郓州,段凝当陛下,决以十月大举。臣窃
观梁兵,聚则不少,分则不多。愿陛下养勇蓄力以待其分,帅精骑
五千自郓州直抵大梁,擒其伪主,旬月之间,天下定矣。"唐主
大悦。

〔后唐灭梁,统一北方〕

纲 冬十月,唐主救郓州。梁师败绩,王彦章死之。唐主入大梁,梁主瑱
自杀,唐遂灭梁。

目 唐主闻梁人欲大举,数道入寇,深以为忧。召郭崇韬问之,对曰:"梁
今悉以精兵授段凝,决河自固,恃此不复为备,凝非将材,不足畏。降
者皆言大梁无兵,陛下若留兵守魏,固保杨刘③,自以精兵与郓州合
势,长驱入汴,伪主授首,则诸将自降矣。"唐主曰:"此正合朕志。丈
夫得则为王,失则为虏,吾行决矣!"
王彦章将攻郓州,李嗣源遣从珂逆战,败其前锋,彦章退保中都④。捷
奏至,唐主喜曰:"郓州告捷,足壮吾气。"济河至郓州,中夜进军,以李

---

① 朝城:县名,今山东莘县朝城镇。
② 镇:州名,治今河北正定县。定:州名,治今河北定州市。
③ 杨刘:黄河渡口,在今山东东阿县。
④ 中都:县名,今山东汶上县。

嗣源为前锋,遇梁兵,一战败之,追至中都,围之。梁兵溃,追击,破之。彦章走,将军李绍奇追之[1],彦章重伤,马踬(zhì)[2],遂擒之,并擒张汉杰等二百余人,斩首数千级。

唐主惜彦章之材,欲用之。彦章曰:"余本匹夫,蒙梁恩,位至上将,与皇帝交战十五年,今兵败力穷,死自其分。纵皇帝怜而生我,我何面目见天下之人乎! 岂有朝为梁将,暮为唐臣! 此我所不为也。"

康延孝请亟取大梁,嗣源曰:"兵贵神速。今彦章就擒,段凝必未知之,此去大梁至近,无险,方陈(zhèn)兼程[3],信宿可至[4]。段凝未离河上,友贞已为吾擒矣,延孝之言是也。请陛下以大军徐进,臣愿以千骑前驱。"唐主从之。令下,诸军踊跃。嗣源是夕遂行。明日,唐主发中都。以王彦章终不为用,斩之。

越二日,至曹州,梁守将降。梁主闻彦章就擒,唐军且至,日夜涕泣,不知所为。置传国宝于卧内,忽失之,已为左右窃之迎唐军矣。梁主谓皇甫麟曰:"吾不能自裁,卿可断吾首。"麟泣曰:"臣为陛下挥剑死唐军则可矣,不敢奉此诏。"梁主曰:"卿欲卖我邪?"麟欲自刭,梁主持之曰:"与卿俱死。"麟遂弑梁主,因自杀。

梁主为人温恭俭约,无荒淫之失,但宠信赵、张,使擅威福,疏弃敬、李旧臣[5],不用其言,以至于亡。

---

① 李绍奇:唐庄宗养子,原名夏鲁奇,唐明宗即位后恢复本名。
② 踬:被绊倒。
③ 陈:同"阵"。
④ 信宿:两夜。
⑤ 敬、李:敬翔、李振,朱全忠佐命功臣。

李嗣源军行五日,至大梁,王瓒开门出降①。是日,唐主亦至,入自梁门,嗣源迎贺,唐主喜不自胜,手引嗣源衣,以头触之曰:"吾有天下,卿父子之功也,天下与尔共之。"诏漆朱友贞首,函之,藏于太社②。

纲 梁段凝降唐。

纲 敬翔、李振、赵岩、张汉杰等伏诛,夷其族。

纲 唐毁梁宗庙,追废朱温、朱友贞为庶人。

纲 唐以郭崇韬守侍中③。

纲 梁河南尹张宗奭入朝于唐。

目 宗奭来朝,复名全义。唐主欲发梁太祖墓,斫棺焚尸,全义言:"朱温虽国之深仇,然其人已死,刑无可加,屠灭其家,足以为报,乞免焚斫,以存圣恩。"唐主从之,但铲其阙室④,削封树而已⑤。

纲 唐加李嗣源中书令。

纲 楚王殷遣使入贡于唐。

纲 吴遣使如唐。

———————————

① 王瓒:时为开封府尹。
② 太社:古代天子为群姓祈福、报功而设立的祭祀土神、谷神的场所。
③ 守:阶官比职事官低一级称"守"。侍中:门下省长官,宰相头衔之一。
④ 阙室:陵墓旁边的石牌坊和建筑。
⑤ 封树:古代士以上土葬,堆土为坟,又植树以为标志。

纲 吴贬钟泰章为饶州刺史①。

目 吴人有告寿州团练使钟泰章侵市官马者②,徐知诰遣王稔代之,以泰
　　章为饶州刺史。徐温召至金陵,使陈彦谦诘之三,不对。或问泰章:
　　"何以不自辨?"泰章曰:"吾在寿州,去淮数里,步骑五千,苟有他志,
　　岂王稔单骑能代之乎! 我义不负国,虽黜为县令亦行,况刺史乎! 何
　　为自辨,以彰朝廷之失!"

纲 彗星见。

纲 十一月,唐以李绍钦为泰宁节度使③。

目 绍钦因伶人景进纳货于宫掖,故有是命。

　　唐主幼善音律,或时自傅粉墨,与优人共戏于庭,以悦刘夫人,优名谓
　　之"李天下"。尝自呼曰"李天下,李天下",优人敬新磨遽前批其
　　颊④。唐主失色,新磨徐曰:"理天下者只有一人,尚谁呼邪!"唐主
　　悦,厚赐之。诸伶出入宫掖,侮弄搢绅⑤,群臣愤疾,莫敢出气。

纲 唐以赵光胤、韦说同平章事,豆卢革判租庸⑥,兼盐铁转运使⑦。

目 唐荆南节度使高季兴入朝。

---

① 饶州:治今江西鄱阳县。
② 寿州:治今安徽寿县。团练使:州一级军事使职,由本州刺史兼任。
③ 李绍钦:梁将段凝,被唐庄宗收为义子,赐名。泰宁:藩镇军号,治兖州,今山东济宁
　　市兖州区。
④ 批:用手掌打。
⑤ 搢绅:官员、儒者。
⑥ 租庸:租庸司,中央财政机构。
⑦ 盐铁转运使:中央财政使职,由宰相兼领,负责盐铁专卖、漕运等事。

纲 十二月,唐迁都洛阳。

目 从张全义之请也。

纲 甲申(924)①,春正月,岐王茂贞遣使入贡于唐。

纲 二月,唐主祀南郊,大赦。

目 郭崇韬颇受馈遗,所亲谏之,崇韬曰:"吾禄赐巨万,岂藉外财! 但以
　伪梁之季,贿赂成风,今河南藩镇皆梁之旧臣,主上之仇雠也,若拒,
　其意能无惧乎! 吾特为国家藏之私室耳。"及将祀南郊,崇韬献钱十
　万缗。先是,宦官劝唐主分天下财赋为内外府,州县上供者入外府,
　充经费;方镇贡献者入内府,充宴赐。于是外府中虚竭无余,而内府
　山积。及是乏劳军钱,崇韬言于上曰:"臣已倾家所有以助大礼,愿陛
　下亦出内府之财以赐有司。"唐主默然久之,曰:"晋阳自有储积,可令
　租庸辇取。"于是军士皆不满望,始怨恨,有离心矣。

纲 唐以李茂贞为秦王。

纲 唐立夫人刘氏为后。

目 郭崇韬位兼将相,权侔人主②,性刚急,遇事辄发,嬖幸侥求③,多所摧
　抑,宦官朝夕短之,崇韬扼腕不能制。先是,唐主欲以刘夫人为皇后,
　而有正妃韩夫人在,太后素恶刘夫人④,崇韬亦屡谏,唐主以是不果。
　于是所亲说崇韬曰:"公若请立刘夫人为皇后,则伶官辈不能为患

---

① 后唐同光二年,契丹天赞三年。
② 侔:相等。
③ 嬖幸:皇帝宠幸的妃子或侍臣。侥求:非分贪求。
④ 太后:唐庄宗生母曹氏。

矣。"崇韬从之，与宰相帅百官共奏，请立之。

纲 三月，唐封高季兴为南平王。

纲 唐以李存贤为卢龙节度使。

目 初，唐主尝与存贤手搏，存贤不尽其技，唐主曰："汝能胜我，当授藩
　　镇。"存贤乃仆唐主。至是，以存贤镇幽州，曰："手搏之约，吾不食
　　言矣。"

纲 夏四月，唐遣客省使李严如蜀①。

目 唐遣客省使李严使于蜀。严还言："王衍童騃(ái)荒纵②，不亲政务，
　　贤愚易位，刑赏紊乱，大兵一临，瓦解土崩，可翘足而待也。"唐主
　　然之。

纲 唐秦王李茂贞卒。

纲 五月，唐以李继曘为凤翔节度使③。

纲 秋八月，唐以孔谦为租庸使。

目 谦重敛急征，以充唐主之欲，民不聊生，赐号"丰财赡国功臣"。

纲 冬十二月，契丹寇蔚(yù)州④，唐遣李嗣源御之。

---

① 客省使：内职诸使高阶，常出使外地。
② 童騃：年幼无知。
③ 李继曘：李茂贞之子。凤翔：藩镇军号，治凤翔府，今陕西宝鸡市凤翔区。
④ 蔚州：治今河北蔚县。

纲乙酉(925)①,春二月,唐以李嗣源为成德节度使②。

纲三月,唐黜李从珂为突骑指挥使。

目唐主性刚好胜,不欲权在臣下,信伶官之谮,颇疏忌宿将。李嗣源家在太原,表从珂为北京内牙指挥使以便其家③。唐主怒,黜从珂为突骑指挥使,帅数百人戍石门镇。

纲秋七月,唐太后曹氏殂。

目唐主哀毁,五日方食。

纲八月,唐主杀其河南令罗贯④。

目贯性强直,为郭崇韬所知,用为河南令。为政不避权豪,伶官请托,一不报,皆以示崇韬,崇韬奏之,由是伶宦切齿。张全义亦恶之,遣婢诉于刘后,后与伶官共毁之,唐主含怒未发。会往视坤陵⑤,道泞,桥坏。怒,下贯狱,明日传诏杀之。崇韬谏曰:"贯法不至死。"唐主怒曰:"太后灵驾将发,天子朝夕往来,桥道不修,卿言无罪,是党也⑥!"崇韬曰:"陛下以万乘之尊,怒一县令,使天下谓陛下用法不平,臣之罪也。"唐主不听。贯竟死,暴尸府门,远近冤之。

---

① 后唐同光三年,契丹天赞四年。是岁,后唐灭前蜀。
② 成德:藩镇军号,治镇州。
③ 北京:太原府,治今山西太原市。
④ 河南:县名,今河南洛阳市。
⑤ 坤陵:曹太后之陵。
⑥ 党:偏私。

〔后唐灭前蜀，疆域为五代最广〕

纲九月，唐遣魏王继岌及郭崇韬将兵伐蜀①。

目唐主与宰相议伐蜀，以继岌充西川行营都统②，郭崇韬充都招讨制置等使，军事悉以委之。又以高季兴充招讨使，李继曮充转运使，李令德、李绍琛③、张筠、毛璋、董璋、李严皆为列将，将兵六万伐蜀。工部尚书任圜(yuán)、翰林学士李愚并参预军机。

纲冬十一月，唐师灭蜀，蜀主王衍降。

目郭崇韬入散关④，倍道而进，蜀王承捷以凤、兴、文、扶四州印节迎降⑤，崇韬曰："平蜀必矣。"

蜀主命王宗弼守利州⑥。李绍琛昼夜兼行趣利州，继岌至兴州，蜀诸城镇皆望风款附。

高季兴常欲取三峡，畏蜀将张武，不敢进。至是，乘唐兵势，自将水军上峡取施州⑦。武以铁锁断江路，季兴遣勇士乘舟斫之。会风大起，舟絓(guà)于锁⑧，不能进退，季兴轻舟遁去。

---

① 继岌：唐庄宗长子。

② 行营都统：行营是由中央禁军和藩镇军联合编制而成的行军组织，都统为其长。

③ 李绍琛：即康延孝，被唐庄宗收为养子，赐名，唐明宗即位后恢复本名。

④ 散关：大散关，在今陕西宝鸡市西南，扼守汉中通往关中的陈仓古道，兵家必争之地。

⑤ 凤州：治今陕西凤县东北凤州城。兴州：治今陕西略阳县。文州：治今甘肃文县。扶州：治今四川九寨沟县。

⑥ 利州：治今四川广元市。

⑦ 施州：治今湖北恩施州。

⑧ 絓：绊住。

崇韬遗王宗弼书,为陈利害,宗弼弃城归成都。李绍琛进至绵州①,蜀断绵江浮梁,水深,无舟楫,绍琛与李严乘马浮渡江,从兵得济者仅千人,溺死者亦千人,遂入鹿头关②,据汉州③。宗弼遣使劳军,且以蜀主书遗李严曰:"公来吾即降。"严驰入成都,蜀主遣兵部侍郎欧阳彬奉降书以迎继岌、崇韬。继岌至成都,李严引蜀主出降。大军入成都,崇韬禁侵掠,市不改肆。自出师至是凡七十日。

高季兴闻蜀亡,方食,失匕箸,曰:"是老夫之过也④。"梁震曰:"不足忧也。唐主得蜀益骄,亡无日矣,安知其不为吾福。"

綱 十二月,闽主王审知卒,子延翰立。

綱 唐以孟知祥为西川节度使。

綱 闰月,唐遣宦者马彦珪使蜀军。

目 郭崇韬素疾宦者,宦官皆切齿。时蜀中盗贼群起,崇韬恐大军既去,更为后患,命任圜、张筠分道招讨,以是淹留未还。唐主遣宦者向延嗣促之,崇韬不出迎,延嗣怒。李从袭曰:"近闻郭廷诲白其父,请表己为蜀帅。诸将皆郭氏之党,王寄身于虎狼之口,一朝有变,吾属不知委骨何地矣。"延嗣归,具以语刘后。后泣诉于唐主,请早救继岌。唐主复遣宦官马彦珪驰诣成都。彦珪说刘后自为教与继岌⑤,令杀

① 绵州:治今四川绵阳市。
② 鹿头关:关隘名,在今四川德阳市鹿头山上。
③ 汉州:治今四川广汉市。
④ 同光元年,高季兴建议唐庄宗灭蜀。
⑤ 教:皇后、亲王、公主等命令称教。

崇韬。

纲楚铸铅铁钱。

〔郭崇韬被杀〕

纲丙戌(926)①,春正月,唐魏王继岌杀郭崇韬。

目魏王继岌将发成都,马彦珪至,以皇后教示继岌,李从袭等相与巧陈利害,继岌从之。召崇韬计事,从者李环挝(zhuā)碎其首②,并杀其子廷诲、廷信。

〔邺都兵变,李嗣源被迫起兵〕

纲二月,唐邺都乱③,遣李绍荣招谕之。

纲唐李绍荣攻邺都,不克。

纲唐遣李嗣源将亲军讨邺都。

纲唐讨邺兵劫李嗣源入邺都。

目李嗣源至邺都城西南,下令,诘旦攻城。是夜,从马直军士张破败作乱,帅众大噪,焚营。嗣源叱而问之,对曰:"将士从主上十年,百战以得天下。今贝州戍卒思归,主上不赦,从马数卒喧竞,遽欲尽诛其众。我辈初无叛心,但畏死耳。今欲与城中合势,请主上帝河南,令公帝河北④。"嗣

①后唐同光四年,四月后天成元年;契丹天显元年。是岁闽建国。
②挝:击打。
③邺都:魏州,治今河北大名县。
④令公:指李嗣源。

源涕泣谕之,不从。遂拔白刃拥嗣源及李绍真等入城①;城中不受外兵,逆击之,皆溃。赵在礼帅诸校迎拜嗣源,泣谢曰:"将士辈负令公,敢不惟命是听!"嗣源诡说在礼曰:"凡举大事,须藉兵力。今外兵流散无所归,我为公出收之。"在礼乃听嗣源、绍真出城,宿魏县,散兵稍有至者。

纲 唐李嗣源奔相州②。

目 李嗣源之为乱兵所逼也,李绍荣有众万人,营于城南,嗣源遣人召之,欲与共攻乱者。绍荣疑,不应。及嗣源入邺,遂引兵去。嗣源在魏县,众不满百,李绍真所将镇兵五千归之③,由是兵稍振。

嗣源欲归藩待罪,中门使安重诲曰:"公为元帅,不幸为凶人所劫,李绍荣不战而退,归朝必以公借口。公若归藩,则为据地邀君,适足以实谗慝(tè)之口耳④。不若星行诣阙,面见天子,庶可自明。"嗣源曰:"善!"南趣相州,遇马坊使康福⑤,得马数千匹,始能成军。

纲 唐李嗣源引兵向大梁。

目 李绍荣退保卫州⑥,奏李嗣源已叛,与贼合。嗣源遣使上章自理,一日数辈,皆为绍荣所遏,不得通。嗣源由是疑惧。

石敬瑭曰:"夫事成于果决,而败于犹豫,安有上将与叛卒入贼城,而

---

① 李绍真:后梁将领霍彦威,降唐后被庄宗收为义子、赐名,李嗣源即位后复本名。
② 相州:治今河南安阳市。
③ 镇兵:镇州军,李嗣源当时兼任镇州成德军节度使。
④ 慝:奸邪。
⑤ 马坊使:内职诸使之一,掌官马牧养。
⑥ 卫州:治今河南卫辉市。

他日得保无恙乎！大梁，天下之要会也，愿假三百骑先往取之，公引大军亟进，如此始可自全。”康义诚曰：“主上无道，军民怨望，公从众则生，守节必死。”嗣源乃令安重诲移檄会兵。李从珂将所部兵趣镇州，与虞候将王建立合，倍道从嗣源。嗣源分三百骑使石敬瑭将之前驱，李从珂为殿，军势大盛。李绍荣至洛阳，劝唐主幸关东招抚①，唐主从之。

〔李嗣源入大梁〕

纲　唐主如关东，李嗣源入大梁，唐主乃还。

目　唐主发洛阳，知汴州孔循遣使迎唐主，亦遣使输款于嗣源，曰：“先至者得之。”嗣源入大梁。唐主至万胜镇②，闻嗣源已据大梁，诸军离叛，神色沮丧，登高叹曰：“吾不济矣！”即命旋师。唐主至石桥西③，置酒悲涕。晚，入洛城。

〔洛阳兵变，唐庄宗被杀〕

纲　夏四月，唐伶人郭从谦弑其主存勖。李嗣源入洛阳。

目　四月朔，从马直指挥使郭从谦帅所部兵攻兴教门。唐主方食，闻变，帅卫兵击之。乱兵焚兴教门，缘城而入，近臣宿将皆释甲潜遁。俄而唐主为流矢所中，须臾遂殂，左右皆散，鹰坊人善友敛乐器覆尸而焚

---

① 关：虎牢关，在今河南荥阳市，洛阳东门户。
② 万胜镇：在今河南中牟县界。
③ 石桥：在洛阳城东。

之。是日,李嗣源至罌子谷①,闻之,恸哭,谓诸将曰:"主上素得士心,正为群小蔽惑致此,今吾将安归乎!"乃入洛阳,止于私第,禁焚掠,拾庄宗骨于灰烬之中而殡之。是日,豆卢革帅百官上笺劝进,嗣源不许。

纲唐李嗣源监国。

目百官三笺请嗣源监国,嗣源乃许之。

纲唐以安重诲为枢密使,张延朗为副使。

纲唐张居翰罢,以孔循为枢密使。

纲唐魏王继岌至长安,自杀。

〔李嗣源不改国号,承接后唐正统〕

纲唐主嗣源立。

目有司议即位礼。李绍真、孔循以为唐运已尽,宜自建国号。监国问左右:"何谓国号?"对曰:"先帝赐姓于唐,为唐复仇②,故称唐。今梁朝之人不欲殿下称唐耳③。"监国曰:"吾年十三事献祖④,献祖以吾宗属,视吾犹子。又事武皇⑤、先帝垂五十年,经纶攻战,未尝不预。武皇之基业,则吾之基业也,先帝之天下,则吾之天下也,安有同家而异

---

① 罌子谷:在今河南荥阳市西。
② 指唐庄宗灭梁。
③ 梁朝之人:指后梁降将李绍真、孔循等。
④ 献祖:李国昌。
⑤ 武皇:李克用。

国乎!"李琪曰:"若改国号,则先帝遂为路人,梓宫安所托乎①! 不惟殿下不忘三世旧君,吾曹为人臣者能自安乎! 前代以旁支入继多矣,宜用嗣子枢前即位之礼。"众从之。监国服斩衰(cuī)②,于枢前即位,百官缟素。既而御衮冕受册,百官吉服称贺。

纲唐以郑珏、任圜同平章事。

纲唐初令百官转对③。

目初令百官正衙常朝外④,五日一赴内殿起居,转对奏事。

纲唐以冯道、赵凤为端明殿学士。

目唐主目不知书,四方奏事皆令安重诲读之,重诲亦不能尽通,乃奏请选文学之臣与之共事,以备应对,乃置端明殿学士,以道、凤为之。

纲秋七月,契丹阿保机死。

纲九月,契丹德光立。

目契丹述律后爱中子德光,故立之。

纲冬十月,王延翰自称闽王。

纲契丹卢龙节度使卢文进奔唐。

目文进为契丹守平州,唐主遣人说之,以易代之后,无复嫌怨。文进所

---

① 梓宫:皇帝棺木。
② 斩衰:五种丧服中最重的一种,服制三年,子对父母等服斩衰。
③ 转对:臣僚每隔一定时间,轮流上殿面见皇帝,指陈时政得失。
④ 正衙常朝:在宫城正殿每日举行的早朝。

部皆华人,思归,乃帅其众十万归唐。

纲十二月,闽王延禀弑其君延翰而立其弟延钧。

明宗皇帝

纲丁亥(927)①,春正月,唐主更名亶(dǎn)。

目初,唐主诏:"朕二名不连称者勿避②。"至是乃改名。

纲唐以冯道、崔协同平章事。

目安重海以孔循知朝士行能,多听其言。时议置相,循已荐郑珏,又荐崔协。而任圜欲用李琪,珏素恶琪,故循力沮之,谓重海曰:"李琪非无文学,但不廉耳。"他日议于唐主前,圜曰:"重海未悉朝中人物,为人所卖。协虽名家,识字甚少。臣既以不学忝相位,奈何更益以协,为天下笑乎!"唐主曰:"宰相重任,卿辈审之。吾在河东时,见冯书记多才博学③,与物无竞,此可相矣。"既退,循不揖,拂衣去,因称疾不朝者数日。重海谓圜曰:"今方乏人,协且备员,可乎?"圜曰:"明公舍李琪而相崔协,是犹弃苏合之丸④,取蛣蜣(jié qiāng)之转也⑤。"循与重海日短琪而誉协,竟以道、协同平章事。

纲唐主以其子从厚为河南尹,判六军诸卫事⑥。

---

① 后唐天成二年,契丹天显二年。
② 二名:指"嗣源"二字。
③ 冯书记:冯道,曾为河东节度掌书记。
④ 苏合:苏合香。
⑤ 蛣蜣:俗称屎壳郎。任圜之言比喻舍弃贤才而用庸人。
⑥ 判六军诸卫事:禁军统帅。

纲 二月,唐主以婿石敬瑭为六军诸卫副使。

纲 唐郭从谦伏诛,夷其族。

纲 夏五月,唐任圜罢。

纲 唐以马殷为楚国主。

目 殷始建国,立宫殿,置百官,以姚彦章、许德勋为丞相。

纲 冬十月,吴丞相徐温卒。

纲 唐以石敬瑭为侍卫亲军都指挥使①。

纲 十一月,吴王杨溥称帝。

纲 十二月,唐以周玄豹为光禄卿,致仕。

目 初,晋阳相者周玄豹尝言唐主贵不可言,唐主欲召诣阙。赵凤曰:"玄豹言已验矣,无所复询。若置之京师,则轻躁狂险之人必辐凑其门,争问吉凶。自古术士妄言,致人族灭者多矣,非所以靖国家也。"乃就除光禄卿致仕,厚赐金帛而已。

纲 有年②。

纲 戊子(928)③,春三月,唐以孔循为东都留守④,王建立同平章事。

---

① 侍卫亲军都指挥使:侍卫亲军长官。
② 有年:丰收。
③ 后唐天成三年,契丹天显三年。
④ 东都:洛阳。

|纲|秋七月,唐收曲税①。

|纲|八月,唐以王延钧为闽王。

|纲|冬十二月,荆南节度使高季兴卒。

|目|吴立其子从诲代之。

|纲|己丑(929)②,春三月,楚王殷以其子希声知政事,总诸军。

|纲|夏四月,唐以赵凤同平章事。

|纲|秋七月,唐以高从诲为荆南节度使。

|纲|有年。

|目|唐主与冯道从容语及年谷屡登,四方无事。道曰:"臣昔在先皇幕府,奉使中山③,历井陉(xíng)之险④,臣忧马蹶(jué)⑤,执辔甚谨⑥,幸而无失;逮至平路,放辔自逸,俄至颠陨⑦。凡为天下者,亦犹是也。"唐主深以为然。又问道:"今岁虽丰,百姓赡足否?"道曰:"农家岁凶则死于流殍(piǎo)⑧,岁丰则伤于谷贱,丰、凶皆病者,惟农家为然。臣记

---

① 曲税:针对酿酒原料酒曲征收的专卖税。
② 后唐天成四年,契丹天显四年。
③ 中山:指定州义武军。
④ 井陉:井陉道,太行八陉之一,今山西与河北之间要道。
⑤ 蹶:跌倒。
⑥ 辔:牵马绳。
⑦ 俄:不久。颠陨:跌落。
⑧ 流殍:灾民流亡饿死。

进士聂夷中诗云：'二月卖新丝，五月粜(tiào)新谷①；医得眼前疮，剜(wān)却心头肉②。'语虽鄙俚，曲尽田家之情状。农于四民之中最为勤苦，人主不可不知也。"唐主悦，命左右录其诗，常讽诵之。

纲 冬十月，吴加徐知诰兼中书令。

纲 庚寅(930)③，春三月，唐立淑妃曹氏为后。

纲 秋八月，唐以张延朗为三司使④。

纲 唐立子从荣为秦王，从厚为宋王。

纲 九月，唐以范延光为枢密使。

纲 冬十一月，楚武穆王马殷卒，子希声嗣。

目 殷遗命诸子，兄弟相继。及卒，希声袭位，去建国之制。希声居丧无戚容，葬殷之日，顿食鸡臛(huò)数盘⑤，其臣潘起讥之曰："昔阮籍居丧食蒸豚⑥，何代无贤！"

纲 辛卯(931)⑦，春二月，唐以安重诲为护国节度使⑧。

纲 吴以宋齐丘为右仆射，致仕。

---

① 粜：卖粮食。
② 剜：挖。
③ 后唐长兴元年，契丹天显五年。
④ 三司使：中央财政管理机构三司长官，下辖盐铁、度支、户部三司。
⑤ 臛：肉羹。
⑥ 豚：小猪。
⑦ 后唐长兴二年，契丹天显六年。
⑧ 护国：藩镇军号，治河中府，今山西永济市。

目吴徐知诰欲以宋齐丘为相,齐丘自以资望素浅,欲以退让为高,谒归洪州葬父①,因入九华山应天寺,启求隐居②,吴王下诏征之,不至。知诰遣其子景通入山敦谕,齐丘始还,除右仆射,致仕。

纲唐以李愚同平章事。

纲夏四月,唐杀其太子太师致仕安重诲。

纲秋九月,唐敕解纵五坊鹰隼。

目敕解纵鹰隼,内外无得更进。冯道曰:"陛下可谓仁及鸟兽。"唐主曰:"不然。朕昔尝从武皇猎,时秋稼方熟,有兽逸入田中,遣骑取之,比得兽,余稼无几。以是思之,猎有损无益,故不为耳。"

纲冬十一月,吴以其中书令徐知诰镇金陵,徐景通为司徒,辅政。

目知诰表请归老金陵。以知诰为镇海、宁国节度使③,镇金陵,总录朝政;以其子景通为司徒、同平章事,知中外左右诸军事,留江都辅政④。以王令谋、宋齐丘为左右仆射,并同平章事,兼内枢使⑤,以佐景通。知诰作礼贤院于府舍,聚图书,延士大夫,与孙晟、陈觉议时事。

----

① 谒归:告假还乡。洪州:治今江西南昌市。
② 启:下级对上级使用的一种文书。
③ 镇海:藩镇军号,治润州,今江苏镇江市,与吴越国杭州镇海军并存。宁国:藩镇军号,治宣州,今安徽宣城市。
④ 江都:扬州。
⑤ 内枢使:吴国官名,职掌同内枢密使。

〔后唐九经雕版,中国历史上第一次官方刊刻经书〕

纲 壬辰(932)①,春二月,唐初刻九经版②,印卖之。

纲 三月,吴越武肃王钱镠卒,子元瓘嗣。

〔钱镠准确评估自身实力,尊奉中原王朝,保境安民〕

目 镠寝疾,谓将吏曰:"吾疾必不起,诸儿皆愚懦,谁可为帅者?"众泣曰:"两镇令公,仁孝有功,孰不爱戴!"镠乃悉出印钥授传瓘,曰:"将吏推尔,宜善守之。"又曰:"子孙善事中国,勿以易姓废事大之礼。"卒年八十一。传瓘更名元瓘。

纲 秋七月,唐武安节度使马希声卒③,八月,弟希范嗣。

纲 唐以李从珂为凤翔节度使。

纲 吴徐知诰广金陵城。

纲 九月,唐大理少卿康澄上疏论事,唐主优诏答之。

目 澄上疏曰:"国家有不足惧者五,有深可畏者六:阴阳不调不足惧,三辰失行不足惧④,小人讹言不足惧,山崩川涸不足惧,蟊(máo)贼伤稼不足惧⑤;

---

① 后唐长兴三年,契丹天显七年。
② 九经:《周礼》《仪礼》《礼记》《左传》《公羊传》《穀梁传》《尚书》《周易》《诗经》九部儒家经典。
③ 武安:藩镇军号,治潭州,今湖南长沙市。
④ 三辰:日、月、星。
⑤ 蟊贼:吃庄稼的害虫。

贤人藏匿深可畏,四民迁业深可畏①,上下相徇深可畏②,廉耻道消深可畏,毁誉乱真深可畏,直言蔑闻深可畏③。不足惧者,愿陛下存而勿问;深可畏者,愿陛下修而靡忒④。"唐主优诏奖之。

纲 冬十一月,唐以石敬瑭为河东节度使。

目 秦王从荣喜为诗,聚浮华之士高辇等于幕府,与相唱和,颇自矜伐⑤。唐主语之曰:"吾虽不知书,然喜闻儒生讲经义,开益人智思。吾见庄宗好为诗,将家子又非素习,徒取人窃笑,汝勿效也。"从荣为人鹰视⑥,轻佻峻急;既参朝政,骄纵不法。石敬瑭兼六军诸卫副使,其妻永宁公主与从荣异母,素相憎疾,故敬瑭不欲与从荣共事,常思外补以避之。会契丹欲入寇,唐主命择河东帅,枢密使范延光、赵延寿皆曰:"今帅臣可往者独石敬瑭、康义诚耳。"枢密直学士李崧以为非石太尉不可,遂以敬瑭镇河东。敬瑭至晋阳,以部将刘知远、周瑰为都押衙,委以心腹,军事委远,帑藏委瑰⑦。

纲 癸巳(933)⑧,春正月,闽王王延钧称帝,更名璘。

纲 唐以孟知祥为蜀王。

---

① 四民:士农工商。迁业:改变职业。
② 徇:顺从、依从。
③ 蔑:无。
④ 靡忒:没有差错。
⑤ 矜伐:自夸,炫耀。
⑥ 鹰视:目光像老鹰般狠厉。
⑦ 帑藏:府库财赋。
⑧ 后唐长兴四年,契丹天显八年。

纲三月,唐立子从珂为潞王,从益为许王。

纲吴徐知诰营宫城于金陵。

目宋齐丘劝知诰徙吴主都金陵,知诰乃营宫城于金陵。

纲秋七月,唐以钱元瓘为吴王。

纲冬十一月,唐主疾病,秦王从荣作乱,伏诛。

纲唐主宣殂。

目明宗性不猜忌,与物无竞,登极之年已逾六十,每夕于宫中焚香祝天,曰:"某胡人,因乱为众所推,愿天早生圣人,为生民主。"在位年谷屡丰,兵革罕用,较于五代,粗为小康。

纲十二月,唐主从厚立。

目唐主自终易月之制①,即召学士读《贞观政要》《太宗实录》,有致治之志,然不知其要,宽柔少断。李愚私谓同列曰:"位高责重,事亦堪忧。"孟知祥闻明宗殂,亦谓僚佐曰:"宋王幼弱,为政者皆胥吏小人,其乱可坐而俟也。"

闵帝

纲甲午(934)②,春正月,唐以高从诲为南平王,马希范为楚王,钱元瓘为吴越王。

---

① 终:服丧结束。易月:古时为父母服丧三年,自汉文帝始以日易月,将皇帝服丧时间缩短为二十七日。
② 后唐应顺元年,四月后清泰元年;契丹天显九年。是岁后蜀建国。

纲 蜀主孟知祥称帝。

〔李从珂举兵凤翔,是为唐末帝〕

纲 唐以潞王从珂为河东节度使,石敬瑭为成德节度使。从珂举兵凤翔,
唐遣兵讨之,官军降溃。

纲 唐潞王从珂至长安,唐主以康义诚为招讨使,将兵拒之。杀马军指挥
使朱洪实①。

目 从珂至长安,副留守刘遂雍迎谒,都监王景从等奔还,中外大骇。唐
主不知所为,欲自迎潞王,以大位让之。枢密使朱弘昭、冯赟大惧。
唐主遣使召石敬瑭,欲令将兵拒之。康义诚欲悉以宿卫兵迎降为己
功,固请自行,唐主乃召将士慰谕,空府库以劳之。马军都指挥使朱
洪实请以禁军固守洛阳,曰:"如此,彼亦未敢径前,然后徐图进取,可
以万全。"义诚怒曰:"洪实欲反耶?"洪实曰:"公自欲反,乃谓谁反!"
其声渐厉。唐主闻,召而讯之,竟不能辨,遂斩洪实。军士益愤。

纲 唐潞王从珂至陕②,诸将及康义诚皆降。

纲 唐主出奔,夏四月,石敬瑭入朝,遇于卫州,杀其从骑。

目 初,唐主密与慕容迁谋,使帅部兵守玄武门。及是,以五十骑出门,谓
曰:"朕且幸魏州,徐图兴复。"冯道入朝,及端门,闻变,乃归。至天宫
寺,召百官。中书舍人卢导至,冯道曰:"劝进文书,宜速具草。"导曰:

① 马军指挥使:侍卫亲军高级将领,掌侍卫马军。
② 陕:州名,治今河南三门峡市陕州区。

"潞王入朝,百官班迎可也,设有废立,当俟太后教令,岂可遽议劝进乎?"道曰:"事当务实。"导曰:"安有天子在外,人臣遽以大位劝人者邪!"李愚曰:"舍人之言是也。吾辈之罪,擢发不足数矣①。"

从珂自陕而东。四月,唐主至卫州东数里,遇石敬瑭,大喜,问以大计。敬瑭闻康义诚叛去,俯首长叹数四。敬瑭衙内指挥使刘知远引兵入,尽杀唐主左右及从骑,独置唐主而去,敬瑭遂趣洛阳。

纲 唐潞王从珂入洛阳,废其主从厚为鄂王而自立。

目 从珂至蒋桥,百官班迎,冯道等皆上笺劝进。从珂入谒太后、太妃,诣西宫伏梓宫恸哭,自陈诣阙之由。明日,太后下令废少帝为鄂王,以潞王知军国事。又明日,太后令潞王宜即帝位,乃即位于枢前。

纲 唐王从珂弑鄂王从厚于卫州,磁州刺史宋令询死之②。

目 卫州刺史王弘贽迁闵帝于州廨,唐主从珂遣弘贽之子峦往鸩之。闵帝不饮,峦缢杀之。

闵帝之在卫州也,惟磁州刺史宋令询遣使问起居,闻其遇害,恸哭半日,自经死。

纲 唐康义诚伏诛,夷其族。

纲 五月,唐以韩昭胤为枢密使,刘延朗为副使。

纲 唐复以石敬瑭为河东节度使。

---

① 擢发:拔下头发计数,极言其多。
② 磁州:治今河北磁县。宋令询:唐闵帝元从部将。

纲 唐以冯道为匡国节度使①，范延光为枢密使。

纲 秋七月，唐以卢文纪、姚顗(yǐ)同平章事。

目 唐主欲命相，问所亲信，皆以尚书左丞姚顗、太常卿卢文纪、秘书监崔居俭对。论其才行，互有优劣。唐主不能决，乃置其名于琉璃瓶，夜焚香祝天，以箸挟之，得二人，乃有是命。

纲 蜀主知祥殂，子昶(chǎng)立。

纲 八月，唐诏蠲逋租三百三十八万。

纲 冬十一月，吴徐知诰召其子景通还金陵，留景迁江都辅政。

　　废帝

纲 乙未(935)②，冬十月，闽李仿弑其主璘而立福王继鹏，更名昶。

纲 荆南梁震退居土洲。

目 荆南节度使高从诲性明达，亲礼贤士，委任梁震，以兄事之。楚王希范好奢靡，游谈者共夸其盛。从诲谓僚佐曰："如马王可谓大丈夫矣。"孙光宪对曰："天子诸侯，礼有等差。彼乳臭子，骄侈僭法，取快一时，不为远虑，危亡无日，又足慕乎！"从诲悟曰："公言是也。"他日，谓梁震曰："吾自念平生奉养，固已过矣。"乃捐去玩好，以经史自娱，省刑薄赋，境内以安。震曰："先王待我如布衣交，以嗣王属我。

---

① 匡国：藩镇军号，治同州，今陕西大荔县。
② 后唐清泰二年，契丹天显十年。

今嗣王能自立,不坠其业,吾老矣,不复事人矣。"遂固请退居。从海不能留,乃为之筑室于土洲。震披鹤氅(chǎng)①,自称荆台隐士,每诣府,跨黄牛至听事。从海时过其家,自是悉以政事属孙光宪②。

纲 吴加徐知诰大元帅,封齐王,备殊礼。

纲 十二月,唐以冯道为司空。

目 时久无正拜三公者,朝议拟其职事,卢文纪欲令掌祭祀扫除,道闻之曰:"司空,扫除职也,吾何惮焉。"既而文纪自知不可,乃止。

纲 丙申(936)③,春正月,唐以吕琦为御史中丞。

目 唐主以千春节置酒④,晋国长公主上寿毕,辞归晋阳。唐主醉,曰:"何不且留,遽归,欲与石郎反邪!"石敬瑭闻之,益惧,尽收其货之在洛阳及诸道者归晋阳,托言以助军费,人皆知其有异志。

端明殿学士李崧谓同僚吕琦曰:"吾辈受恩深厚,岂得自同众人,一概观望邪!计将安出?"琦曰:"河东若有异谋,必结契丹为援。若与契丹和亲,彼必欢然承命。如此,则河东虽欲陆梁⑤,无能为矣。"崧曰:"此吾志也。"二人密言其策,唐主大喜。久之,以告枢密直学士薛文遇,文遇对曰:"以天子之尊,屈身夷狄,不亦辱乎!又,虏若循故事求尚公主,何以拒之?"唐主意遂变。一日,急召崧、琦,盛怒,责之,自是群臣不敢复言和亲之策。遂以琦为御史中丞,盖疏之也。

---

① 氅:大衣、外套。
② 属:同"嘱",托付。
③ 后唐清泰三年,十一月后晋天福元年;契丹天显十一年。是岁唐亡晋兴。
④ 千春节:李从珂诞节,在正月二十三日。
⑤ 陆梁:嚣张,猖獗。

〔石敬瑭起兵反〕

纲 夏五月,唐以石敬瑭为天平节度使①;敬瑭拒命,唐发兵讨之。

目 初,石敬瑭欲尝唐主之意②,累表自陈羸疾,乞解兵柄,移他镇,唐主与执政议从其请,移镇郓州。李崧、吕琦等皆力谏,以为不可。五月,薛文遇独直,唐主与之议,文遇曰:"群臣各为身谋,安肯尽言! 以臣观之,河东移亦反,不移亦反,在旦暮耳,不若先事图之。"唐主曰:"卿言殊豁吾意。"即命学士草制,徙敬瑭镇天平。制出,两班相顾失色③。敬瑭疑惧,谋于将佐曰:"吾之再来河东也,主上面许终身不除代,今忽有是命,得非如千春节与公主所言乎? 我安能束手死于道路!"判官赵莹劝敬瑭赴郓州,刘知远曰:"明公久将兵,得士卒心。今据形胜之地,士马精强,若称兵传檄,帝业可成,奈何以一纸制书自投虎口乎!"掌书记桑维翰曰:"主上初即位,明公入朝,主上岂不知蛟龙不可纵之深渊邪? 然则以河东复授公,此乃天意假公以利器也。明宗遗爱在人,主上以庶孽代之④,群情不附。公,明宗之爱婿,今主上以反逆见待,此非首谢可免,但力为自全之计。契丹主素与明宗约为兄弟⑤,公诚能推心屈节事之,朝呼夕至,何患不成。"敬瑭意遂决。表唐主养子,不应承祀,请传位许王⑥。唐主手裂其表抵地,制削夺敬瑭

———————

① 天平:藩镇军号,治郓州,今山东东平县。

② 尝:试探。

③ 两班:文武官员。

④ 庶孽:李从珂为唐明宗养子,非亲子。

⑤ 约为兄弟:李克用与耶律阿保机云州会盟时,约为兄弟,故李嗣源与耶律德光亦为兄弟辈。

⑥ 许王:唐明宗幼子李从益。

官爵。以张敬达为太原四面兵马都部署,杨光远为副先锋,将兵讨之。

纲 秋七月,石敬瑭遣使求救于契丹。

目 敬瑭令桑维翰草表称臣于契丹主,且请以父礼事之,约事捷之日,割卢龙一道及雁门关以北诸州与之①。刘知远谏曰:“称臣可矣,以父事之太过。厚以金帛赂之,自足致其兵,不必许以土田,恐异日大为中国之患,悔之无及。”敬瑭不从。表至,契丹主大喜,复书许俟仲秋倾国赴援。

纲 八月,唐张敬达攻晋阳,不克。

纲 九月,契丹德光将兵救石敬瑭,唐兵大败,契丹围之。唐主自将次怀州②。

目 契丹主将五万骑,至晋阳,陈于虎北口。与唐骑将高行周、符彦卿合战,敬瑭遣刘知远出兵助之。张敬达、杨光远、安审琦以步兵陈于城西北山下,契丹遣轻骑三千直犯其陈。唐兵逐之,至汾曲,契丹伏兵起,冲唐兵断而为二,纵兵乘之,唐兵大败。敬达等收余众保晋安③,契丹亦引兵归虎北口。敬瑭出见契丹主。引兵会围晋安寨,敬达等遣使告败。唐主大惧,下诏亲征。发洛阳,遣符彦饶将兵赴潞州,为大军后援。

---

① 雁门关:在今山西代县。
② 次:驻扎。怀州:治今河南沁阳市。
③ 晋安:寨名,在今山西太原市晋祠南。

唐主至河阳①，心惮北行，卢文纪希旨，言："国家根本在河南。河阳，天下津要②，车驾宜留此镇抚南北，且遣近臣往督战，苟不能解围，进亦未晚。"张延朗曰："文纪言是也。"唐主议近臣可使北行者，延朗与翰林学士和凝等皆曰："赵延寿父德钧以卢龙兵来赴难，宜遣延寿会之。"乃遣延寿将兵二万如潞州。唐主至怀州，以晋安为忧，日夕酣饮悲歌。群臣或劝其北行，则曰："卿勿言，石郎使我心胆堕地！"

纲 冬十一月，契丹立石敬瑭为晋皇帝，敬瑭割幽、蓟等十六州以赂之③。

目 契丹主谓石敬瑭曰："吾三千里来赴难，必有成功。观汝器貌识量，真中原之主也。吾欲立汝为天子。"敬瑭辞让数四，将吏复劝进，乃许之。契丹主作策书，命敬瑭为大晋皇帝，筑坛即位。割十六州以与契丹，仍许岁输帛三十万匹。制改长兴七年为天福元年，以赵莹为翰林学士承旨，桑维翰为翰林学士、权知枢密使事，刘知远为侍卫马军都指挥使，客将景延广为步军都指挥使。立晋国长公主为皇后。

评石敬瑭割让幽蓟十六州：

　　石敬瑭以割地、岁贡、称臣、称子为条件，换得契丹援军，代后唐建国，为后世所不齿。割让河北和山西北部的幽州、蓟州、云州等十六州，使中原王朝丢失燕山天险，北方门户大开，在面对契丹军事压力时处于被动地位，给后周、北宋王朝带来沉重的边防负担，也是其后周世宗北伐、宋辽战争、澶渊之盟、宋金海上之盟等众多重大事件的历史背景。对

---

① 河阳：即孟州。
② 津要：河阳控制着河北、河东进入洛阳的黄河浮桥要道。
③ 十六州：今京津及河北、山西两省北部一带。

契丹王朝而言,得到十六州不仅获得了大量土地、人口和经济利益,形成对中原王朝的战略优势;也导致其直接进入华北地区,促进了对中原王朝制度的吸收,形成了独具特色的二元统治模式,加速了契丹社会的政治、经济发展。

纲 唐将杨光远杀招讨使张敬达,降于契丹。

目 晋安被围数月,刍粮俱竭,援兵竟不至。张敬达性刚,时谓之"张生铁"。杨光远、安审琦劝敬达降于契丹,敬达曰:"吾受明宗及今上厚恩,为元帅而败军,其罪已大,况降敌乎! 今援兵旦暮至,且当俟之。必若力尽势穷,诸君斩我出降,未为晚也。"光远目审琦,欲斩敬达,审琦未忍。诸将旦集,光远斩敬达首,帅诸将降于契丹。契丹主嘉敬达之忠,命收葬而祭之。谓其下及晋诸将曰:"汝曹为人臣,当效敬达也。"

纲 晋以赵莹、桑维翰同平章事。

纲 契丹以晋主南下,破唐兵于团柏①。唐主还河阳,赵德钧降契丹。

纲 晋主发潞州,契丹北还。

目 晋主将发上党,契丹主举酒属之曰:"我若南向,河南之人必大惊骇;汝宜自引汉兵南下,我令太相温将五千骑卫送汝至河梁②。余且留此,俟汝音闻,有急则下山救汝,若洛阳既定,吾即北返矣。"因泣别曰:"世世子孙勿相忘。"又曰:"刘知远、赵莹、桑维翰皆创业功臣,无

---

① 团柏:团柏谷,在今山西祁县东。
② 太相温:指迪离毕。河梁:黄河浮桥,在今河南孟州市南。

大故,勿弃也。"

|纲|唐主还洛阳。

|纲|晋主至河阳,节度使苌从简迎降。

|纲|唐主从珂自焚死,晋主入洛阳。

|目|唐主议复向河阳,将校皆已飞状迎晋主。唐主与曹太后、刘皇后、雍
　　王重美及宋审虔等,携传国宝登玄武楼自焚。是日晚,晋主入洛阳。

|纲|十二月,晋追废唐主从珂为庶人,以冯道同平章事。

|纲|晋以周瓛为三司使,不拜。

|目|瓛辞曰:"臣自知才不称职,宁以避事见弃,犹胜冒宠获辜。"许之。

|纲|唐安远节度使卢文进奔吴①。

|目|文进闻晋主为契丹所立,弃镇奔吴。所过镇戍召其主将告之,故皆拜
　　辞而退。

　　右后唐四主,共十三年。

闫建飞　评注

李华瑞、高纪春　审定

---

① 安远:藩镇军号,治安州,今湖北安陆市。

纲鉴易知录卷六二

卷首语：本卷起后晋高祖天福二年（937），止后周太祖显德元年（954），所记为后晋后汉后周三朝十八年的史事，同时穿插契丹、南唐、吴越、闽等的历史。石敬瑭去世后，晋出帝贸然与契丹开战，战败亡国。辽太宗耶律德光在北撤途中病死，中原群龙无首，河东节度使刘知远趁机入主中原，建立后汉。后汉立国只有四年，就被郭威篡位。郭威去世后，五代最有作为的君主周世宗登上历史舞台。

后晋纪

后晋世系表

（1）高祖石敬瑭 ——（2）出帝重贵
（936–942） 　　　（942–946）

高祖皇帝

纲 丁酉（937）①，春正月，晋以李崧同平章事，充枢密使，桑维翰兼枢
　 密使。

目 时晋新得天下，藩镇多未服从，或虽服从，反仄（zè）不安②。兵火之
　 余，府库殚竭，民间困穷，而契丹征求无厌。维翰劝晋主推诚弃怨以
　 抚藩镇，卑辞厚礼以奉契丹，训卒缮兵以修武备，务农桑以实仓廪，通
　 商贾以丰货财。数年之间，中国稍安③。

纲 吴徐知诰建齐国于金陵。

目 徐知诰始建太庙、社稷，改金陵为江宁府，以宋齐丘、徐玠为左、右丞
　 相，周宗、周廷玉为内枢使。

〔后晋迁都开封，结束了洛阳上千年的都城时代〕

纲 夏四月，晋迁都汴州④。

———————————

① 后晋天福二年，契丹天显十二年。是岁南唐代吴。
② 反仄：犹“反侧”，不心服。
③ 中国：中原王朝。
④ 汴州：治今河南开封市。

目天雄范延光聚卒缮兵，将作乱。会晋主谋徙都大梁，桑维翰曰："大梁北控燕赵，南通江淮，水陆都会，资用富饶。今延光反形已露，大梁距魏不过十驿①，彼若有变，大军寻至，所谓疾雷不及掩耳也。"下诏托以洛阳漕运有阙，东巡汴州。

纲吴徐知诰更名诰。

纲五月，吴与契丹通使修好。

纲六月，晋范延光举兵反，遣杨光远等讨之。

纲晋以和凝为端明殿学士，张谊为左拾遗。

纲秋七月，吴徐诰称帝，国号唐，奉吴主为让皇。

目吴主下诏禅位于齐。齐王诰即帝位于金陵，国号唐。遣丞相玠奉册诣吴主，称"受禅老臣诰谨拜稽首"，上尊号曰高尚思玄弘古让皇。立王后宋氏为皇后，以景通为吴王，更名璟（jǐng）。

纲契丹改号辽②。

目是岁，契丹改元会同，国号大辽，公卿庶官皆仿中国，参用中国人，以赵延寿为枢密使，寻兼政事令。

纲戊戌（938）③，春二月，晋诏求直言。

目左散骑常侍张允上《驳赦论》，以为："帝王遇天灾，多肆赦，谓之修

---

① 驿：唐制，三十里一驿。

② 契丹改国号、年号均为天福三年之事，本书误。

③ 后晋天福三年，辽会同元年。

德。借有二人坐狱遇赦,则曲者幸免,直者衔冤,冤气升闻,乃所以致灾,非所以弭灾也。"诏褒之。

晋主乐闻谠言①,诏百官各上封事②,置详定院以考之,无取者留中,可者行之。数月,应诏者无十人,复降御札趣(cù)之③。

河南奏修洛阳宫。谏议大夫薛融谏曰:"今宫室虽经焚毁,犹侈于帝尧之茅茨④;所费虽寡,犹多于孝文之露台。请俟海内平宁,营之未晚。"诏褒纳之。

纲 夏五月,唐主诰迁故吴主于润州。

纲 秋八月,晋上尊号契丹。

〔石敬瑭称耶律德光为父皇帝,自称儿皇帝〕

目 上尊号于契丹主及太后,以冯道、左仆射刘昫(xù)为册礼使,契丹主大悦。晋主事契丹甚谨,奉表称臣,谓契丹主为"父皇帝";其后契丹主屡止晋主上表称臣,但令为书称"儿皇帝",如家人礼。

纲 九月,范延光复降于晋,晋以为天平节度使。

纲 冬十月,契丹加晋主尊号。

纲 晋停兵部尚书王权官。

---

① 谠言:善言,直言。
② 封事:密奏。
③ 趣:同"促",催促。
④ 茅茨:用茨草盖的房子,比喻简陋。

⬜目 晋主遣权使契丹谢尊号,权耻之,谓人曰:"吾老矣,安能向穹庐屈膝①!"乃辞以老疾。晋主怒,停权官。

⬜纲 十一月,晋范延光致仕。

⬜纲 故吴主杨溥卒。

⬜纲 己亥(939)②,春正月,唐主徐知诰复姓李氏,更名昪(biàn)。

⬜纲 三月,晋加刘知远、杜重威同平章事。

⬜目 知远自以有佐命功,重威起外戚,无大功,耻与之同制,制下数日,杜门不受。晋主怒,谓赵莹曰:"知远坚拒制命,可落军权,令归私第。"莹拜请曰:"陛下昔在晋阳,兵不过五千,为唐兵十余万所攻,危于朝露,非知远心如金石,岂能成大业!奈何以小过弃之。窃恐此语外闻,非所以彰人君之大度也。"晋主意乃解,命和凝诣知远第谕旨,知远惶恐,起受命。

⬜纲 夏四月,晋废枢密院。

⬜纲 秋七月,晋以桑维翰为彰德节度使③。

⬜目 杨光远疏平章事桑维翰迁除不公,与民争利,晋主不得已,出维翰镇相州。

⬜纲 闽王曦弑其主昶而自立,称藩于晋。

---

① 穹庐:游牧民族居住的毡帐,代指契丹。
② 后晋天福四年,辽会同二年。
③ 彰德:藩镇军号,治相州,今河南安阳市。

纲 八月，晋以冯道守司徒，兼侍中。

目 诏中书知印止委上相，由是事无巨细，悉委于道。晋主尝访以军谋，
对曰："征伐大事，在圣心独断。臣书生，惟知谨守历代成规而已。"晋
主然之，宠遇无比。

纲 冬十二月，晋禁造佛寺。

纲 庚子(940)①，秋七月，晋西京留守杨光远杀太子太师范延光②。

目 延光请归河阳私第，许之。延光重载而行，光远利其货，且虑为子孙
之患，奏："延光叛臣，恐其逃入敌国，宜早除之。"不许。请敕延光居
西京，从之。光远使其子承贵以甲士围其第，逼令自杀。延光曰："天
子赐我铁券③，尔父子何得如此?"承贵以白刃驱延光，挤于河，奏云
自赴水死。晋主知其故，惮光远之强，不敢诘。

纲 晋以杨光远为平卢节度使④。

目 光远入朝，帝欲徙之他镇，谓光远曰："围魏之役，卿左右皆有功，尚未
之赏，今当各除一州以荣之。"因以其将校数人为刺史，徙光远镇
青州。

纲 辛丑(941)⑤，夏四月，唐遣使如晋。

---

① 后晋天福五年，辽会同三年。
② 西京：洛阳河南府。
③ 铁券：皇帝颁赐功臣记功免罪的依据。
④ 平卢：藩镇军号，治青州。
⑤ 后晋天福六年，辽会同四年。

〔南唐保境安民〕

目唐主遣通事舍人欧阳遇如晋①,求假道以通契丹,不许。

自黄巢以来,天下血战数十年,然后诸国各有分土,兵革稍息。及唐主即
　位,江淮丰稔,兵食有余,群臣争言"北方多难,宜出兵恢复旧疆"。唐
　主曰:"吾少长军旅,见兵之为民害深矣,不忍复言。使彼民安,则吾
　民亦安矣,又何求焉!"

〔安重荣挑衅契丹,桑维翰论后晋不可与契丹为敌〕

纲六月,晋成德节度使安重荣执契丹使者,上表请伐契丹。

目重荣耻臣契丹,见其使者必箕踞(jī jù)慢骂②。六月,重荣执契丹使拽
　剌(yè là),上表数千言,大抵斥晋主父事契丹,竭中国以媚无厌之虏。
　又为书遗朝贵及移藩镇,云已勒兵,必与契丹决战,晋主患之。
　时邺都留守刘知远在大梁③,泰宁节度使桑维翰密上疏曰:"陛下免
　于晋阳之难而有天下,皆契丹之功,不可负也。今重荣恃勇轻敌,非
　国家之利,不可听也。议者以岁输缯帛谓之耗蠹,有所卑逊谓之屈
　辱。殊不知兵连祸结,财力将匮,耗蠹孰甚焉! 武吏功臣,过求姑息,
　屈辱孰大焉! 臣愿陛下训农习战,养兵息民,俟国无内忧,民有余力,
　然后观衅而动,则动必有成矣。又,邺都富盛,国家藩屏,今主帅赴
　阙,军府无人,乞陛下略加巡幸,以杜奸谋。"晋主谓使者曰:"朕比日

---

① 通事舍人:掌殿庭通奏。
② 箕踞:两脚张开,两膝微曲地坐着,形状像箕,表示轻慢对方。
③ 邺都留守:后晋以魏州为邺都,留守为其长。

以来烦懑不决,今见卿奏,如醉醒矣。"

纲 秋七月,晋以刘知远为北京留守。

目 晋主忧安重荣跋扈,以知远为北京留守。知远微时,为晋阳李氏赘
婿,尝牧马犯僧田,僧执而笞之。知远至,首召其僧,命之坐,慰谕赠
遗,众心大悦。

纲 八月,晋以杜重威为御营使①。

目 冯道、李崧屡荐重威以为御营使,代刘知远,知远由是恨二相。重威
所至黩货,民多逃亡,尝出过市,谓左右曰:"人言我驱尽百姓,何市人
之多也!"

纲 晋主如邺都。

纲 吴越文穆王钱元瓘卒,子弘佐嗣。

纲 冬十月,闽王曦称帝。

纲 十二月,汉主龚更名䶮(yǎn)。

目 汉主龚寝疾,有胡僧谓龚名不利,龚乃自造"䶮"字名之,义取"飞龙
在天",读若"俨"。

纲 壬寅(942)②,春正月,晋以杜重威为顺德节度使③。

目 晋改镇州成德军为恒州顺德军,以杜重威为节度使。重威表王瑜为

---

① 御营使:皇帝亲征或巡幸时设置,总揽护卫皇帝之责。
② 后晋天福七年,辽会同五年。
③ 顺德:据《资治通鉴》,应做"顺国",下同。

副使，瑜为之重敛于民，恒人不胜其苦。

纲 夏四月，汉主龚殂，子玢(bīn)立。

纲 五月，唐以宋齐丘为镇南节度使①。

纲 六月，晋主敬瑭殂，兄子齐王重贵立。

目 初，刘知远遣亲将郭威，以诏指招纳吐谷浑酋长白承福②，契丹遣使来让。晋主忧悒(yì)成疾③。一旦，冯道独对。晋主命幼子重睿出拜之，又令宦者抱置道怀中，盖欲道辅立之。六月，晋主殂，道与侍卫马步都虞候景延广议，以国家多难，宜立长君，乃奉齐王重贵为嗣。是日，即位。延广始用事，禁人偶语④。初，高祖疾亟，有旨召刘知远入辅政，晋主重贵寝之，知远由是怨。

纲 秋七月，晋以景延广为侍卫都指挥使。

出帝

纲 癸卯(943)⑤，春二月，晋主还东京。

目 晋主之初即位也，大臣议奉表称臣告哀于契丹，景延广请致书称孙而不称臣。李崧曰："陛下如此，他日必躬擐(huàn)甲胄⑥，与契丹战，于

---

① 镇南：藩镇军号，治洪州。
② 吐谷浑：原在代北，石敬瑭割幽蓟十六州后，归属契丹。
③ 忧悒：忧愁烦闷。
④ 偶语：指两人相聚而语。
⑤ 后晋天福八年，辽会同六年。
⑥ 擐：穿。

时悔无益矣。"延广固争,冯道依违其间。晋主卒从延广议。契丹大怒,遣使来责让,延广复以不逊语答之。契丹卢龙节度使赵延寿,欲代晋帝中国,屡说契丹击晋,契丹主颇然之。晋主谓契丹将入寇,还东京,然犹与契丹问遗相往来,无虚月。

纲 唐主昪殂。

目 唐主饵方士丹,浸成躁急。群臣奏事,往往暴怒,然有论辩中理者,亦敛容谢之。问道士王栖霞:"何道可致太平?"对曰:"王者治心治身,乃治家国。今陛下尚未能去饥瞋(chēn)饱喜①,何论太平!"凡所赐予皆不受。唐主疽发背,疾亟,太医吴廷裕遣亲信召齐王璟入侍疾。唐主谓曰:"吾饵金石,始欲益寿,乃更伤生,汝宜戒之!"是夕,殂。秘不发丧,下制以齐王监国。

纲 闽富沙王延政称帝于建州,国号殷。

目 王延政称帝,以潘承祐为吏部尚书,杨思恭为兵部尚书、同平章事。国小民贫,军旅不息。思恭以善聚敛得幸,增田亩山泽之税,至于鱼盐蔬果,无不倍征,国人谓之"杨剥皮"。

纲 晋以桑维翰为侍中。

纲 唐主璟立。

纲 汉晋王弘熙弑其主玢而自立,更名晟。

纲 秋九月,晋执契丹回图使乔荣,既而归之。

---

① 瞋:发怒。

目初,河阳牙将乔荣从赵延寿入契丹,契丹以为回图使。往来贩易于晋,置邸大梁。至是,景延广说晋主囚荣于狱。凡契丹贩易在晋境者,尽杀之,夺其货。大臣皆言契丹不可负,乃释荣,慰赐而归之。契丹主大怒,入寇之志始决。

纲冬十月,晋主立其叔母冯氏为后①。

纲十二月,晋杨光远诱契丹入寇。

纲唐以宋齐丘为青阳公,遣归九华。

目唐侍中周宗,年老恭谨,中书令宋齐丘树党,倾之。宗泣诉于唐主,唐主由是薄齐丘。齐丘忿恧,表乞归九华旧隐,唐主知其诈,一表即从之,仍赐号九华先生,封青阳公。齐丘乃治大第于青阳,服御将吏,皆如王公,而愤色尤甚。

纲甲辰(944)②,春正月,契丹陷晋贝州,权知州事吴峦败死,晋遣兵御之。

纲唐主敕齐王景遂参决庶政,既而罢之。

目唐主决欲传位于齐、燕二王③。翰林学士冯延巳等因之欲隔绝中外以擅权,请敕:"齐王景遂参决庶政,百官惟魏岑、查文徽得白事,余非召对不得见。"唐主从之,国人大骇。给事中萧俨上疏极论,不报。侍卫都虞候贾崇叩阁泣谏,唐主感悟,遽收前敕。

---

① 冯氏:原为石重贵叔父重胤之妻,重胤早死,冯氏寡居,石重贵纳其为妃,又立为皇后。
② 后晋开运元年,辽会同七年。
③ 齐、燕二王:李璟之弟齐王景遂、燕王景达。

唐主于宫中作高楼,召侍臣观之,众皆欢笑。萧俨曰:"恨楼下无井。"唐主问其故。对曰:"以此不及景阳楼①。"唐主怒,贬为舒州观察使②。

纲 晋主自将次澶(chán)州③,遣刘知远、杜威、张彦泽将兵御契丹。

纲 二月,契丹渡河。晋主自将,及遣李守贞等分道击之,契丹败走。

纲 晋诏刘知远击契丹,知远屯乐平不进④。

纲 三月,闽指挥使朱文进弑其主曦而自立。

纲 夏四月,晋主还大梁,以景延广为西京留守。

纲 晋太尉、侍中冯道罢,以桑维翰为中书令兼枢密使。

目 道虽为首相,依违两可,无所操决。或谓晋主曰:"冯道承平之良相,今艰难之际,譬如使禅僧飞鹰耳。"乃以为匡国节度使。或谓晋主曰:"陛下欲御北狄安天下,非桑维翰不可。"遂复置枢密院,以维翰为中书令兼枢密使,事无大小,悉以委之,数月之间,朝廷差治⑤。

纲 秋八月,晋以刘知远为行营都统,杜威为招讨使,督十三节度以备契丹。

目 契丹之入寇也,晋主再命刘知远会兵山东,皆不至,晋主疑之,谓所亲

---

① 景阳楼:陈后主建景阳楼,隋兵至,自投楼下井中。
② 舒州:治今安徽潜山市。
③ 澶州:治今河南濮阳市。
④ 乐平:县名,今山西昔阳县。
⑤ 差:稍微,勉强。

曰:"太原殊不助朕,必有异图。"至是,虽为都统而实无临制之权,密谋大计皆不得预知。远亦知见疏,但慎事自守而已。

郭威见知远有忧色,谓知远曰:"河东山河险固,风俗尚武,士多战马,静则勤稼穑,动则习军旅,此霸王之资也,何忧乎!"

纲 朱文进称藩于晋,晋以为闽国王。冬十二月,殷遣兵讨朱文进,唐遣兵攻殷。

纲 闰月,闽人讨杀朱文进,传首建州。

纲 契丹复入寇。

纲 乙巳(945)①,春正月,契丹至相州,引还,晋主自将追之。

纲 殷改国号曰闽。

纲 二月,晋主至澶州,诸将引军北上。

纲 契丹陷晋祁州②,刺史沈斌死之。

目 契丹以赢兵驱牛羊过祁州城下,晋刺史沈斌出兵击之,契丹以精骑夺其门,州兵不得还。赵延寿引契丹急攻之,斌在城上,延寿语之曰:"使君何不早降!"斌曰:"侍中父子失计,陷身虏庭,忍帅犬羊以残父母之邦,不自愧耻,更有骄色,何哉?沈斌弓折矢尽,宁为国家死耳,终不效公所为!"明日,城陷,斌自杀。

纲 晋以冯玉为枢密使。

---

① 后晋开运二年,辽会同八年。是岁殷改称闽而亡。
② 祁州:治今河北安国市。

纲闽人及唐人战,闽人败绩。

纲三月,契丹还军南下,晋都排陈使符彦卿等击之,契丹败走。夏四月,晋主还大梁。

纲秋八月,晋加冯玉同平章事。

纲唐兵拔建州,闽主延政出降。

纲晋以杜威为天雄节度使。

纲晋桑维翰罢。

纲丙午(946)①,春正月,唐以宋齐丘为太傅。

纲冬十月,晋遣杜威将兵伐契丹。

〔后晋灭亡〕

纲十一月,契丹大举入寇。十二月,晋将王清战死,杜威等以兵降。契丹遣兵入大梁,执晋主重贵以归。杀桑维翰,囚景延广。

目契丹主大举入寇,趣恒州。杜威等闻之,将自冀、贝而南②。张彦泽时在恒州,引兵会之,言契丹可破之状。威等乃复趣恒州,以彦泽为前锋,与契丹夹滹沱(hū tuó)而军。

开封尹桑维翰,以国家危在旦夕,求见言事。晋主方在苑中调鹰,辞

———————

① 后晋开运三年,辽会同九年。
② 冀:州名,治今河北衡水市冀州区。

不见。又诣执政言之,执政不以为然。退谓所亲曰:"晋氏不血食①!"

晋主诏以高行周、符彦卿共戍澶州,景延广戍河阳。指挥使王清言于杜威曰:"请以步卒二千为前锋,夺桥开道,公帅诸军继之,得入恒州则无忧矣。"威许诺,遣清与宋彦筠俱进。清战甚锐,契丹小却,诸将请以大军继之,威不许。彦筠败走,清独帅麾下力战,至暮不息。契丹以新兵继之,清及士众尽死。

契丹遥以兵环晋营,军中食尽。威与李守贞、宋彦筠谋降契丹。威潜遣腹心诣契丹牙帐,邀求重赏。契丹主绐(dài)之曰②:"赵延寿威望素浅,恐不能帝中国。汝果降者,当以汝为之。"威喜,遂定降计。威命军士释甲,军士皆恸哭,声振原野。

契丹主引兵南,杜威将降兵以从。遣张彦泽将二千骑先取大梁。张彦泽倍道疾驱,夜渡白马津③。晋主召李崧、冯玉、李彦韬入禁中计事,欲诏刘知远发兵入援。明日,彦泽自封丘门斩关而入,城中大扰。晋主召范质草降表,自称:"孙男臣重贵,祸至神惑,运尽天亡。今与太后及妻冯氏,举族面缚待罪④。"彦泽迁晋主于开封府,顷刻不得留,见者流涕。

彦泽杀桑维翰,以带加颈,白契丹主,云其自经。契丹主命厚抚其家。遣兵趣河阳捕景延广,延广伏地请死,乃锁之。

右后晋二主,共十一年。

---

① 血食:古代杀牲取血以祭,故称受享祭品为血食,不血食指后晋将亡。

② 绐:同"诒",诓骗。

③ 白马津:黄河渡口,在今河南滑县北。

④ 面缚:双手被反绑在背后而面向前,表示投降。

后汉纪

后汉世系表

（1）高祖刘知远 ＿＿＿（2）隐帝承祐
　　（947-948）　　　　　（948-950）

高祖皇帝

纲 丁未(947)①，春正月，契丹德光入人梁，杀张彦泽。景延广自杀。

纲 契丹封晋主重贵为负义侯，徙之黄龙府②。

纲 契丹以李崧为枢密使，冯道为太傅，晋诸藩镇皆降。

纲 契丹纵兵大掠，遣使括借士民钱帛。

〔契丹"打草谷"〕

目 赵延寿请给上国兵食③，契丹主曰："吾国无此法。"乃纵胡骑四出剽掠，谓之打草谷。丁壮弊于锋刃，老弱委于沟壑，自东、西两畿及郑、滑、曹、濮数百里间④，财畜殆尽。契丹主谓判三司刘昫曰："契丹兵应有优赐，速宜营办。"时府库空竭，昫请括借都城士民钱帛，又分遣

---

① 二月刘知远称帝，仍称晋天福十二年，六月改国号汉；辽天禄元年。是岁晋亡汉兴。
② 黄龙府：治今吉林农安县。
③ 上国：指契丹。
④ 两畿：东京开封，西京洛阳。滑：州名，治今河南滑县。

使者数十人诣诸州括借。人不聊生，由是内外怨愤，始患苦契丹，皆思逐之矣。

纲 晋刘知远遣使奉表于契丹。

目 初，晋主忌河东节度使、北平王刘知远，以为北面行营都统。知远因之广募士卒，又得吐谷浑财畜，由是富强，步骑至五万人。晋主与契丹结怨，知远知其必危，而未尝论谏。契丹屡深入，知远初无邀遮入援之志。及闻契丹入汴，乃分兵守四境，遣客将王峻奉表称臣于契丹。

［刘知远称帝，建立后汉］

纲 二月，晋刘知远称帝于晋阳。

目 河东将佐劝知远称尊号，以号令四方，知远不许。闻晋主北迁，声言欲出兵井陉，迎归晋阳。命指挥使史弘肇集诸军告以出师之期，军士皆曰："今天下无主，主天下者非我王而谁？宜先正位号，然后出师。"争呼万岁不已。郭威与都押衙杨邠（bīn）入说知远曰："此天意也。王不乘此取之，人心一移，则反受其咎矣。"知远从之，遂即位。自言未忍改晋国，又恶开运之名，乃更称天福十二年。

纲 晋主知远自将迎故晋主重贵，至寿阳而还。

纲 晋主知远还晋阳。

目 知远还至晋阳，议率民财以赏将士①，夫人李氏谏曰："陛下因河东创

———————

① 率：征收。

大业,未有以惠泽其民,而先夺其生生之资,殆非新天子所以救民之
意也。请悉出宫中所有以劳军,虽复不厚,人无怨言。"知远从之,中
外大悦。

纲三月,契丹德光发大梁。

目契丹主发大梁,晋文武诸司、诸军、吏卒从者皆数千人,宫女、宦官数
百人,尽载府库之实以行。谓宣徽使高勋曰:"吾在上国,以射猎为
乐,至此令人悒悒。今得归,死无恨矣!"

纲晋主知远以其弟崇为太原尹。

纲夏四月,晋以刘信、史弘肇为侍卫指挥使,杨邠为枢密使,郭威为副
使,王章为三司使。

纲晋以苏逢吉、苏禹珪同平章事。

〔耶律德光北返途中病死,中原大乱〕

纲契丹耶律德光死于杀狐林①。

目契丹主至临城,得疾,至杀狐林而卒。国人剖其腹,实盐数斗,载之北
去。晋人谓之"帝羓(bā)"②。契丹主丧至国,述律太后不哭,曰:"待
诸部宁一如故,则葬汝矣。"

纲五月,晋以刘崇为北都留守③。

---

① 杀狐林:又名杀狄林、杀胡林,在今河北石家庄市栾城区乏马村。
② 帝羓:指耶律德光干尸。
③ 北都:并州太原府。

纲 楚文昭王希范卒,弟希广嗣。

纲 六月,晋主知远入洛阳。

纲 吴越忠献王弘佐卒,弟弘倧嗣。

纲 晋主知远入大梁,诸镇多降,始改国号曰汉。

目 知远发洛阳,枢密院吏魏仁浦自契丹逃归,郭威问以兵数及故事,仁浦强记精敏,威由是亲任之。知远至大梁,晋之藩镇相继来降,复以汴州为东京,改国号曰汉。仍称天福年,曰:“余未忍忘晋也。”

纲 秋七月,汉以杜重威为归德节度使①,重威拒命,汉发兵讨之。

纲 汉以窦贞固、李涛同平章事。

纲 冬十月,汉主如澶、魏劳军,十一月,杜重威出降。

纲 十二月,汉主还大梁。

纲 吴越统军使胡思进废其君弘倧而立其弟弘俶。

纲 戊申(948)②,春正月,汉主更名暠(hào)。

纲 汉以冯道为太师。

纲 汉主暠殂,杜重威伏诛,周王承祐立。

目 汉主大渐③,召苏逢吉、杨邠、史弘肇、郭威入受顾命,曰:“承祐幼弱,

---

① 归德:藩镇军号,治宋州,今河南商丘市。
② 后汉乾祐元年,辽天禄二年。
③ 大渐:病危。

后事托在卿辈。"又曰:"善防重威。"是日殂,逢吉等秘不发丧。下诏称:"重威父子因朕小疾,谤议摇众。"皆斩之,磔(zhé)尸于市①,市人争啖其肉。二月,立皇子承祐为周王,有顷,发丧。周王即位,时年十八。

纲 汉以王景崇为凤翔巡检司②。

纲 三月,汉征凤翔兵诣阙,行至长安,军校赵思绾(wǎn)据城作乱。

纲 汉护国节度使李守贞反。

纲 夏四月,汉以杨邠同平章事,郭威为枢密使。

纲 汉遣郭从义讨赵思绾,白文珂、王峻讨李守贞。

纲 六月,汉王景崇叛降于蜀。

纲 八月,汉河东节度使刘崇表募兵备契丹。

纲 汉以郭威为西面招慰安抚使。

目 汉自河中、永兴、凤翔三镇拒命,继遣诸将讨之,久无功,汉主患之,欲遣重臣临督。以郭威为西面军前招慰安抚使,诸军皆受节度。威问策于冯道,道曰:"守贞自谓旧将,为士卒所附,愿公勿爱官物以赐士卒,则夺其所恃矣。"威从之,由是众心始附于威。

纲 郭威督诸将围李守贞于河中。

---

① 磔:分裂肢体。
② 巡检司:据《资治通鉴》,应作"巡检使",职掌御边或捕盗的军事差遣。

纲 冬十月,汉赵晖围王景崇于凤翔,蜀遣兵救之,不克。

纲 荆南节度使高从诲卒,以其子保融知留后。

隐帝

纲 己酉(949)①,夏四月,太白昼见。

纲 秋七月,汉郭从义诱赵思绾杀之。

〔郭威克河中,三叛平定〕

纲 汉郭威克河中,李守贞自杀。

目 郭威攻河中,克其外郭。李守贞与妻子自焚。威入城,阅守贞文书,得朝臣藩镇交通书,词意悖逆,欲奏之,秘书郎王涛谏曰:"魑魅(chī mèi)乘夜争出②,见日自消。愿一切焚之以安反仄。"威从之。

纲 八月,汉郭威以白文珂为西京留守。

目 西京留守王守恩,性贪鄙,专事聚敛。郭威自河中还,过洛阳,守恩肩舆出迎。威怒,不见,即以头子命白文珂代守恩③。守恩犹坐客次,吏白:"新留守已视事于府矣。"守恩狼狈而归,见家属已逐出府矣。朝廷不之问。

纲 九月,汉加郭威侍中。威请加恩将相、藩镇,从之。

---

① 后汉乾祐二年,辽天禄三年。
② 魑魅:山怪,引申为各种坏人。
③ 头子:枢密院文书,用以处分小事。

目威至大梁,入见,劳赐甚厚。辞曰:"臣将兵在外,凡镇安京师,供亿兵
食,皆诸大臣居中者之力也,臣安敢独膺此赐! 请遍赏之。"乃遍赐宰
相、枢密、宣徽、三司、侍卫使九人,如一,加威兼侍中。诸大臣议,以
"执政既溥加恩①,恐藩镇觖(jué)望"②,亦遍加恩有差。

纲冬十月,契丹寇河北,汉遣郭威督诸将御之。

纲十二月,汉赵晖攻凤翔,王景崇自杀。

纲庚戌(950)③,春二月,汉汝州防御使刘审交卒。

目汝州吏民诣阙上书,以审交有仁政,乞留葬汝州,得奉事其丘垄,许
之。州人为立祠,岁时享之。冯道曰:"吾尝为刘君僚佐,观其为政,
无以逾人,非能减其租赋,除其繇(yáo)役也,但推公廉慈爱之心以行
之耳。此亦众人所能为,但众人不为而刘君独为之,故汝人爱之如
此。使天下二千石皆效其所为④,何患得民不如刘君哉!"

纲夏四月,汉以郭威为邺都留守,枢密使如故。

〔后汉将相有隙〕

目汉朝以契丹入寇,议以郭威镇邺都,使督诸将备契丹。史弘肇欲威仍
领枢密使,苏逢吉以为故事无之,弘肇曰:"领枢密使则可以便宜从
事,诸军畏服,号令行矣。"汉主从之。弘肇怨逢吉异议,逢吉曰:"以

---

① 溥:普遍。
② 觖望:因不满而怨恨。
③ 后汉乾祐三年,辽天禄四年。
④ 二千石:刺史。

内制外,顺也;今反以外制内,其可乎!"既而朝贵会饮,弘肇举大觞属威①,厉声曰:"昨日廷议,一何同异!"逢吉与杨邠亦举觞曰:"是国家之事,何足介意!"弘肇又厉声曰:"安定国家,在长枪大剑,安用毛锥②!"王章曰:"无毛锥,则财赋从何可出?"自是将相始有隙。

纲 汉以郭荣为贵州刺史③。

目 荣本姓柴,父守礼,郭威之妻兄也。威未有子,时养以为子。

纲 五月,郭威赴邺。

纲 闰月,汉大风。

目 汉宫中数有怪,大风发屋拔木,吹掷门扉一十余步而落。汉主召司天监赵延义问以禳(ráng)祈之术④,对曰:"王者欲弭灾异,莫如修德。"汉主曰:"何谓修德?"对曰:"请读《贞观政要》而法之。"

〔后汉政变,郭威起兵〕

纲 冬十一月,汉主承祐杀其枢密使杨邠、侍卫指挥使史弘肇、三司使王章。遣使杀郭威,不克,威举兵反,遂杀其主承祐。

目 汉主自即位以来,杨邠总机政,郭威主征伐,史弘肇典宿卫,王章掌财赋,国家粗安。汉主左右嬖幸浸用事,太后亲戚亦干朝政,邠等屡裁抑之。汉主年益壮,厌为大臣所制。左右因谮(zèn)之曰:"邠等专恣,

---

① 属:劝酒。

② 毛锥:笔,代指文人。

③ 郭荣:郭威养子,即周世宗柴荣。贵州:治今广西贵港市。

④ 禳祈:祈祷消除灾殃。

终当为乱。"苏逢吉与弘肇有隙,屡以言激太后弟李业等,汉主遂与业谋诛邠等。弘肇与邠、章入朝,殿中甲士出而杀之。

汉主遣供奉官孟业赍(jī)密诏①,令镇宁李洪义杀弘肇党步军指挥使王殷②,又令行营指挥使郭崇威、曹威杀郭威及监军王峻。

孟业至澶州,洪义不敢发,殷因业,以诏示郭威。威召郭崇威、曹威及诸将,告以邠等冤死及有密诏之状,且曰:"吾与诸公披荆棘,从先帝取天下,受托孤之任,竭力以卫国家,今诸公已死,吾何心独生!君辈当奉行诏书,取吾首以报天子,庶不相累。"崇威等皆泣曰:"天子幼冲,此必左右群小所为,愿从公入朝自诉,荡涤鼠辈,以清朝廷。"威乃留其养子荣镇邺都,令崇威前驱,自将大军继之。

威至封丘,人情恼惧,汉主遣慕容彦超等将兵御之。屯七里店,汉主自出劳军。既陈,慕容彦超引轻骑直前奋击,郭威与李荣帅骑兵拒之。彦超引兵退,麾下死者百余人,于是诸军夺气,稍稍降于北军。彦超遂与十余骑奔还,汉主独与从官数十人宿于七里寨。旦日,回辔至赵村,追兵已至,汉主下马入民家,为乱兵所弑。

威至,自迎春门入,归私第。冯道帅百官谒见郭威,威犹拜之,道受拜如平时,徐曰:"侍中此行不易!"

纲 汉迎武宁节度使刘赟于徐州③。

目 郭威帅百官起居太后,奏请早立嗣君。太后诰曰:"河东节度使崇、忠

---

① 赍:带着。
② 镇宁:藩镇军号,治澶州。
③ 武宁:藩镇军号,治徐州。

武节度使信①,皆高祖之弟,武宁节度使赟、开封尹承勋,高祖之子,其令百官议择所宜。"赟,崇之子也,高祖爱之,养视如子。郭威、王峻入见太后,请以勋为嗣。太后曰:"勋久羸疾,不能起。"于是郭威与峻议立赟。帅百官表请太后诰,遣太师冯道及枢密直学士王度、秘书监赵上交诣徐州奉迎。

威之讨三叛也②,见诏书处分军事皆合机宜,问:"谁为之?"使者以范质对。威曰:"宰相器也。"至是,令草诰令,具仪注,苍皇之中,讨论撰定,皆得其宜。

纲 汉太后临朝。汉以王峻为枢密使,王殷为侍卫都指挥使。

纲 契丹入寇,屠内丘,陷饶阳,汉遣郭威将兵击之。

纲 汉以范质为枢密副使。

纲 马希萼陷潭州③,杀楚王希广而自立。

纲 汉刘赟发徐州。

纲 汉郭威至澶州,自立而还。王峻、王殷遣兵拒刘赟,以太后诰废为湘阴公,令郭威监国。

〔郭威黄袍加身〕

目 威至澶州。将发,将士数千人忽大噪曰:"天子须待侍中自为之,将士已

————————

① 忠武:藩镇军号,治许州,今河南许昌市。
② 三叛:指王景崇、李守贞、赵思绾。
③ 潭州:楚国国都,治今湖南长沙市。

与刘氏为仇,不可立也!"或裂黄旗以被(pī)威体①,共挟抱之,呼万岁震地,因拥威南行。威乃上太后笺,请奉汉宗庙,事太后为母。下书抚谕大梁士民,勿有忧疑。至七里店,窦贞固帅百官出迎,拜谒,劝进。

赟至宋州,王峻、王殷闻澶州军变,遣郭崇威将七百骑往拒之。郭威召冯道先归。太后诰废赟为湘阴公,以侍中监国,百官藩镇相继上表劝进。

右后汉二主,共四年。

---

① 被:同"披",遮盖。

后周纪

后周世系表

（1）太祖郭威 ____ （2）世宗柴荣 ____ （3）恭帝柴宗训
（950-954）　　　（954-959）　　　　（959）

太祖皇帝

纲 辛亥（951）①，春正月，郭威称皇帝，国号周。

纲 汉河东节度使刘崇表请湘阴公归晋阳。

目 初，崇闻隐帝遇害，欲起兵南向，闻迎立湘阴公，乃止，曰："吾儿为帝，吾又何求！"太原少尹李骧（xiāng）阴说崇曰："观郭公之心，终欲自取，公不如疾引兵逾太行，据孟津②，俟徐州相公即位，然后还镇，则郭公不敢动矣，不然，且为所卖。"崇怒曰："腐儒，欲离间吾父子！"命左右曳出斩之③。及赟废，崇乃遣使请赟归晋阳。周主报曰："湘阴公比在宋州，今方取归，必令得所，公勿以为忧。"

纲 周以王殷为邺都留守。

〔刘崇称帝，建立北汉〕

纲 周主威弑汉湘阴公赟于宋州，汉刘崇称帝于晋阳④。

---

① 后周广顺元年，辽应历元年。是岁后周代后汉，北汉建国。
② 孟津：黄河渡口，在今河南孟州市南。
③ 曳：拖。
④ 是为北汉。

目 刘崇即位于晋阳,仍用乾祐年号。闻湘阴公死,哭曰:"吾不用忠臣之言,以至于此!"为李骧立祠,岁时祭之。

纲 周罢四方贡献珍食,诏百官上封事。

目 周主谓王峻曰:"朕起于寒微,备尝艰苦,遭时丧乱,一旦为帝王,岂敢厚自奉养,以病下民乎!"命峻疏四方贡献珍美食物,诏悉罢之。又诏曰:"朕生长军旅,不亲学问,未知治天下之道,文武官有益国利民之术,各具封事以闻。"以苏逢吉之第赐王峻,峻曰:"是逢吉所以族李崧也①!"辞而不处。

纲 二月,周主以其养子荣为镇宁节度使。

纲 周主毁汉宫宝器。

目 周主悉出汉宫中宝玉器,碎之于庭,曰:"凡为帝王,安用此物!"

纲 夏四月,周以王峻、范质、李穀同平章事。

目 初,周主讨河中,已为人望所属。李穀时为转运使,周主数以微言讽之,穀但以人臣尽节为对,周主以是贤之,即位,首用为相。时国家新造,四方多故,王峻夙夜尽心,知无不为,军旅之谋,多所裨益。范质明敏强记,谨守法度。李穀沉毅有器略,议论慷慨,善譬喻以开主意。

纲 壬子(952)②,春二月,唐设科举,既而罢之。

目 唐主好文学,故韩熙载、冯延巳、延鲁、江文蔚、潘佑、徐铉之徒皆至美

---

① 初,后汉入开封,李崧在镇州,刘知远遂将李崧府邸赐给苏逢吉。等到李崧归朝,其弟屿常出怨言,逢吉遂诬陷屿谋逆,族灭崧家。
② 后周广顺二年,辽应历二年。

官。文雅于诸国为盛,然未尝设科举,多因上书言事拜官。至是,始命文蔚知贡举。执政皆不由科第,相与沮毁,竟罢之。

纲 三月,唐以冯延巳、孙晟同平章事。

目 唐以延巳、晟为相。既宣制,户部尚书常梦锡众中大言曰:"白麻甚佳①,但不及江文蔚疏耳②!"晟素轻延巳,谓人曰:"金杯玉碗乃贮狗矢乎③!"延巳言于唐主曰:"陛下躬亲庶务,故宰相不得尽其才,此治道所以未成也!"唐主乃悉以政事委之,而延巳不能勤事,益不治,唐主乃复自览之。

纲 夏六月朔,周主如曲阜,谒孔子祠,拜其墓。

目 周主谒孔子祠,将拜,左右曰:"孔子,陪臣也,不当以天子拜之。"周主曰:"孔子,百世帝王之师,敢不敬乎!"遂拜。又拜孔子墓,禁樵采。访孔子、颜渊之后,以为曲阜令及主簿。

纲 冬十月,武平留后刘言遣兵攻潭州④,唐节度使边镐弃城走,言遂取湖南。

目 唐武安节度使边镐不合众心。吉水人欧阳广上书,言"镐非将帅才,必丧湖南"。不报。仍使镐经略朗州,自朗来者,多言刘言忠顺,镐不为备。唐主召言入朝,言不行,谓王逵曰:"唐必伐我,奈何?"逵曰:"边镐抚御无方,士民不附,可一战擒也。"言乃以逵及周行逢、何敬

① 白麻:唐代拜相、封王等用制书,以白麻纸书写。
② 江文蔚疏:天福十二年江文蔚弹劾冯延巳兄弟等人的奏疏。
③ 矢:同"屎"。
④ 武平:藩镇军号,治朗州,今湖南常德市。

真、潘叔嗣、张文表等十人皆为指挥使,部分发兵。行逢能谋,文表善战,叔嗣果敢,三人多相须成功,情款甚昵。十月,逢等将兵分道趣长沙,攻潭州,镐弃城走。唐将守湖南者,相继遁去,刘言尽复马氏岭北故地①。

纲 刘言奉表于周。

纲 唐冯延巳、孙晟罢,削边镐官爵,流饶州。

目 初,镐从查文徽克建州,凡所俘获皆全之,建人谓之"边佛子"。及克潭州,市不易肆,潭人谓之"边菩萨"。既而政无纲纪,惟日设斋供,盛修佛寺,潭人失望,谓之"边和尚"矣。冯延巳、孙晟上表请罪,皆释之。晟陈情不已,乃与延巳皆罢。唐主思欧阳广之言,拜本县令。

纲 癸丑(953)②,春正月,周以刘言为武平节度使。

纲 周罢户部营田务,除租牛课。

目 前世屯田皆在边地,使戍兵佃之。唐末,中原宿兵,所在皆置营田,以耕旷土,其后又募高赀户③,使输课佃之。户部别置官司总领,不隶州县,或丁多无役,或容庇奸盗,州县不能诘。梁太祖击淮南,得牛万计,以给农民,使岁输租。牛死而租不除,民甚苦之。周主素知其弊,李穀亦以为言,敕悉罢之,以其民隶州县,田、庐、牛具并赐见佃者为永业。或言:"营田有肥饶者,不若鬻之,可得钱数十万缗以资国。"周

---

① 岭北:南岭以北。
② 后周广顺三年,辽应历三年。
③ 赀:资产。

主曰:"利在于民,犹在国也,朕用此钱何为!"

纲三月,周主以郭荣为开封尹,封晋王。

〔九经雕版完成,典籍传播从写本时代进入刻本时代〕

纲夏六月,周九经版成。

目初,唐明宗之世,令国子监较正九经,刻版印卖。至是,版成,献之。由是,虽乱世,九经传布甚广。是时蜀毋昭裔,亦出私财百万营学馆,且请刻版印九经,蜀主从之。由是蜀中文学亦盛。

纲秋八月,唐复置科举。

　　世宗皇帝

纲甲寅(954)①,

纲春正月,周以晋王荣判内外兵马事②。

目初,周主疾作,群臣希得见③,中外恐惧。闻晋王典兵,人心稍安。

纲周主疾笃,诏晋王荣听政。周以王溥同平章事。

纲周主威殂,晋王荣立。

纲二月,北汉主以契丹兵击周,周昭义节度使李筠逆战④,败绩。

────────────

① 后周显德元年,辽应历四年。
② 内外:宫城内外,即都城开封。
③ 希:同"稀"。
④ 昭义:藩镇军号,治潞州,今山西长治市。

〔高平之战后,周世宗整军,一扫禁军中骄兵悍将习气〕

纲 三月,周主自将与汉战于高平①,汉兵败绩。周将樊爱能、何徽等
伏诛。

目 世宗欲自将御汉兵,群臣皆谏,冯道固争之,世宗不悦,惟王溥劝行,
乃命冯道奉梓宫赴山陵。遂发大梁,至怀州,兼行速进,进宿泽州东
北②。北汉主军高平南。明日,世宗介马临陈督战③,合战未几,周右
军将樊爱能、何徽引骑兵先遁,右军溃,步兵千余人解甲降北汉。世
宗见军势危,自引亲兵犯矢石督战。我太祖皇帝时为宿卫将④,谓同
列曰:"主危如此,吾属何得不致死!"乃将二千人进战,太祖身先士
卒,驰犯其锋,士卒死战,无不一当百,北汉兵披靡⑤。时南风甚盛,
周兵争奋,北汉兵大败。是夕,世宗野宿,得步兵之降敌者,皆杀之。
爱能、徽闻捷,与士卒稍稍复还。明日,休兵高平。北汉主帅百余骑
昼夜北走,仅得入晋阳。世宗收爱能、徽及所部军使以上七十余人,
责之曰:"汝辈非不能战,正欲以朕为奇货,卖与刘崇耳。"悉斩之。自
是骄将惰卒始知所惧,不行姑息之政矣。张永德称我太祖之智勇⑥,
世宗擢为殿前都虞候⑦。

---

① 高平:县名,今山西高平市。

② 泽州:治今山西晋城市。

③ 介:铠甲。

④ 太祖皇帝:指宋太祖赵匡胤,此本司马光《通鉴》之称。

⑤ 披靡:溃散。

⑥ 张永德:周太祖郭威女婿,时为殿前都指挥使,赵匡胤上级。

⑦ 殿前都虞候:殿前司高级军职。

〔冯道去世，五代历事多朝的代表人物〕

纲 周太师、中书令、瀛王冯道卒。

目 道少以孝谨知名，唐庄宗世始贵显，自是累朝不离将相公师之位。为人清俭宽弘，人莫测其喜愠。滑稽多智，浮沉取容。尝著《长乐老叙》，自叙累朝荣遇之状，时人往往以德量推之。

纲 周立后符氏。

目 初，符彦卿有女，适李守贞之子崇训，相者言其贵当为天下母。守贞喜曰："吾妇犹母天下，况我乎！"反意遂决。及败，崇训先自刃其弟妹，次及符氏，符氏匿帏下，崇训仓猝求之不获，遂自刭。乱兵既入，符氏安坐堂上，叱乱兵曰："吾父与郭公为昆弟，汝曹勿无礼！"太祖遣使归之于彦卿，既而为世宗娶之。至是，立为皇后。后性和惠而明决，世宗甚重之。

纲 夏五月，周主攻晋阳，不克，引军还。

纲 秋七月，周以魏仁浦为枢密使。

纲 冬十月，周简阅诸军，募壮士以补宿卫。

纲 十一月，北汉主旻殂，子钧立。

闫建飞　评注

李华瑞　高纪春　审定

纲鉴易知录卷六三

　　卷首语：本卷起后周世宗显德二年（955），止显德六年，所载为周世宗朝五年的史事。周世宗为统一全国，首先进攻南唐，夺取江北十四州。之后又北征契丹，因病重退兵。世宗去世后，七岁的周恭帝即位，在位仅半年，就被赵匡胤篡位。

后周纪

世宗皇帝

纲 乙卯(955)①,春正月,周制举令录法②。

目 初令翰林学士、两省举令录③,除官之日,仍署举者姓名,若贪秽败官,并当连坐。

纲 夏四月,周以王朴为谏议大夫,知开封府事。

目 世宗谓宰相曰:"朕每思致治之方,未得其要,寝食不忘。又吴、蜀、幽、并皆阻声教④,未能混一,宜命近臣著《为君难为臣不易论》及《开边策》各一篇,朕将览焉。"

〔王朴献《开边策》,建议先南后北的统一策略〕

比部郎中王朴献策曰:"中国之失吴、蜀、幽、并,皆由失道。今必先观所以失之之原,然后知所以取之之术。其始失之也,莫不以君暗臣邪,兵骄民困,奸党内炽,武夫外横,因小致大,积微成著。今欲取之,莫若反其所为而已。进贤退不肖,以收其才;恩德诚信,以结其心;赏功罚罪,

---

① 后周显德二年,辽应历五年。
② 令录:县令、录事参军。
③ 两省:中书省、门下省。
④ 吴:南唐。蜀:后蜀。幽:指石敬瑭割让给契丹的幽蓟十六州。并:北汉。声教:帝王的声威教化。

以尽其力;去奢节用,以丰其财;时使薄敛,以阜其民。俟群才既集①,政事既治,财用既充,士民既附,然后举而用之,功无不成矣!彼之人观我有必取之势,则知其情状者愿为间谍,知其山川者愿为乡导,民心既归,天意必从矣。凡攻取之道,必先其易者。唐与吾接境几二千里②,其势易扰也。扰之当以无备之处为始,备东则扰西,备西则扰东,彼必奔走而救之。奔走之间,可以知其虚实强弱,然后避实击虚,避强击弱。未须大举,且以轻兵扰之。南人懦怯,闻小有警,必悉师以救之。师数动,则民疲而财竭,不悉师则我可以乘虚取之。如此,江北诸州将悉为我有。既得江北,则用彼之民,行我之法,江南亦易取也。得江南则岭南、巴蜀可传檄而定③。南方既定,则燕地必望风内附;若其不至,移兵攻之,席卷可平矣。惟河东必死之寇④,不可以恩信诱,必当以强兵制之,然彼自高平之败,力竭气沮,必未能为边患,宜且以为后图,俟天下既平,然后伺间,一举可擒也。"世宗欣然纳之。时群臣多守常偷安,所对少可取者,惟朴神峻气劲,有谋能断,世宗重之,以为谏议大夫、知开封府事⑤。

纲　秋九月,周始铸钱。

〔周世宗毁佛像铸钱〕

目　世宗以县官久不铸钱⑥,而民间多铸钱为器皿及佛像,钱益少,敕立监

---

① 俟:等待。
② 几:将近。
③ 岭南:指南汉。巴蜀:指后蜀。
④ 河东:指北汉,与后周为仇敌。
⑤ 谏议大夫:文臣阶官,正五品。
⑥ 县官:官府。

采铜铸钱，民间铜器、佛像，五十日内输官受直，过期，匿五斤以上罪死。谓侍臣曰："佛以善道化人，苟志于善，斯奉佛矣。彼铜像岂所谓佛邪！且吾闻佛志在利人，虽头目犹舍以布施，若朕身可以济民，亦非所惜也。"

〔后周攻南唐〕

纲冬十一月，周遣李穀督诸军伐唐。

目周以李穀为淮南前军部署①，王彦超副之，督侍卫都指挥使韩令坤等十二将以伐唐②。

纲唐遣兵拒周师于寿州，周师击败之。

目唐主以刘彦贞为部署，将兵二万趣寿州。皇甫晖、姚凤将兵三万屯定远。召镇南节度使宋齐丘还金陵，谋国难。周李穀等为浮梁，自正阳济淮③，王彦超败唐兵二千余人于寿州城下。

纲丙辰（956）④，春正月，周主自将伐唐，大败唐兵，斩其将刘彦贞。

纲二月，周主命我太祖将兵袭唐滁州。克之，擒其将皇甫晖、姚凤。

目下蔡浮梁成⑤，世宗自往视之，命我太祖皇帝倍道袭清流关⑥。皇甫晖等惊走入滁州，断桥自守，太祖跃马麾兵涉水，直抵城下。晖曰：

① 部署：据《资治通鉴》，当作"都部署"。
② 侍卫都指挥使：据《资治通鉴》，当作"侍卫马军都指挥使"。
③ 正阳：镇名，淮河渡口，在今安徽寿县境。
④ 后周显德三年，辽应历六年。
⑤ 下蔡：县名，今安徽凤台县。
⑥ 清流关：在今安徽滁州市西，极为险要，是南京通往北方通道。

"人各为其主,愿容成列而战。"太祖笑而许之。晖整众而出,太祖突陈击晖,擒之,并擒姚凤,遂克滁州。

时宣祖为马军副都指挥使①,引兵夜至,传呼开门。太祖曰:"父子虽至亲,城门,王事也,不敢奉命。"明旦乃得入。

世宗遣翰林学士窦仪籍滁州帑藏②,太祖遣亲吏取藏中绢。仪曰:"公初克城时,虽倾藏取之,无伤也。今既籍为官物,非有诏书,不可得也。"太祖由是重仪。

〔宋朝开国君臣宋太祖、赵普相遇〕

初,永兴节度使刘词遗表荐其幕僚蓟人赵普③,至是,范质以为滁州判官,太祖与语,悦之。时获盗百余人,皆应死,普请先讯鞫(jū)然后决④,所活什七八。太祖益奇之。

太祖威名日盛,每临陈,必以繁缨饰马⑤,铠仗鲜明。或曰:"如此,为敌所识。"太祖曰:"吾固欲其识之耳。"

纲三月,唐遣司空孙晟奉表于周。

纲唐主以其弟齐王景达为元帅,将兵拒周师。

纲夏四月,唐兵攻六合⑥,我太祖击破之。

---

① 宣祖:赵匡胤父赵弘殷。
② 籍:登记。
③ 永兴:藩镇军号,治京兆府,今陕西西安市。蓟:州名,治今天津蓟州区。
④ 讯鞫:审问。
⑤ 繁缨:古代天子、诸侯所用辂马的带饰。繁,马腹带;缨,马颈革。
⑥ 六合:县名,今江苏南京市六合区。

目唐齐王景达将兵济江,距六合二十余里,设栅不进。诸将欲击之,我太祖曰:"吾众不满二千,若往击之,彼必见吾众寡矣,不如俟其来而击之,破之必矣!"居数日,唐出兵趣六合,太祖奋击,大破之,杀获近五千人,溺死甚众,于是唐之精卒尽矣。是战也,将士有不致力者,太祖阳为督战,以剑斫其皮笠。明日,遍阅其笠有剑迹者数十人,皆斩之,由是部兵莫敢不尽死。

纲周主还大梁,留李重进围寿州。

纲秋七月,周以周行逢为武平节度使。

纲冬十月,周立二税起征限。

目世宗谓侍臣曰:"近朝征敛谷、帛,多不俟时收获、纺绩之毕。"乃诏三司,自今夏税以六月、秋税以十月起征,民间便之。

纲周以我太祖为定国节度使①,兼殿前都指挥使。

目太祖表赵普为节度推官。

纲十一月,周杀唐使者司空孙晟。

目唐使者孙晟从至大梁,世宗待之甚厚,时召见,饮以醇酒,问以唐事。晟但言:"臣主畏陛下神武,事陛下无二心。"命都承旨曹翰与之饮酒,从容问以唐虚实,晟终不言。翰乃谓曰:"有敕,赐相公死。"晟神色怡然,索靴袍,整衣冠,南向拜曰:"臣谨以死报国。"乃就刑,并从者百余人皆杀之。

---

① 定国:藩镇军号,时名匡国,避赵匡胤讳改,治同州,今陕西大荔县。

纲周召华山隐士陈抟（tuán）诣阙，寻遣还山。

目世宗召陈抟问以飞升、黄白之术①，对曰："陛下为天子，当以治天下为务，安用此为！"乃遣还山，诏州县长吏常存问之。

纲丁巳（957）②，春正月，唐遣兵救寿州，周师击破之。

纲三月，周主复如寿州，大破唐兵，唐元帅景达奔还。

纲唐寿州监军周廷构以城降周，唐节度使刘仁赡死之。周以寿州为忠正军，徙治下蔡。

〔周世宗褒扬刘仁赡忠节〕

目世宗耀兵于寿春城北。唐清淮节度使刘仁赡病甚③，不知人，监军使周廷构等作仁赡表，舁（yú）仁赡出城以降于周④。仁赡卧不能起，世宗慰劳赐赉（lài），复令入城养疾。徙寿州治下蔡。又制曰："刘仁赡尽忠所事，抗节无亏，前代名臣，几人堪比？朕之伐叛，得尔为多。其以为天平节度使，兼中书令。"是日卒，世宗复以清淮军为忠正军，以旌仁赡之节。

纲周主之父光禄卿致仕柴守礼犯法，周主不问。

目守礼及当时将相王溥、王晏、韩令坤之父游处，恃势恣横，洛人畏之，谓之"十阿父"。世宗既为太祖嗣，人无敢言守礼子者，但以元舅处

————————

① 黄白之术：方士烧炼丹药、点化金银的法术，古人以为服食后可以飞升成仙。

② 后周显德四年，辽应历七年。

③ 清淮：藩镇军号，治寿州，今安徽寿县。

④ 舁：抬。

之,优其俸给,未尝至大梁。尝以小忿杀人,有司不敢诘,世宗知而不问。

纲 夏四月,周主还大梁。

纲 六月,周以王祚为颍州团练使①。

目 祚,溥之父也。溥为宰相,祚有宾客,溥常朝服侍立,客坐不安席,祚曰:"豚犬不足为起②。"

纲 秋九月,周以窦俨为中书舍人。

目 仪上疏请令有司讨论礼仪,考正钟律,作通礼、正乐。又以为:"为政之本,莫大择人,择人之重,莫先宰相。自有唐之末,轻用名器,始为辅弼,即兼三公、仆射之官,故其未得之也,则以趋竞为心,既得之也,则以容默为事。乞令宰相各举所知,且令以本官权知政事。期岁之间,察其职业,若果能堪称,其官已高,则除平章事。未高,则稍更迁官,权知如故。若有不称,则罢其政事,责其举者。又累朝屡诏,听民广耕,止输旧税,及其既种,则有司履亩而增之③,故民皆疑惧,而田不加辟。夫为政之先,莫如敦信,信苟著矣,则田无不广,田广则谷多,谷多则藏之民犹藏之官也。"世宗善之。俨,仪之弟也。

纲 冬十一月,周主自将伐唐,攻濠、泗州④。

---

① 颍州:治今安徽阜阳市。
② 豚犬:猪狗,以豚犬称其子,表自谦。
③ 履亩:实地丈量田亩。
④ 濠州:治今安徽凤阳县。泗州:治今江苏盱眙县西北。

纲十二月,唐泗州降周,周主遣击唐兵,至楚州①,大破之。

纲唐濠州降周,周主进兵攻楚州,遣兵取扬、泰州。

目唐团练使郭廷谓欲以濠州降周,命参军李延邹草降表。延邹责以忠
　义,廷谓以兵临之,延邹掷笔曰:"大丈夫终不负国为叛臣作降表!"廷
　谓斩之,举城降。周世宗时攻楚州,遣指挥使武守琦将骑数百取扬
　州。世宗闻泰州亦无备,遣兵袭取之。

纲戊午(958)②,春正月,周主克唐楚州,唐防御使张彦卿死之。

纲二月,周主至扬州。

纲三月,唐以太弟景遂为晋王,燕王弘冀为太子。

〔南唐献江北四州于后周并称臣〕

纲周主临江,遣水军击唐兵,破之。唐主遣使尽献江北地,周主罢兵
　引还。

目世宗如迎銮镇③,屡至江口,遣水军击唐兵,破之。唐主恐,遂南渡,又
　耻降号称藩,乃遣陈觉奉表,请传位于太子弘冀,使听命于中国。时
　淮南惟庐、舒、蕲、黄未下④,觉见周兵之盛,白世宗,请遣人渡江取
　表,献四州之地,画江为境,以求息兵,辞指甚哀。世宗曰:"朕本兴师

————————

① 楚州:治今江苏淮安市。
② 后周显德五年,辽应历八年。
③ 迎銮镇:在今江苏仪征市。
④ 庐:州名,治今安徽合肥市。舒:州名,治今安徽潜山市。蕲:州名,治今湖北蕲春县。
　黄:州名,治今湖北黄冈市。

止取江北,今尔主能举国内附,朕复何求!"赐唐主书称"皇帝恭问江南国主",慰纳之。唐主奉表称"唐国主",请献江北四州,岁输贡物数十万。于是江北悉平。世宗赐唐主书,谕以"今当罢兵,不必传位"。

纲 夏五月,唐主更名景,去帝号,奉周正朔。

目 唐主避周讳①,更名景。下令去帝号,称国主,去年号,用周正朔。平章事冯延巳、严续、枢密使陈觉皆罢。

初,延巳以取中原之策说唐主,由是有宠。尝笑烈祖龌龊②,曰:"安陆所丧才数千兵,为之辍食咨嗟者旬日,此田舍翁识量耳,安足与成大事!岂如今上暴师数万于外,而击球宴乐无异平日,真英主也!"与其党谈论,常以天下为己任,更相唱和。翰林学士常梦锡屡言延巳等浮诞,不可信,唐主不听。梦锡曰:"奸臣似忠,陛下不悟,国必亡矣!"及是,延巳之党相与言,有谓周为大朝者,梦锡大笑曰:"诸公常欲致君尧舜,何意今日自为小朝邪!"众默然。

纲 秋八月,南汉主晟殂,子𬬮(chǎng)立。

纲 周遣阁门使曹彬如吴越③。

目 周遣曹彬以兵器赐吴越,事毕亟还,不受馈遗。吴越人以轻舟追与之,至于数四,彬曰:"吾终不受,是窃名也。"尽籍其数,归而献之。世宗曰:"向之奉使者,乞丐无厌④,使四方轻朝命。卿能如是,甚善,然

① 周讳:指周信祖郭璟讳。
② 烈祖:南唐建立者李昇。龌龊:气量局促,心胸狭小。
③ 阁门使:高级使职,常出使外方。
④ 乞丐:索求。

彼以遗卿,卿自取之。"彬始拜受,悉以散于亲识,家无留者。

纲 冬十月,周遣使均定境内田租。

目 世宗留心农事,尝刻木为农夫、蚕妇,置之殿庭。欲均定天下租税,先以元稹(zhěn)《均田图》赐诸道。至是,诏散骑常侍艾颖等三十四人分行诸州①,均定田租。

纲 十一月,唐放其太傅宋齐丘于九华山。

恭帝

纲 己未(959)②,春正月,周命王朴作律准,定大乐。

纲 二月,周淮南饥。

目 淮南饥,世宗命以米贷之。或曰:"民贫,恐不能偿。"世宗曰:"民,吾子也,安有子倒悬而父不为之解哉! 安在责其必偿也!"

纲 三月,周枢密使王朴卒。

目 朴刚锐明敏,智略过人。及卒,世宗临其丧,以玉钺(yuè)卓地③,恸哭数四,不能自止。

〔周世宗北征,夺取关南地,成为后来宋辽关系的焦点之一〕

纲 夏四月,周主自将伐契丹。五月,取瀛、莫、易④,置雄、霸州⑤,遂趣幽

---

① 行:巡视。
② 后周显德六年,辽应历九年。
③ 卓:直立。
④ 瀛:州名,治今河北河间市。莫:州名,治今河北任丘市北。易:州名,治今河北易县。
⑤ 雄州:治今河北雄县。

州,有疾乃还。

目 世宗以北鄙未复①,下诏亲征,命亲军都虞候韩通等将水陆军先发。

四月,通自沧州治水道入契丹境,栅于乾宁军南②,补坏防,开游口三十六,遂通瀛、莫。车驾至沧州,即日帅步骑数万直趣契丹之境,非道所从③,民间皆不之知。契丹宁州刺史王洪举城降④。诏以韩通为陆路都部署,我太祖为水路都部署,自御龙舟沿流而北,舳舻(zhú lú)相连数十里⑤。至独流口⑥,溯流而西⑦,至益津关⑧,契丹守将终廷辉以城降。自是水路渐隘,乃登陆而西,宿于野次。我太祖先至瓦桥关⑨,契丹守将姚内斌、莫州刺史刘楚信皆举城降。五月朔,侍卫都指挥使李重进等引兵继至,契丹瀛州刺史高彦晖举城降,于是关南悉平。

宴诸将于行宫,议取幽州。诸将曰:"陛下离京四十二日,兵不血刃,取燕南之地,此不世之功也。今虏骑皆聚幽州之北,未宜深入。"世宗不悦。是日趣先锋都指挥使刘重进先发,据固安。自至安阳水⑩,命作桥,会日暮,还宿瓦桥。是夕,不豫而止。

契丹主遣使命北汉发兵挠周边,闻周师还,乃罢。孙行友拔易州,擒

① 北鄙:北方边境地区,指石敬瑭割给契丹的幽蓟十六州。
② 乾宁军:治今河北青县。
③ 不从大道经过。
④ 宁州:原乾宁军,辽朝升为宁州。
⑤ 舳舻:泛指首尾相连的船只。
⑥ 独流口:在今天津市静海区。
⑦ 溯流:逆流。
⑧ 益津关:关隘名,后升为霸州。
⑨ 瓦桥关:关隘名,后升雄州。
⑩ 安阳水:桑干河南支,经今河北固安、永清二县北。

契丹刺史李在钦,献之,斩于军市。以瓦桥关为雄州,益津关为霸州。命李重进将兵出土门击北汉①,韩令坤戍霸州,陈思让戍雄州,遂还。重进败北汉兵于柏井。车驾至大梁,往还适六十日。

纲 六月,唐泉州遣使入贡于周,不受。

目 唐清源节度使留从效遣使入贡,请置进奏院于京师②。诏报之曰:"江南近服,方务绥怀。卿久奉金陵,未可改图,若置邸上都,与彼抗衡,受而有之,罪在于朕。"

纲 唐城金陵。

目 唐遣钟谟入贡于周,世宗曰:"江南亦治兵修守备乎?"对曰:"既臣事大国,不敢复尔!"世宗曰:"不然,向时则为仇敌,今日则为一家。吾与汝国,大义已定,保无他虞,然人生难期,至于后世,则事不可知。归语汝主,可及吾时,完城郭,缮甲兵,据守要害,为子孙计。"谟归以告,唐主乃城金陵,凡城之不完者茸之,戍兵少者益之。

纲 周主立其子宗训为梁王。

目 初,宰相屡请王诸皇子,世宗曰:"功臣之子,皆未加恩,而独先朕子,能自安乎!"至是不豫,乃封宗训为梁王,生七年矣。

纲 周以魏仁浦同平章事,我太祖为殿前都点检。

目 世宗欲相仁浦,议者以仁浦不由科第为疑。世宗曰:"自古用文武才略为辅佐者,岂尽由科第邪!"乃以王溥、范质皆参知枢密院事,仁浦

---

① 土门:即井陉关。
② 进奏院:藩镇在京城设置的办事机构。

同平章事,枢密使如故。

仁浦为人谦谨,世宗性严急,近职有忤旨者,仁浦多引罪归己以救之,所全活什七八。故虽起刀笔吏,致位宰相,时人不以为忝①。又以吴延祚为枢密使,韩通充侍卫亲军副都指挥使,我太祖兼殿前都点检。

世宗尝问相于兵部尚书张昭,昭荐李涛,世宗愕然曰:"涛轻薄无大臣体,卿荐之何也?"对曰:"陛下所责者,细行也,臣所举者,大节也。昔张彦泽虐杀不辜,涛累疏以为'不杀必为国患'。汉隐帝之世,涛亦上疏请解先帝兵权。夫国家安危未形,而能见之,此真宰相器也。"世宗曰:"卿言甚善,然涛终不可置之中书。"涛喜诙谐,不修边幅,与弟瀚甚友爱,而多谑浪,无长幼体,世宗以是薄之。又以翰林学士王著,幕府旧僚,屡欲相之,亦以其嗜酒无检而罢。

〔周世宗去世〕

纲周主荣殂,梁王宗训立。

目世宗大渐,召范质等入受顾命,谓曰:"王著藩邸故人,朕若不起,当相之。"质等出,相谓曰:"著终日游醉乡,岂堪为相! 慎毋泄此言。"是日,世宗殂。

世宗在藩,多务韬晦,及即位,破高平之寇,人始服其英武。其御军,号令严明,人莫敢犯。攻城对敌,矢石落其左右,略不动容。应机决策,出人意表。又勤于为治,发奸擿(tì)伏②,聪察如神。闲暇则召儒者读前史,商榷大义。性不好丝竹珍玩之物。常言:"朕必不因喜赏

---

① 忝:愧对,辱。
② 擿伏:揭露隐秘的坏事。

人,因怒刑人。"又言:"太祖养成王峻、王殷之恶,致君臣之分不终。"故群臣有过则面质责之,服则赦之,有功则厚赏之。文武参用,各尽其能,人无不畏其明而怀其惠,故能破敌广地,所向无前。然用法太严,群臣职事小有不举,往往置之极刑,虽素有才干声名,无所开宥,寻亦悔之。末年寖宽,登遐之日①,远迩哀慕焉。

梁王宗训即皇帝位。

纲 秋七月,周以我太祖领归德军节度使。

右后周三主,共十年。

评五代十国:

五代十国是中国历史上大分裂的时期,也是从唐末混乱走向统一的过渡时期。这一时期,政治变动剧烈,战乱频仍。不过,经过长年的战火淬炼,中原王朝重新建立起强大的军事力量,逐步解决唐后期以来的宦官专权、藩镇割据等政治顽疾。后周时期,周世宗的军政改革和南征北战,为北宋结束五代十国分裂割据局面、实现统一奠定了基础。

与北方五代政权的频繁更迭不同,南方政权相对稳定。诸政权多采取保境安民政策,户口增长较快,经济得到长足发展,促进了经济重心南移的过程。长期战争进一步摧毁了士族公卿,统治人群的构成发生明显变化,促进了社会流动。

闫建飞 评注

李华瑞 高纪春 审定

---

① 登遐:帝王去世。

纲鉴易知录卷六四

卷首语:本卷起宋太祖建隆元年(960),止宋太宗太平兴国五年(980),所记为北宋前二十一年史事。宋朝建立后,迅速平定李筠、李重进之乱,逐步解决禁军统帅权问题;既而通过稍夺其权、收其精兵、制其钱谷等措施,削夺藩镇兵民财权。与此同时,宋廷先后攻灭后蜀、南唐、北汉等政权,吴越归附,结束了五代十国分裂割据局面。宋太宗随后北征幽蓟失利。

宋纪

北宋世系表

```
赵弘殷 ┬ （1）赵匡胤
       │    （960–976）
       │
       └ （2）太宗光义 ┬ （3）真宗恒 ── （4）仁宗祯
            （976–997）│    （997–1022）    （1022–1063）
                       │
                       └ 元份 ── 允让

（5）英宗曙 ── （6）神宗顼 ┬ （7）哲宗煦
 （1063–1067）  （1067–1085）│   （1085–1100）
                           │
                           └ （8）徽宗佶 ┬ （9）钦宗桓
                                （1100–1125）│  （1125–1127）
                                           │
                                           └ 【南宋】
                                              高宗构
```

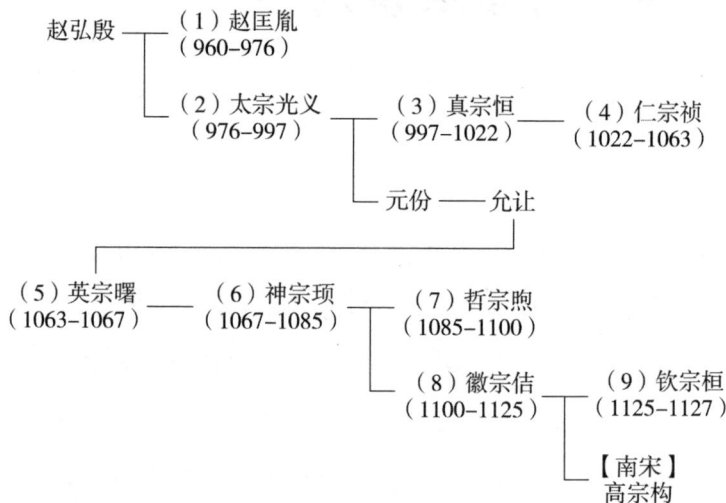

太祖神德皇帝

纲 庚申（960）①，春正月，周殿前都点检赵匡胤称皇帝②，国号宋。废周主宗训为郑王，周侍卫副都指挥使韩通死之③。

目 匡胤，涿州人，四世祖朓（tiǎo），唐幽都令④，生珽，唐御史中丞⑤。珽生

---

① 后周显德七年，宋建隆元年，辽应历十年。是岁周亡宋代。

② 殿前都点检：禁军统辖机构殿前司最高长官。

③ 侍卫副都指挥使：禁军统辖机构侍卫亲军司副长官。

④ 幽都：县名，今北京市城区。

⑤ 御史中丞：唐时御史台副长官，此非实任。

敬,涿州刺史。敬生弘殷,周检校司徒①、岳州防御使②。弘殷娶杜氏,生匡胤于洛阳夹马营,赤光绕室,异香经宿不散。及长,容貌雄伟,器度豁如,识者知其非常人。

仕周,补东西班行首,累官殿前都指挥使③,掌军政凡六年,数从世宗征伐,荐立大功④,人望归之。世宗尝于文书囊中得木,长三尺余,题云“点检作天子”。时张永德为殿前都点检,乃命匡胤代之。及宗训立,加检校太尉⑤,领归德节度使⑥。时主少国疑,中外密有推戴之意。

〔陈桥兵变〕

显德六年(959)冬十一月,镇、定二州言⑦:“北汉会契丹兵入寇⑧。”正月辛丑朔⑨,遣匡胤率兵御之。殿前副都点检慕容延钊将前军先发,都下讙(huān)言⑩:“将以出军之日册点检为天子⑪。”士民恐怖,争为逃匿之计,惟内廷晏然不知。

---

① 检校司徒:虚衔高阶检校官,文武大臣加官。
② 岳州:治今湖南岳阳市。防御使:州一级军事使职。
③ 殿前都指挥使:殿前司高级军职。
④ 荐:屡次。
⑤ 检校太尉:虚衔高阶检校官,多为武官加官。
⑥ 归德:藩镇军号,治宋州,今河南商丘市。节度使:唐中期至宋初的军事使职,掌本镇军民大权。
⑦ 镇:州名,治今河北正定县。
⑧ 据《宋史》卷一、《长编》卷一等,镇、定二州上奏,时间为显德七年正月初一日。
⑨ 朔:农历每月初一日。
⑩ 讙:喧哗。
⑪ 册:册封,此指拥立。

癸卯(初三日),大军继出。军校苗训号知天文,见日下复有一日,黑光摩荡者久之,指示匡胤亲吏楚昭辅曰:"此天命也。"

是夕,次陈桥驿①,将士相聚谋曰:"主上幼弱,我辈出死力破敌,谁则知之!不如先册点检为天子,然后北征,未晚也。"都押衙李处耘具以事白匡胤弟供奉官都知匡义及归德掌书记赵普②。匡义、普部分都将,环列待旦,遣牙队军使郭延赟(yūn)驰骑入京,报殿前都指挥使石守信、都虞候王审琦③,二人皆素归心匡胤者。

〔黄袍加身〕

甲辰(初四日),黎明,将士逼匡胤寝所,匡义、普入帐中白之。匡胤时被酒卧,欠伸徐起,将校已露刃列庭,曰:"诸将无主,愿册太尉为皇帝。"匡胤未及对,黄袍已加身矣。众即罗拜呼万岁,掖之上马,还汴④。匡胤揽辔曰:"汝等贪富贵,能从我命则可,不然,我不能为若主矣。"皆下马曰:"愿受命。"匡胤曰:"太后、主上,我北面事者,不得惊犯;公卿皆我比肩,不得侵陵;朝市府库,不得侵掠。用命,有重赏;违,不汝贳(shì)也⑤。"皆应曰:"诺。"遂肃队而行。乙巳(初五日),入汴,先遣楚昭辅慰安家人,又遣客省使潘美见执政谕意。

时早朝未罢,闻变,范质执王溥(pǔ)手曰⑥:"仓卒(cù)遣将⑦,吾辈之

① 次:临时驻扎。陈桥驿:在今河南封丘县陈桥镇。
② 掌书记:节度使属官,负责起草文书等。
③ 都虞候:即殿前都虞候,殿前司高级军职。
④ 汴:州名,即后周都城开封府,宋东京,今河南开封市。
⑤ 贳:赦免。
⑥ 范质、王溥:均为当时宰相、参知枢密院事,范质为首相,王溥为次相。
⑦ 卒:同"猝"。

罪也。"

侍卫亲军副都指挥使韩通自禁中遑遽而归①,谋帅众御之。军校王彦昇逐焉,通驰入其第,未及阖门,为彦昇所害,妻子俱死。

匡胤进登明德门②,命甲士归营,而自退居公署③。将士拥范质等至,匡胤见之流涕曰:"吾受世宗厚恩,为六军所迫,一旦至此,惭负天地,将若之何!"质等未及对,列校罗彦瓌(guī)挺剑厉声曰:"我辈无主,今日必得天子!"质等相顾不知所为。溥降阶先拜,质不得已亦拜,遂请匡胤诣崇元殿行禅代礼,召百官至。晡(bū)时班定④,犹未有禅诏,翰林承旨陶谷出诸袖中⑤,遂用之。

宣徽使引匡胤就庭⑥,北面拜受,已,乃掖升殿,服衮冕(gǔn miǎn),即皇帝位。奉周主为郑王,符太后为周太后,迁之西宫。大赦,改元。以所领归德军在宋州,国因号宋。定国运以火德王,色尚赤,腊用戌⑦。

华山隐士陈抟闻宋主代周,曰:"天下自此定矣!"

未几,镇州报北汉兵引还。

[宋太祖褒扬韩通之忠]

纲 宋赠周韩通为中书令⑧。

———————————

① 遑遽:惊恐不安。
② 明德门:开封宫城正南门。
③ 公署:即殿前司衙署,当时在宫城左掖门内。
④ 晡:申时,下午三点至五点。班:朝班。
⑤ 翰林承旨:翰林学士承旨,翰林学士负责起草重要的制诏、除拜及宫禁所用文词,承旨为其长。
⑥ 宣徽使:授予文武大臣的高级使职,分南北院,南院使地位略高。
⑦ 腊:农历十二月合祭众神。戌:指冬至后第三个戌日。
⑧ 中书令:中书省长官,多为武将、宗室等加官或赠官。

目宋主赠通以旌其忠,仍诏以礼葬之。欲加王彦昇擅杀之罪,群臣以建
　国之始,乞贳之。宋主犹怒,故终身不得节钺。

纲宋论翊戴功①,加石守信等官爵。

纲宋遣使分赈诸州。

纲宋主以其弟光义为殿前都虞候,赵普为枢密直学士②。

纲宋立太庙,追帝其祖考。

纲宋主视学。

目诏增葺祠宇,塑绘先圣、先贤像,自为赞③,书于孔、颜座端,令群臣分
　撰余赞。屡临幸焉,常谓侍臣曰:"朕欲尽令武臣读书,知为治之道。"
　于是臣庶始贵文学。

纲二月,宋主尊其母杜氏为太后。

〔吾儿素有大志〕

目后,定州安喜人④,治家严而有法。陈桥之变,后闻之曰:"吾儿素有大
　志,今果然矣!"及尊为皇太后,宋主拜于殿上,群臣称贺,后愀(qiǎo)然
　不乐⑤。左右进曰:"臣闻母以子贵。今子为天子,胡为不乐?"后曰:

————————

① 翊:通"翼",辅佐。
② 枢密直学士:高级文臣所带职名。
③ 赞:一种用来评价人物的文体。
④ 安喜:定州附郭县,今河北定州市。
⑤ 愀然:容色骤变的样子。

"吾闻为君难,天子置身兆庶之上①,若治得其道,则此位可尊;苟或失驭,求为匹夫不可得,是吾所以忧也。"宋主再拜曰:"谨受教。"

纲宋以范质、王溥、魏仁浦同平章事②,吴廷祚为枢密使③。

〔坐论之礼废〕

目旧制,宰臣上殿,命坐而议大政,其进拟差除④,但入熟状画可⑤,降出奉行而已。质等自以周朝旧臣,稍存形迹⑥,且惮宋主英睿,乃请用札子⑦,面取旨,退各疏其事,同列书字以志⑧。宋主从之,坐论之礼遂废。

〔李筠起兵〕

纲夏四月,周昭义节度使李筠起兵⑨,会北汉伐宋,宋遣兵击之。

目宋遣使加筠中书令。使者至潞州,筠欲拒之,宾佐切谏,乃延使者置酒。既而取周太祖画像悬于壁,涕泣不已,宾佐惶骇。北汉主钧闻之,乃以蜡书结筠同举兵。筠长子守节泣谏,筠不听。遂起兵,令幕

---

① 兆庶:万民,百姓。

② 同平章事:全称"同中书门下平章事",宰相头衔。

③ 枢密使:枢密院长官,职掌军政。

④ 进拟:大臣拟议、奏呈事项,以备皇帝采用。差除:委任职事,任命官员。

⑤ 熟状:宋代宰相向皇帝汇报日常细务、覆奏面圣所得圣旨时所用的文书,由宰相机构草拟,皇帝画可后实行。画可:皇帝在文书上书"可"字表示批准。

⑥ 形迹:嫌疑、见外。

⑦ 札子:宰相处分政事的文书。

⑧ 同列:同僚。

⑨ 昭义:藩镇军号,治潞州,今山西长治市。

府为檄,数宋主罪。执监军周光逊等送于北汉以求济师,又遣人杀泽州刺史张福①,据其城。

从事间丘仲卿说筠曰②:"公孤军举事,其势甚危,虽倚河东之援③,恐亦不得其力。大梁甲兵精锐④,难以争锋,不如西下太行,直抵怀孟⑤,塞虎牢⑥,据洛邑,东向而争天下,计之上也。"筠不能用。

北汉主自帅兵赴筠,筠迎谒于太平驿,言受周太祖恩,不敢爱死。北汉主与周世仇,不悦其说,因使其宣徽使卢赞监其军。筠见汉兵弱少,而赞又来监,心甚悔,谋多不协,乃留守节守潞而自引众南向。北汉主闻赞与筠异,复遣其平章事卫融和解之。

宋主遣石守信、高怀德、慕容延钊、王全斌分道击之,仍敕守信等曰:"勿纵筠下太行,急引兵扼其隘,破之必矣。"守信等败筠兵于长平⑦。

纲 五月,宋主自将围泽州。六月,克其城,李筠死之。

目 宋主自帅大众讨筠。山路险峻多石,宋主先于马上负数石,将士因争负之,即日平为大道,遂与守信等会,大败筠众于泽州南,杀卢赞。筠走保泽州,宋主列栅围之。六月,宋将马全义帅敢死士数十人攀堞(dié)而上⑧,遂入其城。筠赴火死。获卫融,融请死。宋主怒,以铁

———————————

① 泽州:治今山西晋城市。
② 从事:僚佐。
③ 河东:藩镇名,治太原府,今山西太原市,此指北汉。
④ 大梁:宋都开封府古称,代指宋朝。
⑤ 怀孟:怀州、孟州,治今河南沁阳市、孟州市。
⑥ 虎牢:关隘名,在今河南荥阳市西北,洛阳东门户。
⑦ 长平:在今山西高平市。
⑧ 堞:城上如齿状的矮墙。

楇(zhuā)击其首①,流血被面。融呼曰:"臣得死所矣!"宋主曰:"忠臣也!"释之,以为太府卿②。

北汉主惧,引师归。宋主进攻潞州,守节以城降,宋主释其罪,以为单州团练使③。

纲秋七月,宋主还,以赵普为枢密副使。

纲荆南节度使高保融卒④,弟保勖嗣。

〔李重进起兵〕

纲冬十月,周淮南节度使李重进谋起兵拒宋⑤。十一月,宋主自将击之,重进自焚死。

目重进,周太祖之甥,与宋主同事周室,分掌兵权,常心惮宋主。宋主立,加重进中书令,移镇青州。重进心不自安,阴怀异志。及李筠举兵,重进遣亲吏翟守珣往潞阴结筠。守珣素识宋主,乃潜诣京师求见。宋主问曰:"我欲赐重进铁券⑥,彼信我乎?"守珣曰:"重进终无归顺之志。"宋主厚赐守珣,令说重进缓其谋,无令二凶并作,分我兵势。守珣归,劝重进未可轻发,重进信之。既而宋主遣六宅使陈思诲赐之铁券,重进欲治装,随思诲朝汴,左右沮之,犹豫不决。又自以周

---

① 铁楇:铁鞭、铁杖之类。
② 太府卿:太府寺长官,文臣阶官。
③ 单州:治今山东单县。团练使:州一级军事使职。
④ 荆南:割据藩镇,治江陵府,今湖北荆州市。
⑤ 淮南:藩镇军号,治扬州。
⑥ 铁券:皇帝颁赐功臣记功免罪的依据。

室懿亲,恐不得全,遂拘思诲,治城缮兵,遣人求援于唐①。唐主闻于宋,宋遣石守信、王审琦、李处耘、宋偓等分道讨之。赵普劝宋主自行。十月,宋主发汴,十一月至广陵,即日拔之。城将陷,左右欲杀思诲,重进曰:"吾将举族赴火死,杀此何益。"即尽室自焚,思诲亦被害。宋主入城,戮同谋者数百人。

纲 唐主遣子朝宋主于扬州。十二月,宋主还汴。

纲 宋以窦仪为翰林学士。

目 翰林学士王著以酒失贬官,宋主谓宰相曰:"深严之地,当使宿儒处之。"范质等对曰:"窦仪清介重厚,然已自翰林迁端明矣②。"宋主曰:"非斯人不可。卿当谕以朕意,勉令就职。"即日复入翰林。宋主尝召仪草制,至苑门,仪见宋主岸帻(zé)跣(xiǎn)足而坐③,却立不肯进,宋主遽索冠带④,而后召入。仪曰:"陛下创业垂统,宜以礼示天下,恐豪杰闻而解体。"宋主敛容谢之⑤,自是对近臣未尝不冠带。

纲 辛酉(961)⑥,春二月,唐徙都洪州⑦。

纲 夏六月,宋太后杜氏殂。

---

① 唐:南唐,与扬州相邻,当时称臣于宋。
② 端明:端明殿学士。
③ 岸帻:推起头巾,露出前额,形容态度洒脱,或衣着简率不拘。跣足:赤足。
④ 遽:急忙。
⑤ 敛容:端正容貌,脸色严肃。谢:道歉。
⑥ 宋建隆二年,辽应历十一年。
⑦ 洪州:治今江西南昌市。

〔金匮之盟〕

目 后疾，宋主侍药饵不离左右。疾革（jí）①，召赵普入受遗命，且问宋主曰："汝知所以得天下乎？"宋主曰："皆祖考及太后之余庆也。"后曰："不然。正由柴氏使幼儿主天下尔。若周有长君，汝安得至此！汝百岁后，当传位光义，光义传光美②，光美传德昭③。夫四海至广，能立长君，社稷之福也。"宋主泣曰："敢不如教。"后顾谓普曰："尔同记吾言，不可违也。"普即榻前为誓书，于纸尾署曰"臣普记"。藏之金匮④，命谨密宫人掌之，遂殂。

〔杯酒释兵权〕

纲 秋七月，宋罢其侍卫都指挥使石守信等典禁兵⑤。

目 石守信、王审琦等皆宋主故人，有功，典禁卫兵。普数以为言，宋主曰："彼等必不吾叛，卿何忧之深邪？"普曰："臣亦不忧其叛也。然熟观数人者，皆非统御才，恐不能制伏其下，则军伍间万一有作孽者，彼临时亦不能自由尔。"宋主悟。

一日，因晚朝，与守信等饮，酒酣，屏左右谓曰："朕非卿等不及此，然天子亦大艰难，殊不若为节度使之乐，朕终夕未尝敢安枕卧也。"守信等请其故，宋主曰："是不难知，此位谁不欲为？"守信等顿首曰："陛

---

① 革：通"亟"，危急。
② 光美：宋太祖、太宗之弟。
③ 德昭：宋太祖长子。
④ 金匮：金属匣子，用以收藏贵重物品。
⑤ 典：主管。

下何为出此言？今天命已定，谁复有异心！"宋主曰："卿等固然，其如麾下欲富贵何？一旦有以黄袍加汝身，汝虽欲不为，其可得乎？"守信等泣谢曰："臣等愚不及此，惟陛下哀矜，指示可生之途。"宋主曰："人生如白驹过隙，所以好富贵者，不过欲多积金钱，厚自娱乐，使子孙无贫乏尔。卿等何不释去兵权，出守大藩，择便好田宅市之，为子孙立永远不可动之业。多置歌儿舞女，日夕饮酒相欢，以终天年。朕且与卿等约为婚姻，君臣之间，两无猜疑，上下相安，不亦善乎？"守信等皆谢曰："陛下念臣等至此，所谓生死而肉骨也①。"明日，皆称疾，乞罢典兵。宋主从之，以守信为天平节度使②，高怀德为归德节度使，王审琦为忠正节度使③，张令铎为镇宁节度使④，皆罢宿卫就镇，赐赉(lài)甚厚⑤，唯守信兼职如故，其实兵权不在也。

纲 宋主以其弟光义为开封尹，光美为兴元尹⑥。

纲 八月，唐主景殂，子煜立于金陵。

目 景方议东还，以疾卒于南都⑦，太子煜时留建康⑧，遂即位。遣其户部尚书冯谧奉父遗表于宋，愿追尊帝号，宋主许之。煜初名从嘉，聪悟好学，善属文⑨，工书画，明音律。

―――――――――

① 生死而肉骨：即把死人救活，使白骨再长出肉来，比喻予人以再造之恩。
② 天平：藩镇军号，治郓州，今山东东平县。
③ 忠正：藩镇军号，治寿州，今安徽寿县。
④ 镇宁：藩镇军号，治澶州，今河南濮阳市。
⑤ 赉：赐予。
⑥ 兴元：府名，治今陕西汉中市。
⑦ 南都：洪州，治今江西南昌市，南唐都城之一。
⑧ 建康：金陵府旧称，治今江苏南京市。
⑨ 属文：撰写文章。

|纲|壬戌（962）①，春正月，宋广东京城。

|目|宋主既广汴城，且命有司画洛阳宫殿，按图修之，以韩重赟董其役②。营缮既毕，宋主坐寝殿，令洞开诸门，皆端直轩豁③，无有壅蔽，谓左右曰："此如我心，若有邪曲，人皆见之矣。"

|纲|二月，宋初诏常参官转对④。

|目|每五日内殿起居⑤，百官以次转对，指陈时政得失。事关急切者，许非时上章。

|纲|宋令大辟诸州不得专决⑥。

|目|宋主谓宰臣曰："五代诸侯跋扈，有枉法杀人者，朝廷置而不问。人命至重，姑息藩镇，当如是邪！自今诸州决大辟，录案闻奏，付刑部详覆之⑦。"

|纲|冬十月，宋以赵普为枢密使。

|纲|宋主匡胤迁郑王宗训于房州⑧。

|纲|武平节度使周行逢卒⑨，子保权嗣。

———————

① 宋建隆三年，辽应历十二年。
② 董：主持，主管。
③ 轩豁：敞亮。
④ 常参官：参加常朝的官员，又称朝官。
⑤ 起居：内殿举行的文武百官朝见皇帝的朝会，又称五日大起居。
⑥ 大辟：死刑。
⑦ 详覆：详议审查。
⑧ 房州：治今湖北房县。
⑨ 武平：藩镇军号，治朗州，今湖南常德市。

纲 十一月,荆南节度使高保勖卒,兄子继冲嗣。

纲 十二月,湖南将张文表袭潭州①,据之。

目 初,周行逢病,亟召将校,属其子保权曰:"吾部内凶很者诛之略尽②,惟张文表在耳。我若死,文表必乱,诸君善佐吾儿,无失土宇。必不得已,当举族归朝,无令陷于虎口。"及保权嗣位,文表闻之,怒曰:"我与行逢俱起微贱,立功名,今日安能北面事小儿乎!"会保权遣兵代永州戍,道出衡阳,文表遂驱之以袭潭州。知留后廖简素易文表③,不设备。文表兵径入府中,简方燕客醉,被杀,文表遂据潭州。又将取朗陵④,以灭周氏。保权遣杨师璠击之,且求援于宋。

〔文臣知州〕

纲 癸亥(963)⑤,春正月,宋初以文臣知州事。

目 五代诸侯强盛,朝廷不能制,每移镇受代,先命近臣谕旨,且发兵备之,尚有不奉诏者。宋初异姓王及带相印者不下数十人,宋主用赵普谋,渐削其权,或因其卒,或因迁徙、致仕,或因遥领他职,皆以文臣代之。

〔宋平荆湖〕

纲 宋遣慕容延钊、李处耘假道荆南讨张文表。二月,周保权执文表诛

① 潭州:治今湖南长沙市。

② 很:同"狠"。

③ 留后:节度观察留后,节度使不在镇或去世后,多由僚佐或子弟暂代节镇事务,称留后,下节度使一等。素易:一向轻视。

④ 朗陵:朗州,又名武陵郡。

⑤ 宋乾德元年,辽应历十三年。

之。处耘袭江陵,高继冲以荆南降。

纲 延钊进克潭州,周保权遣兵逆战,败走,延钊遂入朗,执保权以归。

纲 宋天雄节度使符彦卿入朝①。

目 宋主欲使彦卿典兵,赵普屡谏,不听。宣已出②,复怀入,从容言之,宋
　主曰:"朕待彦卿厚,岂忍相负邪!"普曰:"陛下何以能负周世宗?"宋
　主默然,事遂寝③。

〔设置通判〕

纲 夏四月,宋初置诸州通判④。

目 诏设通判于诸州,凡军民之政皆统治之,事得专达⑤,与长吏均礼。大
　州或置二员。又令节镇所领支郡皆直隶京师⑥,得自奏事,不属诸
　藩。于是节度使之权始轻,用赵普之言也。

纲 宋初以常参官知县事。

目 符彦卿久镇大名⑦,专恣不法,属邑颇不治,故特选常参官强干者往莅
　之,自是遂著为令。

---

① 天雄:藩镇军号,治魏州,今河北大名县。
② 宣:枢密院处分军政事务、任命官员的文书。
③ 寝:停止。
④ 通判:州郡副长官,有监督长官之责。
⑤ 专达:直达朝廷。
⑥ 支郡:节度观察使辖州。
⑦ 大名:府名,即魏州天雄军,治今河北大名县。

纲 秋七月,宋主幸武成王庙,毁白起像①。

目 宋主历观武成王庙两庑(wǔ)②,指白起曰:"起杀已降③,不武之甚,岂宜受享!"命去之。

纲 八月,宋侵北汉,取乐平④,契丹救之,不及。

目 宋将王全斌攻取北汉乐平,诏以为平晋军。

纲 宋杀其殿前都虞候张琼。

目 初,宋主为周将,琼隶帐下,尝以身蔽宋主,中弩矢,死而复苏。及宋主即位,擢典禁兵。会殿前都虞候阙,宋主曰:"殿前卫士如狼虎者,不啻万人,非琼不能统制。"即命琼为之。迁嘉州防御使⑤。时军校史珪、石汉卿以数言外事,得幸于宋主,琼轻侮之,二人因谮琼养部曲百余人⑥,擅威福。宋主召琼面讯之,不伏。宋主怒,令击之,汉卿即奋铁楇击其首,血流气绝,乃曳出下吏⑦。琼自知不免,解所系带以遗母,即自杀。宋主旋闻琼家无余财,甚悔,责汉卿,厚恤其家。

纲 九月,宋贬李处耘为淄州刺史⑧。

纲 北汉以契丹攻宋平晋军,宋将郭进救却之。

---

① 武成王庙:姜太公庙,唐时以张良、白起、韩信等配享。

② 两庑:堂下两边走廊。

③ 长平之战后,秦将白起坑杀赵降卒四十万人。

④ 乐平:县名,今山西昔阳县。

⑤ 嘉州:治今四川乐山市。

⑥ 谮:诬陷。

⑦ 曳:拖。

⑧ 淄州:治今山东淄博市淄川区。

目进从征泽潞，迁洺州防御使①，充西山巡检，御下严毅。宋主遣戍卒，必谕之曰："汝辈谨奉法。我犹贷汝②，郭进杀汝矣。"尝有军校自西山诣汴，诬讼进不法事，宋主诘知其情，送进，令杀之。会北汉来伐，进语其人曰："汝敢论我，信有胆气。今贳汝罪，汝能掩杀敌兵，当即荐汝，如败，可自投河东。"其人踊跃赴战，大致克捷，进即以闻，乞还其职，宋主从之。

纲甲子（964）③，春正月，宋范质、王溥、魏仁浦罢，以赵普同平章事。

〔雪夜访赵普〕

目普既相，以天下为己任，宋主倚任之，事无大小，悉咨决焉。宋主数微行④，过功臣家。普每退朝，不敢去衣冠。一日大雪，向夜，普意宋主不出，久之，闻叩门声，普亟出，宋主立风雪中。普皇恐迎拜。宋主曰："已约光义矣。"已而光义至，设重茵地坐堂中⑤，炽炭烧肉，普妻行酒，至宋主，以嫂呼之。因与普计下太原。普曰："太原当西北二面，太原既下，则我独当之，不如姑俟削平诸国，则弹丸黑子之地，将安逃乎。"宋主曰："吾意正如此，特试卿耳。"

宋主又尝以幽燕地图示普，问进取之策。普曰："图必出曹翰。"宋主曰："然。"因曰："翰可取否？"普曰："翰可取，孰可守？"宋主曰："以翰

---

① 洺州：治在今河北邯郸市永年区境内。
② 贷：宽恕。
③ 宋乾德二年，辽应历十四年。
④ 微行：私出。
⑤ 重茵：两重垫子。

守之。"普曰："翰死,孰可代?"宋主默然,良久曰："卿可谓深虑矣。"

普尝荐某人为某官,宋主不许;明日复奏,亦不许;明日又奏,宋主大怒,裂碎奏牍掷地,普颜色不变,跪而拾之以归。他日补缀旧牍,复奏如初,宋主乃悟,卒用其人。又有群臣当迁官,宋主素恶其人,不与。普坚以为请,宋主怒曰："朕固不与迁,卿若之何?"普曰："刑赏,天下之刑赏,陛下岂得以喜怒专之。"宋主怒甚,起,普亦随之。宋主入宫,普立宫门,久之不去,竟得俞允。其刚毅果断类如此。然多忌克①,屡以微时所不足者为言②。宋主曰："若尘埃中可识天子、宰相,则人皆物色之矣。"自是不复敢言。

〔宋置参知政事〕

纲 夏四月,宋以薛居正、吕余庆参知政事。

目 宋主以赵普独相,欲置副而难其名称,问翰林承旨陶榖曰："下宰相一等有何官?"对曰："唐有参知政事。"乃以枢密直学士薛居正、兵部侍郎吕余庆并以本官参知政事③,不押班④、宣制⑤、知印⑥,不预奏事⑦,不升政事堂⑧,止令就宣徽使厅上事⑨,殿廷别设砖位,敕尾署衔降宰

---

① 忌克:猜忌刻薄。

② 不足:有怨憾,对人不满。

③ 兵部侍郎:兵部副长官,时为文臣阶官。本官:即阶官,标识官员俸禄地位。

④ 押班:宋初宰相前殿奏事结束后,赴文德殿,带领臣僚向殿上御座拜谒行礼。

⑤ 制:制书,处分军国大事,颁布赦宥德音,任命后妃、皇子、高级臣僚等使用制书。

⑥ 知印:掌管中书门下之印。

⑦ 不参与宰相上殿奏事。

⑧ 不升:不赴。政事堂:宰相办公机构中书门下。

⑨ 上事:上任,办公。

相①,月俸、杂给半之②,未欲与普齐也。

纲六月,宋主以其子德昭为贵州防御使③。

目故事,皇子出阁即封王④,宋主以德昭未冠⑤,特杀其礼⑥。

纲秋七月,宋颁《刑统》。

纲九月,宋攻南汉郴州,克之。

目宋潘美、尹崇珂帅兵攻南汉郴州,克之,获其内侍韩延业。宋主访其
　国政,延业具言其主作烧煮、剥剔、刀山、剑树之刑,或令罪人斗虎、抵
　象,又赋敛繁重,邕民入城者人输一钱⑦。宋主惊骇曰:“吾当救此一
　方民!”时方谋下蜀,未遑也。

纲冬十一月,宋范质卒。

目质遗命其子勿请谥立碑⑧。宋主弟光义尝称之曰:“宰辅中能循规
　矩,慎名器,持廉节,无出质右者,但欠世宗一死,为可惜尔。”

〔宋灭后蜀〕

纲蜀约北汉侵宋,宋遣忠武节度使王全斌等伐之⑨。

───────────

① 敕尾:敕令文书结尾部分。降宰相:参知政事签名比宰相低若干字。
② 月俸:俸禄中以铜钱支付的部分。杂给:俸禄中除铜钱外的粮食、布帛等物资。
③ 贵州:治今广西贵港市。
④ 出阁:指皇子出就藩封,宋代皇子已不就藩,出阁时仅置僚佐。
⑤ 冠:古代男子成年礼。
⑥ 杀:降。
⑦ 邕:邕州,治今广西南宁市。
⑧ 谥:谥号。碑:神道碑,立于墓道前记载死者生平事迹的石碑。
⑨ 忠武:藩镇军号,治许州,今河南许昌市。

目初,宋主欲谋伐蜀,以张晖为凤州团练使①,晖尽得蜀虚实、险易以闻,宋主大悦。已而蜀山南节度判官张廷伟②,说知枢密院事王昭远曰:"公素无勋业,一旦位至枢近③,不自建立大功,何以塞时论! 莫若通好并州,令发兵南下,我自黄花、子午谷出兵应之④,使中原表里受敌,则关右之地可抚而有⑤。"昭远然其言,劝蜀主遣赵彦韬等,以蜡书间行约北汉济河⑥,同举兵。至汴,彦韬潜取其书以献宋主。宋主得书笑曰:"西讨有名矣。"乃命王全斌为西川行营都部署⑦,刘光义、崔彦进副之,王仁赡、曹彬为都监⑧,将步骑六万分道伐蜀。且谓全斌曰:"凡克城寨,止籍其器甲刍粮⑨,悉以财帛分给将士,吾所欲得者其土地耳。"

全斌及彦进等由凤州进,光义及彬等由归州进⑩。蜀主闻之,以王昭远为都统⑪,赵崇韬为都监,韩保正为招讨使⑫,李进副之,帅兵拒宋。命左仆射李昊饯于郊⑬,昭远酒酣,攘臂言曰⑭:"吾此行非止克敌,取

① 凤州:治今陕西凤县。
② 山南:指山南西道,治兴元府,今陕西汉中市。节度判官:节度使府文职僚佐,总管军府事。
③ 枢近:知枢密院事由皇帝亲信近臣担任,故称"枢近"。
④ 黄花、子午谷:均为沟通汉中和关中的秦岭山间要道。
⑤ 关右:潼关以西,今陕西一带。
⑥ 间行:自小路而行。
⑦ 西川:藩镇军号,治成都府。都部署:五代北宋军职名,行营主帅。
⑧ 都监:全称为"兵马都监",即监军。
⑨ 籍:登记。刍:喂牲口的草料。
⑩ 归州:治今湖北秭归县。
⑪ 都统:即行营都统,行营军事长官。
⑫ 招讨使:军职名,掌招抚、征讨寇盗事。
⑬ 左仆射:尚书省长官,时为宰相李昊阶官。
⑭ 攘臂:捋袖伸臂,常形容激愤。

中原如反掌耳!"手执铁如意指麾军事①,自方诸葛亮。

纲十二月,宋王全斌入蜀兴州②,擒其招讨使韩保正,蜀兵大溃。

纲宋将刘光义、曹彬克蜀夔(kuí)州③,蜀宁江制置使高彦俦死之④。

纲宋命判太常寺和岘(xiàn)定雅乐⑤。

纲乙丑(965)⑥,春正月,宋王全斌攻蜀剑门⑦,克之,获其都统王昭远。

纲宋刘光义、曹彬取蜀五州。

目光义克蜀万、施、开、忠四州⑧。遂州知州陈愈以城降⑨。时诸将所
过,咸欲屠戮以逞,独曹彬禁止之,故峡路兵始终秋毫无犯。

纲蜀太子玄喆(zhé)将兵御宋,至绵州遁还⑩。王全斌进次魏城⑪,蜀主
昶降。

目蜀主闻昭远败,大惧,出金帛募兵,令太子玄喆统之。李廷珪、张惠
安等为之副,趋剑门以御宋师。玄喆素不习武,廷珪、惠安皆庸懦

---

① 麾:同"挥"。

② 兴州:治今陕西略阳县。

③ 夔州:治今重庆奉节县。

④ 宁江:藩镇军号,治夔州。制置使:军职名,掌辖区内军旅及从事征讨、捍御等事。

⑤ 太常寺:掌国家礼乐、郊庙、社稷等事。雅乐:帝王祭祀天地、祖先及朝贺、宴享时所
用的舞乐。

⑥ 宋乾德三年,辽应历十五年。是岁宋灭后蜀。

⑦ 剑门:剑门关,在今四川剑阁县东北。

⑧ 施:州名,治今湖北恩施州。忠:州名,治今重庆忠县。

⑨ 遂州:治今四川遂宁市船山区。

⑩ 绵州:治今四川绵阳市涪城区。

⑪ 魏城:县名,今四川绵阳市游仙区。

无识,至绵州,闻已失剑门,遂遁还东川①。蜀主皇骇,已而全斌进次魏城,蜀主命李昊草表请降,全斌受之,遂入城。刘光义等亦引兵来会。

前蜀之亡也,降表亦昊为之,蜀人夜书其门曰"世修降表李家"。宋师自发汴至受降,凡六十六日。

初,全斌之伐蜀也,属汴京大雪②,宋主设毡帷于讲武殿,衣紫貂裘帽以视事。忽谓左右曰:"我被服如此,体尚觉寒,念西征将士冲冒霜雪③,何以堪处!"即解裘帽,遣中使驰赐全斌,仍谕诸将曰:"不能遍及也。"全斌拜赐感泣,故所向有功。

纲 三月,宋两川军乱④。

目 王全斌、崔彦进、王仁赡等在蜀,昼夜宴饮,不恤军务,纵部下掠女子,夺财物,蜀人苦之。曹彬屡请旋师⑤,全斌等不从。既而宋主诏发蜀兵赴汴,并优给装钱⑥,全斌等擅减其数,仍纵部曲侵扰之。蜀兵愤怨思乱。三月,蜀兵行至绵州,遂作乱,劫属邑,众至十余万,获蜀文州刺史全师雄⑦,推以为帅,率众攻彭州,据之,自称"兴蜀大王",两川民争应之。全斌等退保成都。

---

① 东川:藩镇军号,治梓州,今四川三台县。
② 属:遇到。
③ 冲冒:顶着,冒着。
④ 两川:东川、西川,今四川、重庆一带。
⑤ 旋师:班师。
⑥ 装钱:置办行装的费用。
⑦ 文州:治今甘肃文县。

〔削方镇之权〕

纲 宋初置诸路转运使①。

目 自唐天宝以来，藩镇屯重兵，租税所入皆以自赡，名曰留使、留州②，其上供者甚少③。五代藩镇益强，率令部曲主场务④，厚敛以入己，而输贡有数。宋主素知其弊，赵普乞命诸州度支经费外，凡金帛悉送汴都，无得占留。每藩镇帅缺，即令文臣权知。所在场务⑤，凡一路之财，置转运使掌之，虽节度、防御、团练、观察诸使及刺史，皆不预签书金谷之籍。于是，财利尽归于上矣。

纲 夏六月，宋赐孟昶爵秦国公，寻卒。

目 蜀主昶举族与官属至汴，率子弟素服待罪阙下。宋主御崇元殿，备礼见之，赐赉甚厚，拜昶检校太师、兼中书令，封秦国公，子玄喆为太宁军节度使⑥。昶寻卒，昶母李氏不肯哭，以酒酹(lèi)地曰⑦："汝不死社稷，贪生以至今日。吾所以忍死者，以汝在尔。今汝既死，吾何用生焉！"不食数日亦死。宋主闻而伤之。宋主尝见昶宝装溺器，命撞碎之，曰："以七宝饰此，当以何器贮食！所为如是，不亡何待！"

---

① 转运使：宋代路级机构长官，掌一路财赋，组织州军上供，并有监察地方之责。
② 留使：即藩镇支郡将部分两税转输到节镇治州，又称"送使"。
③ 上供：州郡两税转输京师的部分。
④ 场务：五代宋时盐铁茶酒等专卖物资生产和管理机构。
⑤ 场务：据《宋史·食货志》，"场务"后应补"或遣京朝官廷臣监临"。
⑥ 太宁：据《长编》卷六，应作"泰宁"。泰宁军治兖州，今山东济宁市兖州区。
⑦ 酹：把酒洒在地上表示祭奠或起誓。

纲 秋八月,宋选诸道兵入补禁卫。

纲 宋置封桩库。

目 宋主平荆、湖、西蜀,收其金帛,别为内库储之,号封桩,凡岁终用度之
余皆入之,以为军旅饥馑之备。宋主尝谕近臣曰:"石晋割幽、燕以赂
契丹,使一方独限外境,朕甚悯之。欲俟斯库所蓄满三五万①,遣使
谋于彼,傥肯以地归于我,则以此酬之;不然朕当散滞财,募勇士,以
图攻取也。"寻又凿大池于京城南,号讲武池,选精卒习战池中,宋主
常临视之。

纲 丙寅(966)②,夏闰五月,宋求遗书。

纲 冬十一月,宋窦仪卒。

[宰相须用读书人]

目 初,宋主将改元,谕宰相曰:"年号须择前代所未有者。"及蜀平,蜀宫
人入内,宋主见其镜背有识"乾德四年铸"者,召仪问之。仪对曰:
"此必蜀物,蜀主王衍尝有此号③。"宋主大悦曰:"宰相须用读书人。"
由是益重儒者。

纲 十二月,宋两川平。

纲 鞑靼入贡于宋。

---

① 五:据《长编》卷一九,"五"字后当补"十"。
② 宋乾德四年,辽应历十六年。
③ 蜀:前蜀。

纲丁卯（967）①，春正月，宋王全斌等有罪，征还，贬官有差。以曹彬为宣徽南院使。

目宋主自闻蜀兵乱，凡使者至，各令陈王全斌等不法事，因尽得其状，乃皆征还。以其初立功，不欲属吏，但令中书问状。全斌等具伏黩货杀降之罪，遂责降全斌崇义节度留后②，崔彦进昭化节度留后③，王仁赡右卫大将军。以刘光义等廉谨，并进爵秩。复召吕余庆参知政事。

仁赡等历诋诸将④，冀以自免，独曰："清廉畏慎，不负陛下者，曹彬一人尔。"彬之还也，橐（tuó）中惟图书衣衾⑤，又能戢（jí）下⑥，于是赏彬特优。彬入谢曰："诸将皆获罪，臣不敢奉诏。"宋主曰："卿有茂功，又不矜伐⑦。惩劝，国之常典，可无逊。"

纲二月，宋以沈义伦为枢密副使。

目义伦为西川转运使，随军入蜀，独居佛寺蔬食，有以珍异献者，皆却之。及归，箧中惟书数卷而已。宋主尝问曹彬以官吏善否，彬曰："臣止监军旅，至于采察官吏，非所职也。"固问之，曰："义伦可用。"宋主嘉之，故有是命。

――――――――――

① 宋乾德五年，辽应历十七年。
② 崇义：藩镇军号，治随州。
③ 昭化：藩镇军号，治金州，今陕西安康市。
④ 诋：毁谤。
⑤ 橐：布袋。
⑥ 戢：约束。
⑦ 矜伐：恃才夸功。

纲 三月,五星聚奎①。

目 周显德中,窦俨与卢多逊、杨徽之同为谏官,俨善步星历②,尝谓徽之等曰:"丁卯岁(967)五星聚奎,自此天下太平。二拾遗见之,俨不与也。"卒如其言。

纲 戊辰(968)③,春二月,宋主立宋氏为后。

目 宋主元配贺氏早卒,建隆初册继室王氏为后,乾德元年(963)殂,至是立宋氏为后。后,左卫上将军偓之女也。

纲 三月,宋覆试贡士。

目 知贡举王祜(hù)上进士合格者十八人④,陶穀子邴名在第六。宋主谓左右曰:"闻穀不能训子,邴安能登第?"因诏:"自今举人,凡关食禄之家,悉委中书覆试。"

纲 夏六月,宋以董遵海为通远军使⑤。

目 遵海父宗本,仕汉为随州刺史,宋主微时往依焉。遵海冯(píng)藉父势⑥,常侮之。一日谓宋主曰:"每见城上有紫云如盖,又梦登高台遇黑蛇,约长百尺余,俄化龙,飞腾东北去,雷电随之。是何祥也?"宋主皆不对。他日论兵,遵海理屈,拂衣起,宋主乃辞宗本去。及即位,遵

---

① 又称"五星联珠",即金木水火土五大行星排列为近乎直线的天文现象。

② 善步星历:善于推算星象历法。

③ 宋开宝元年,辽应历十八年。

④ 十八人:据《长编》卷九应作"十人"。

⑤ 通远军:治今甘肃环县。

⑥ 冯:同"凭"。

诲被召，伏地请死。宋主谕之曰："卿尚记曩(nǎng)日紫云①、黑蛇之事乎?"遵诲再拜呼万岁。俄而部下卒诉其不法十余事，遵诲皇恐待罪。宋主曰："朕方赦过赏功，岂念旧恶邪。"至是以夏州近边②，授通远军使。遵诲至镇，召诸族酋长，谕以朝廷威德，众皆感悦。后数月，复来扰边，遵诲率兵深入其境，俘斩甚众，获羊马数万，夷落以定。

纲 秋七月，北汉主钧殂，养子继恩立。

纲 八月，宋遣李继勋将兵伐北汉。

纲 九月，北汉司空郭无为弑其主继恩，而立其弟继元。

纲 宋李继勋败北汉兵于铜锅河，进薄太原③。

纲 冬十月，宋贬雷德骧为商州司户参军④。

目 德骧判大理寺，寺之官属与堂吏附会宰相赵普，增减刑名。德骧愤惋，求见宋主，面白其事。未及引对，即直诣讲武殿奏，辞气俱厉，并言普强市人第宅，聚敛财贿。宋主怒叱之曰："鼎铛尚有耳，汝不闻赵普吾社稷臣乎!"引柱斧击折其上腭二齿，命左右曳出之，诏处以极刑。既而怒解，止以阑入之罪黜之⑤。

纲 十一月，契丹救北汉，宋李继勋引还，北汉遂入宋晋、绛州⑥。

---

① 曩日：往日。
② 夏州：治所在今陕西靖边县红墩界镇统万城。
③ 薄：迫近。
④ 商州：治今陕西商洛市。司户参军：掌管户籍的州属官。
⑤ 阑入：擅自闯入。
⑥ 晋州：治今山西临汾市。绛州：治今山西新绛县。

纲 宋主享太庙,翌日郊。

目 初,宋主入太庙,见其所陈笾(biān)豆①、簠簋(fǔ guǐ)②,问曰:"此何物也?"左右以礼器对。宋主曰:"吾祖宗宁识此。"亟命撤去,进常膳如平生。既而曰:"古礼不可废也。"命复设之。判太常寺和岘请遵唐故事,每室加常食一牙盘,从之。自是三年而郊,郊必先享太庙,礼毕加恩肆赦,以为常制。

纲 己巳(969)③,春二月,契丹弑其主兀律于怀州④。

纲 宋主自将击北汉,三月,围太原。

纲 契丹耶律贤立。

纲 夏四月,契丹复救北汉,宋韩重赟等击败之。

纲 闰五月,宋主引还。

[宋太祖后苑宴会罢节度使]

纲 冬十月,宋罢王彦超等节度使。

目 凤翔节度使王彦超及诸藩镇入朝⑤,宋主宴于后苑,酒酣,从容谓之曰:"卿等皆国家宿旧,久临剧镇,王事鞅掌⑥,非朕所以优贤之意

① 笾豆:古代祭祀时盛祭品的两种器具。
② 簠簋:古代祭祀盛稻粱黍稷的器皿。
③ 宋开宝二年,辽保宁元年。
④ 怀州:辽置,治今内蒙古巴林右旗。
⑤ 凤翔:藩镇军号,治凤翔府,今陕西宝鸡市凤翔区。
⑥ 王事鞅掌:为王事烦劳。

也。"彦超谕意,即前奏曰:"臣本无勋劳,久冒荣宠,今已衰朽,乞骸骨归丘园,臣之愿也。"安远节度使武行德①、护国节度使郭从义②、定国节度使白重赞③、保大节度使杨廷璋④,竞自陈攻战阀阅及履历艰苦⑤。宋主曰:"此异代事,何足论!"明日皆罢镇,奉朝请。

纲庚午(970)⑥,春正月,宋征处士王昭素为国子博士。

目昭素酸枣人⑦,有学行,宋主召见便殿,年已七十余,问以治世养身之术,对曰:"治世莫若爱民,养身莫若寡欲。"宋主爱其言,书于屏几。

纲秋七月,宋省州县官,增其俸。

目诏曰:"吏员猥多⑧,难以求治;俸禄鲜薄,未可责廉。与其冗员而重费,不若省官而益俸。诸州县宜以户口为率,差减其员,旧俸月增给五千。"

〔宋灭南汉〕

纲九月,宋遣潘美将兵伐南汉。冬十月,克贺、昭等州⑨。

---

① 安远:藩镇军号,治安州,今湖北安陆市。
② 护国:藩镇军号,治河中府,今山西永济市。
③ 定国:藩镇军号,治同州,今陕西大荔县。
④ 保大:藩镇军号,治鄜州,今陕西富县。
⑤ 阀阅:功勋。
⑥ 宋开宝三年,辽保宁二年。
⑦ 酸枣:县名,今河南延津县西。
⑧ 猥多:众多。
⑨ 昭州:治今广西平乐县。

纲十二月，南汉将李承渥帅兵拒宋，潘美进击，大败之，遂拔韶州①。

纲辛未(971)②，春二月，宋潘美大破南汉兵于马径，遂克广州。南汉主
　钅录降。

纲宋加潘美山南东道节度使③。

纲夏六月，宋诛南汉宦者龚澄枢、李托，赐刘钅录爵恩赦侯。

目钅录至汴，宋主遣吕余庆问钅录反覆之罪，钅录归罪龚澄枢、李托。明日，宋
　主命大理卿高继申引澄枢、托斩于千秋门外，释钅录罪，封恩赦侯。
　钅录体质丰硕，眉目俱竦，有口辩，性绝巧。尝以珠结鞍勒为戏龙之状，
　极其精妙，以献，宋主谓左右曰："钅录好工巧，习以成性，傥能移于治
　国，岂至灭亡哉！"
　钅录在国时，多置鸩毒臣下。一日从宋主幸讲武池，从官未集，钅录先至，
　赐以卮酒，钅录疑有毒，泣曰："臣承祖父基业，违拒朝廷，劳王师致讨，
　罪固当诛。陛下既待臣以不死，愿为大梁布衣，观太平之盛，未敢饮
　此酒。"宋主笑曰："朕推赤心于人腹中，安有此事。"命取钅录酒自饮，
　而别酌以赐钅录。钅录大惭谢。

纲宋御史中丞刘温叟卒④。

目温叟为中丞十二年，屡求解职，宋主难其代，不许，至是卒。温叟重厚

---

① 韶州：治今广东韶关市。
② 宋开宝四年，辽保宁三年。是岁宋灭南汉，南唐改国号江南。
③ 山南东道：藩镇军号，治襄州，今湖北襄阳市。
④ 御史中丞：宋御史台长官，职掌监察等。

清介,好古执礼。一日晚过明德门西关前,宋主方与中黄门数人登楼,温曳知之,令传呼依常而过。翌日请对,且言:"人主非时登楼,则下必希望恩赏。臣所以呵导而过,欲示众以陛下非时不登楼也。"宋主善之。

纲　冬十一月,唐贬国号曰江南,遣使朝宋。

目　唐主因南汉亡,惧甚,使其弟从善上表于宋,乞去国号,改印文为"江南国主",且请赐诏呼名。宋主许之。

先是,唐主以银五万两遗赵普①,普以白宋主,宋主曰:"此不可不受,但以书答谢,少赂其使者可也。"普辞。宋主曰:"大国之体,不可自为削弱,当使之弗测。"及从善来朝,常赐外,密赉白金如遗普之数。唐君臣皆惊骇,服宋主之伟度。

纲　壬申(972)②,春二月,江南主杀其南都留守林仁肇。

目　初,仁肇密陈:"淮南戍兵少,宋前已灭蜀,今又取岭南③,道远师疲,愿假臣兵数万,自寿春径渡④,复江北旧境。彼纵来援,臣据淮御之,势不能敌。兵起日,请以臣叛闻于北朝。事成,国享其利;败则族臣家,明陛下无二心。"江南主不听。

宋忌仁肇威名,赂其侍者,窃取仁肇画像悬别室,引江南使者观之,问何人。使者曰:"林仁肇也。"曰:"仁肇将来降,先持此为信。"又指空馆曰:"将以此赐仁肇。"使者归白江南主,江南主不知其间,鸩杀

① 遗:赠与。
② 宋开宝五年,辽保宁四年。
③ 岭南:今广东、广西、海南一带,代指南汉。
④ 寿春:郡名,即寿州,治今安徽寿县。

仁肇。

纲 夏五月,大雨,河决,宋主出宫人。

纲 秋九月,宋以辛仲甫为西川兵马都监。

目 宋主问赵普以文臣有武干者,普以左补阙辛仲甫对,宋主遂用之,因谓普曰:"五代方镇残虐,民受其祸。朕今用儒臣干事者百余人,分治大藩,纵皆贪浊,亦未及武臣一也。"

纲 癸酉(973)①,春三月,郑王郭宗训卒,宋人葬之,谥曰周恭帝。

〔宋太祖设殿试,科举解试、省试、殿试三级制始于此,并延续至清末〕

纲 宋初殿试贡士。

目 翰林学士李昉知贡举,有进士徐士廉诉昉用情取舍。宋主乃择终场下第并已举者,亲御讲武殿,给纸笔别试,得进士诸科百二十五人,皆赐及第,且赐钱二十万以张宴会。责昉为太常少卿②。殿试遂为永制。

纲 夏五月,宋行《开宝通礼》。

目 初,宋主命李昉、刘温叟重定《开元礼》,附以国朝制度损益,为书二百卷,号《通礼》,至是行之。

〔赵普专权被罢〕

纲 秋八月,宋赵普免。

---

① 宋开宝六年,辽保宁五年。
② 太常少卿:太常寺副长官,时为文臣阶官。

目普独相十年，为政颇专，尝以私怨诬冯瓒、李美、李楫(jí)，以赃论死，廷臣多忌之。

宋主尝幸其第，会吴越遣使致书于普，及海物十瓶，置于庑下，未及发而宋主至，仓卒不暇屏。宋主顾问："何物?"普以实对。宋主曰："海物必佳。"即命启之，皆瓜子金也。普皇恐谢曰："臣未发书，实不知。"宋主曰："第受之，彼谓国家事皆由汝书生尔。"

时官禁私贩秦陇大木①，普遣亲吏诣市屋材，联巨筏至汴治第，吏因之窃货大木，冒称普市，货鬻都下。三司使赵玭(pín)以闻②，宋主大怒，即欲逐普，王溥力为救解，得止。卢多逊与普不协，数因入对短普③，宋主滋不悦。

初，雷德骧之贬商州也，知州奚屿希普意④，奏德骧怨望，坐削籍，流灵武。其子有邻意普害之，击登闻鼓，诉中书不法事。宋主怒，悉下御史狱鞫实⑤。始疑普，诏吕余庆、薛居正与普更知印、押班、奏事，以分其权。普不自安，求罢政，遂出为河阳三城节度使⑥，以有邻为秘书省正字，召德骧为秘书丞。

普至河阳，上表自诉曰："外人谓臣轻议皇弟开封尹，皇弟忠孝全德，岂有间然⑦。矧(shěn)昭宪皇太后大渐之际⑧，臣实预闻顾命，知臣者

----

① 秦陇：秦岭、陇山。
② 三司使：中央财政机构盐铁、户部、度支三司长官，掌管国家财政收支。
③ 短：揭发过失。
④ 希：迎合。
⑤ 鞫实：审讯核实。
⑥ 河阳三城：藩镇军号，治孟州。
⑦ 间：间隙、缺点，可非议处。
⑧ 矧：况且。大渐：病危。

君,愿赐昭鉴。"宋主手封其表,藏之金匮。

时吕余庆以疾解职,宋主以薛居正、沈义伦同平章事。余庆,宋主霸府元僚,赵普、李处耘先进用,余庆恬然不以介意,及处耘与普得罪,余庆悉为明辨,时称长者。

纲 宋主封其弟光义为晋王,班宰相上。

目 又以弟光美兼侍中,子德昭同平章事。

纲 冬十二月,宋起复卢多逊参知政事①。

目 多逊敏给任数②,谋多奇中,以翰林学士判史馆。宋主好读书,每取书馆中,多逊预戒吏令必白己,知所取书,因通夕阅览。及召对,宋主问书中事,应答无滞,同列皆服,拜参知政事。未几,以父丧去位,诏起复之。多逊父亿有高识,恶其子所为,曰:"赵普,元勋也,而小子毁之。我得早死,不见其败,幸也!"

纲 甲戌(974)③,秋九月,宋遣曹彬将兵伐江南。

目 宋主欲伐江南而无名,遣知制诰李穆谕江南主入朝。江南主欲从之,其门下侍郎陈乔、内史舍人张洎(jì)皆劝其主无入朝④,江南主遂称疾固辞,而遣使求封册。宋主不许,命梁迥复使,讽之入朝,江南主不答。迥还,宋主乃命曹彬为西南路行营都部署⑤,潘美为都监,曹翰为

---

① 起复:官员遭父母之丧去职,服丧未满而重新起用。
② 任数:用权谋,使心计。
③ 宋开宝七年,辽保宁六年。
④ 内史舍人:即中书舍人,负责起草诏令文书。
⑤ 西南路:据《长编》卷一五,当作"昇州西南面"。

先锋,将兵十万以伐之。

自王全斌平蜀,多杀降卒,宋主每恨之。至是,彬等入辞,宋主诫彬曰:"江南之事,一以委卿。切勿暴掠生民,务广威信,使自归顺,不烦急击也。"又曰:"城陷之日,慎无杀戮。设若困斗,则李煜一门不可加害。"且以剑授彬曰:"副将而下,不用命者斩之。"潘美等皆失色。

彬自荆南发战舰东下,江南屯戍皆谓每岁宋所遣巡兵,但闭壁自守,奉牛酒犒师。寻觉异于他日,池州将戈彦弃城走。彬入池州,败江南兵于铜陵,进次采石矶①。

纲 冬十一月,宋潘美渡江,江南将郑彦华等拒战,败走。

目 初,江南池州人樊若水举进士不第,因谋归宋,乃渔钓于采石江上,乘小舟,载丝绳其中,维南岸②,疾棹(zhào)抵北岸③,凡十数往返,得其江之广狭。因诣汴上书,言江南可取状,请造浮梁以济师。宋主然之,以为右赞善大夫。遣使往荆、湖造黄黑龙船数千艘,又以大舰载巨竹絚(gēng)自荆渚而下④。或谓江阔水深,古未有浮梁而济者,乃先试于石牌口,移置采石,三日而成,不差尺寸。潘美因帅步兵渡江,若履平地。江南主以镇海节度使⑤、同平章事郑彦华督水军万人,都虞候林真领步军万人,同逆宋师⑥。彦华以战舰鸣鼓

① 采石矶:一名牛渚,长江重要渡口,在今安徽马鞍山市西南。
② 维:系,连结。
③ 棹:划船。
④ 絚:大绳。
⑤ 镇海:藩镇军号,治润州,今江苏镇江市。
⑥ 逆:迎战。

溯流而上,急趋浮梁;潘美麾兵击败之。真以所部接战,彦华不能救,亦败。

纲 宋始修日历①。

目 史馆修撰扈蒙请修日历,宋主从之。命宰辅日录时政送史馆,仍以卢多逊专其职。

纲 乙亥,宋太祖神德皇帝开宝八年(975)②,春二月,曹彬大败江南兵于秦淮,进围金陵。

目 彬连破江南兵于白鹭洲、新林港③,遣田钦祚攻溧(lì)水,江南统军使李雄谓诸子曰:"吾必死于国难,尔曹勉之。"父子八人皆没于陈,钦祚遂克溧水。彬大军进次秦淮,江南兵水陆十万陈于城下。时舟楫未具,潘美率兵先赴,令曰:"美提骁果数万人,战胜攻取,岂限此一衣带水而不径渡乎!"遂涉水,大军随之,江南兵大败。马军都虞候李汉琼率所部取巨舰,实以苇葭,乘风纵火,拔其城南水寨,又拔关城,守陴(pí)者争遁④,溺死千计。

纲 夏四月,彗星见东方。

纲 冬十月,江南主使徐铉(xuàn)来乞缓师,不许。

〔卧榻之侧,岂容他人鼾睡〕

目 江南都虞候刘澄以润州降。江南主危迫,遣学士承旨徐铉求缓师。

———————————

① 日历:按日记载国家大事的编年体史料汇编。
② 辽保宁七年。是岁江南亡,惟北汉至太平兴国四年乃亡。
③ 白鹭洲、新林港:均在今江苏南京市西南。
④ 陴:城墙上的矮墙,又称女墙。

铉至,言于宋主曰:"李煜无罪,陛下兵出无名。煜以小事大,如子事父,未有过失,奈何见伐?"宋主曰:"尔谓父子为两家可乎?"铉不能对而还。逾月,江南主复遣铉乞缓师,以全一邦之命。铉见宋主,论辩不已,宋主按剑怒曰:"不须多言!江南亦有何罪,但天下一家,卧榻之侧,岂容他人鼾睡邪!"铉惶恐辞归。

〔宋灭南唐〕

纲 十一月,曹彬克金陵,江南主煜降。门下侍郎陈乔死之。

目 彬遣人谓江南主曰:"事势如此,所惜者一城生聚耳。若能归命,策之上也。某日城必破,宜早为之所。"江南主不听。一日,彬忽称疾不视事,诸将皆来问疾。彬曰:"余之疾,非药石所能愈,惟须诸君诚心自誓,以克城之日,不妄杀一人,则自愈矣。"诸将许诺,共焚香为誓。明日,彬即称愈,又明日,城陷。

初,陈乔、张洎约同死社稷,然洎实无死志,至是乔径入白江南主曰:"今日国亡,愿加显戮以谢国人。"江南主曰:"此乃历数,卿死无益也。"乔曰:"纵不杀臣,臣何面目以见士人乎!"遂自缢死。

勤政殿学士钟倩,朝服坐于家,兵及门,亦举族死之。

江南主率臣僚诣军门请罪,彬慰安之,待以宾礼,煜遂与其宰相汤悦等四十五人赴汴京。

彬自出师至凯旋,士众畏服,无敢轻肆。克城之日,兵不血刃。捷至,群臣称贺。宋主泣曰:"宇县分割,民受其祸,攻城之际,必有横罹锋刃者[①],实

---

① 罹:遭遇苦难。

可哀也。"命出米十万赈恤之。

纲 丙子,九年(976)①,春正月,曹彬振旅而还②。诏赐李煜爵违命侯。

目 彬俘江南主李煜还汴。帝御明德门,令煜君臣至楼下待罪,诏并释之,封煜违命侯。帝责张洎曰:"汝教煜不降,使至今日。"因出洎所草召上江援兵蜡丸书示之。洎谢曰:"书实臣所为。犬吠非其主③,此其一耳,他尚多。今得死,臣之分也。"帝奇之,以为太子中允④。

纲 二月,以曹彬为枢密使。

目 初,彬之伐江南也,帝谓曰:"俟克李煜,当以卿为使相⑤。"潘美预以为贺,彬曰:"不然。夫是行也,仗天威,遵庙谟⑥,乃能成事,吾何功哉,况使相极品乎!"美曰:"何谓也?"彬曰:"太原未平耳⑦。"及还,帝谓曰:"本授卿使相,然刘继元未下,姑少待之。"美视彬微笑,帝诘之,美以实对,帝亦大笑,乃赐彬钱五十万。彬退曰:"人生何必使相,好官不过多得钱耳。"未几,乃拜枢密使。

纲 吴越王俶(chù)来朝。

---

① 十二月,太宗皇帝太平兴国元年。辽保宁八年。
② 振旅:整顿军队。
③ 犬吠非其主:比喻各自尽忠自己的主人。
④ 太子中允:东宫僚佐,时为文臣阶官。
⑤ 使相:节度使、枢密使等兼同平章事为使相,身份尊崇,非真宰相。
⑥ 庙谟:皇帝或朝廷对战事的谋略。
⑦ 太原:指北汉。

目帝谓吴越使者曰："元帅克毗(pí)陵①，有大功，俟平江南，可暂来与朕一相见，以慰延想，即当复还。朕三执圭币以见上帝②，岂食言乎！"至是，俶与妻孙氏、子惟濬入朝。帝赐礼贤宅以居，亲幸宴之，赏赍甚厚。留两月遣还，赐以一黄袱，封识甚固，戒俶曰："途中宜密观。"及启之，则皆群臣乞留俶章疏也，俶益感惧。

纲三月，以子德芳为贵州团练使。

纲帝如西京③。夏四月，郊，大赦。

目帝以江表底定④，方内大同⑤，欲西幸以行郊礼。三月，如西京，次巩县⑥，遂拜安陵⑦，至洛阳。四月，祭天地于南郊，都民垂白者相谓曰："我辈少经乱离，不图今日复观太平天子仪卫。"有泣下者。祭毕，大赦。

纲还宫。

目帝欲留都洛阳，群臣咸谏，弗听。晋王光义言其非便，帝曰："迁河南未已，终当居长安耳。"光义问其故，帝曰："吾欲西迁，据山河之胜以去冗兵，循周汉故事以安天下也。"光义曰："在德不在险。"力请还汴。帝不得已，从之，因叹曰："不出百年，天下民力殚矣！"

———————————

① 毗陵：郡名，即常州。
② 三执圭币：宋太祖于乾德元年、开宝元年和四年三次举行南郊大礼，圭币是南郊祭天时皇帝所持的圭玉和束帛。
③ 西京：河南府，今河南洛阳市。
④ 底定：平定。
⑤ 方内：四方之内。
⑥ 巩县：今河南巩义市。
⑦ 安陵：赵匡胤父赵弘殷之陵。

纲 曹翰屠江州①,杀江南守将胡则。

目 江南州郡皆降,独江州指挥使胡则,杀刺史谢彦实集众固守。曹翰围之四月余,则力屈被执,翰杀之,因纵兵悉取货财,而屠其民。

纲 秋八月,遣侍卫都指挥使党进率兵伐汉。九月,败汉兵于太原,契丹救之。

纲 帝幸晋王光义第。

目 帝友爱光义,数幸其第,恩礼甚厚。光义尝有疾,亲为灼艾,光义觉痛,帝亦取艾自灸。每对近臣言:"光义龙行虎步,他日必为太平天子,福德非吾所及也。"

纲 冬十月,帝崩,晋王光义即位。

目 癸丑(二十日),帝崩。甲寅(二十一日),晋王即位,号宋后为开宝皇后,迁之西宫。

帝享年五十,性孝友,节俭,质任自然,不事矫饰。一日罢朝坐便殿,不乐者久之。左右请其故,曰:"尔谓天子容易为邪! 早作,乘快误决一事,故不乐耳。"宫中苇帘,缘用青布。常服之衣浣濯至再②。永康公主常衣贴绣铺翠襦(rú)③,帝曰:"汝服此,众必相效。"禁之。主一日劝帝以黄金饰肩舆,帝曰:"我以四海之富,宫殿饰以金银,力亦可办,但念我为天下守财耳,岂可妄用。"

―――――――――

① 江州:治今江西九江市。
② 浣濯:洗涤。
③ 常:同"尝",曾经。襦:短衣。

初,颇好猎,一日逐兔,马蹶坠地,因引佩刀刺马杀之。既而悔曰:"吾为天下主,轻事田猎,又何罪马哉!"自是不复猎。

尤注意刑辟,尝读二《典》①,叹曰:"尧舜之罪四凶②,止从投窜③,何近代法网之密邪!"故定为折杖法,以递减流徒杖笞之刑。自开宝以来,犯大辟,非情理深害者,多得贷死,惟赃吏弃市,则未尝贷。

纲　以弟廷美为开封尹④,封齐王,兄子德昭封武功郡王,德芳为兴元尹。

纲　以卢多逊同平章事,楚昭辅为枢密使。

纲　十二月,大赦,改元。

纲　诏群臣论列者即时引对。

纲　初诏诸道转运使纠察官吏。

纲　罢河东兵。

评宋太祖的设法立制:

　　宋太祖设法立制,是宋朝"走出五代"、由乱而治的关键。从后唐开始,禁军将领始终是影响政权动荡、皇位更迭的关键因素,宋太祖也是凭借禁军统帅的身份兵变代周的。宋太祖"革故鼎新,变家为国",通过"杯酒释兵权"等方式,以资浅、驯服之人取代石守信等资深将领,牢牢掌握了禁军兵权。地方藩镇问题亦通过"稍夺其权,制其钱谷,收其精

---

① 二《典》:《尚书》之《尧典》《舜典》篇。
② 四凶:相传为尧舜时代四个恶名昭彰的部族首领,具体说法不一。
③ 投窜:流放。
④ 廷美:即光美,避宋太宗讳改。

兵"基本解决。

宋代朝政相对开明。太祖崇尚文治,调整中枢机构,增设参知政事;完成《建隆重详定刑统》,行《开宝通礼》;以文臣知州,设置通判;科举选拔,增设殿试。诸多举措,逐渐形成宋代的治国原则。

太宗皇帝

纲 丁丑,太宗皇帝太平兴国二年(977)①,春二月,赐礼部进士吕蒙正等及第。

目 初,太祖幸洛阳,张齐贤以布衣献策条陈十事,内四说称旨,齐贤坚执其余策皆善;太祖怒,令武士拽出之。及还,语帝曰:"我幸西都,唯得一张齐贤,我不欲爵之以官,异时可使辅汝为相也。"是时,齐贤亦在选中,有司失于抡择,置于下第,帝不悦,故一榜自吕蒙正以下尽赐及第。

纲 二月,帝更名炅(jiǒng)。

纲 夏四月,葬永昌陵②。

纲 秋九月,容州初贡珠③。

纲 冬十月,初榷酒酤(gū)④。

纲 十一月朔,日食既⑤。

---

① 辽保宁九年。
② 永昌陵:宋太祖陵,在今河南巩义市。
③ 容州:治今广西容县。
④ 榷:专营、专卖。酒酤:酒的买卖。
⑤ 日食既:日全食。

綱　戊寅,三年(978)①,春二月,立崇文院。

目　初,置三馆于长庆门北②,谓之西馆。帝临幸,恶其陋,命有司于升龙门东北创立三馆。至是成,赐名崇文院,迁西馆书贮焉,凡八万卷。

〔吴越纳土〕

綱　夏五月,吴越王俶以其地来归,诏封俶为淮海国王。

綱　秋七月,以孔宜袭封文宣公③。

目　宜知星子县回④,献所为文。帝召问孔子世嗣,遂命袭封。宜因言历代以圣人之后,不预庸调⑤。周显德中遣使均田,遂抑为编户。诏特复其家⑥。

綱　冬十月,置内藏库⑦。

目　帝幸左藏库⑧,语薛居正曰:"此金帛如山,用何能尽。先帝每焦心劳虑,以经费为心,何其过也。"诏改为内藏库,并以封桩库属焉。

綱　己卯,四年(979)⑨,春正月,以潘美为北路都招讨使。

---

① 辽保宁十年。
② 三馆:昭文馆、集贤院、史馆。
③ 文宣公:唐玄宗开元二十七年追谥孔子为文宣王,以其后人世袭文宣公。
④ 星子县:今江西庐山市。
⑤ 庸调:唐代赋税制度租庸调法,代指徭役。
⑥ 复:除其徭役。
⑦ 内藏库:即内库,由皇帝直接掌握的宫廷钱物库。
⑧ 左藏库:国库。
⑨ 辽乾亨元年。

纲新浑仪成。

目司天监生张思训本唐李淳风、梁令瓒之法,创式以献,制于禁中,日月行度,成于自然,不假人运,比旧制尤为精妙。命置文明殿东南鼓楼,擢思训为浑仪丞。

〔宋灭北汉,结束五代十国分裂局面〕

纲二月,帝自将伐汉。

目帝欲以齐王廷美掌留务①。开封判官吕端言于廷美曰:"上栉风沐雨以申吊伐②,王地处亲贤,当表率扈从,若掌留务,非所宜也。"廷美遂请行,帝许之,以沈伦为东京留守③,王仁赡为大内都部署。

纲二月,契丹救汉,都部署郭进邀击于白马岭,大败之。

纲夏四月,帝至太原,督诸军围城。五月,汉主继元降,诏赐爵彭城郡公。

目潘美等屡败汉兵,进筑长连城,围太原,矢石交下如雨。汉外援不至,饷道又绝,城中大惧。帝至,督战益急,城无完堞。帝虑城陷杀伤者众,诏谕继元降。继元率官属缟衣纱帽待罪城台下,帝释之,封彭城郡公。帝作《平晋诗》,命从臣和。

纲徙太原民于并州。

---

① 留务:京城留守司事务。

② 吊伐:忧愍百姓,讨伐有罪,即出征。

③ 沈伦:即沈义伦,避宋太宗赵光义讳改。

目诏毁太原旧城,改为平晋县,以榆次县为并州①,遣使分部徙太原民居之。

〔宋太宗北伐契丹,高梁河战败〕

纲帝发太原,六月,遂伐契丹,围幽州②。秋七月,与契丹耶律休哥大战于高梁河③。败绩,乃还。

纲八月,皇子武功王德昭自杀。

目初,德昭从帝征幽州,军中尝夜惊,不知帝所在。有谋立德昭者,帝闻,不悦。及还,以征北不利,久不行太原之赏,德昭以为言。帝大怒,曰:"待汝自为之,赏未晚也。"德昭退而自刎。帝闻之惊悔,往抱其尸哭曰:"痴儿,何至此邪!"追封魏王,谥曰懿。

纲九月,以杨业为代州刺史④。

〔杨业号"杨无敌"〕

目业本汉建雄节度使刘继业⑤,帝克太原,闻其勇,召见,复杨姓。以其老于边事,拜代州刺史。业善战,号"杨无敌"。

纲冬十月,进封齐王廷美为秦王。

---

① 榆次县:今山西晋中市。
② 幽州:治今北京市。
③ 高梁河:在今北京市西直门外。
④ 代州:治今山西代县。
⑤ 建雄:藩镇军号,治晋州,今山西临汾市。

目论平汉功也。文武诸臣,进秩有差。

纲庚辰,五年(980)①,春二月,定差役法。

目从京西转运使程能请,定诸州户为九等,上四等充役,下五等免之。

纲三月,卫公刘鋹卒。

目鋹有口辩,帝之将伐北汉也,宴近臣于禁中,鋹进言曰:"朝廷威灵及
远,四方僭伪之主,今日尽在坐中。旦夕平太原,刘继元又至,臣率先
来朝,愿得执梃为诸国降王长。"帝大笑。至是卒,追封南越王。

纲杨业败契丹于雁门,杀其将萧咄李。

目契丹兵十万寇雁门,业领麾下数百骑,自西陉出至雁门北口,南向击
之。契丹兵大败,杀其节度使、驸马侍中萧咄李。自是契丹畏业,每
望见旌旗即引去。主将多嫉之,或潜上谤书,帝皆不问,封其书付业。

纲冬十月,契丹寇瓦桥关②。十一月,帝自将御之,次于大名,契丹军退,
乃还。

目契丹主贤围瓦桥关,耶律休哥帅精骑渡水而战,宋军大败,休哥追至
莫州③。十一月,帝自将御之。时关南诸将已破契丹,帝次大名,诸将
复战于莫州,败绩。会契丹主引去,帝欲遂取幽州,李昉力陈其未可,
乃诏曹翰部署诸将而还。

_____

① 辽乾亨二年。
② 瓦桥关:在今河北雄县。
③ 莫州:治今河北任丘市。

帝既还京,议者皆言宜速取幽、蓟①。张齐贤上疏曰:"圣人举事,动在万全,百战百胜,不若不战而胜。自古疆场之难,非尽由戎狄,亦多边吏扰而致之;若缘边诸军,抚御得人,但使峻垒深沟,畜力养锐,以逸自处,则边鄙宁,而河北之民获休息矣。臣又闻:家六合者②,以天下为心,岂止争尺寸之土、角戎狄之势而已。是故圣人先本而后末,安内以养外,尧、舜王道无他,广推恩于天下之民尔。民既安利,则戎狄敛衽而至矣③。"

闫建飞 评注

李华瑞　高纪春 审定

———————

① 蓟:州名,治今天津蓟州区。
② 六合:天地四方,泛指天下。
③ 敛衽:整理衣襟,表示恭敬。

纲鉴易知录卷六五

　　卷首语:本卷起宋太宗太平兴国六年(981),止至道三年(997),所记为宋太宗朝后十七年史事。高梁河战败后,宋廷于雍熙三年(986)再次北伐失败,辽军接连南下报复;与此同时,李继迁叛宋,并逐渐成为宋西边大患。内政方面,本卷记载的重点是宰执任免。秦王廷美案、王小波李顺起兵及被镇压,也是这一时期的重要历史事件。

宋　纪

太宗皇帝

纲 辛巳,六年(太平兴国六年,981)①,春三月,皇子兴元尹德芳卒。

纲 夏六月,薛居正卒。

目 居正辅相十八年,宽简不苛察,众论贤之。因服丹砂遇毒,方奏事疾作,舆归遂卒②。帝亲临其丧,为之流涕。居正子惟吉,素无行,帝存问其家,因曰:"不肖子安在?颇改节否?不克负荷先业③,奈何!"惟吉伏丧侧,惧赧(nǎn)不敢起④。自是,尽革故态,读书,亲贤士,修饬为善。其后帝数委以大藩,所至称治。

纲 秋九月,罢左拾遗田锡。

目 时卢多逊专政,群臣章奏必先白多逊,然后敢通。又必于阁门署状⑤,云:"不敢妄陈利便,希望恩荣。"锡贻书多逊⑥,乞免署状,多逊不悦,出锡为河北南路转运副使。锡因入辞⑦,直进封事⑧,言朝

---

① 辽乾亨三年。
② 舆:用车载。
③ 克:能够。负荷:继承。
④ 赧:因羞愧而脸红。
⑤ 阁门:即阁门司,掌朝会宴幸、供奉赞相礼仪之事。
⑥ 贻:留。
⑦ 入辞:官员出京任职,离京前需按早朝程序,入宫向皇帝辞行。
⑧ 封事:密奏。

廷大体者四。其一：乞修德以来远，宜罢交州屯兵①。其二言：今谏官不闻廷争，给事中不闻封驳，左右史不闻升陛记言动②，御史不敢弹奏，中书舍人未尝访以政事，集贤院虽有书籍而无职官，秘书省虽有职官而无图籍，愿择才任之，使各司其局。其三言：辟西苑，广御池，而尚书省湫(jiǎo)隘③，郎官无本局，尚书无听事④，九寺、三监寓天街之两廊⑤，贡院就武成王庙⑥，是岂太平之制度邪！愿别修省寺，用列职官。其四言：按狱官令枷、杻、钳、锁皆有定式，今以铁为枷，于法所无，去之可也。帝览疏，优诏褒答，赐钱五十万。

纲 以赵普为司徒，兼侍中。

〔秦王廷美之狱〕

目 普奉朝请累年⑦，卢多逊益毁之，谓普初无立上意，普郁郁不得志。会晋邸旧僚柴禹锡、赵镕、杨守一告秦王廷美骄恣⑧，将有阴谋窃发。帝疑，以问普，普因言：“愿备枢轴⑨，以察奸变。”且自陈曰：“臣忝旧

---

① 交州：治今越南河内市。
② 升陛：升殿，即在皇帝左右。记言动：记录皇帝的言行举止。
③ 湫隘：居处低湿狭小。
④ 听事：即厅事，官署大厅。
⑤ 天街：御街，开封城南北中轴线。
⑥ 就：寄置于。
⑦ 奉朝请：闲散高官定期参加朝会。
⑧ 晋邸：宋太宗潜邸。
⑨ 枢轴：相位。

臣,为权幸所沮①。"遂备道预闻昭宪太后顾命②,及前朝上表自诉等事。帝发金匮,得誓书,及览普前表,因召见,谓曰:"人谁无过,朕不待五十,已知四十九年非矣。"乃拜普司徒,兼侍中③,封梁国公。

纲 以石熙载为枢密使。冬十一月,楚昭辅罢。

纲 女真遣使入贡。

纲 壬午,七年(982)④,春三月,罢秦王廷美为西京留守。夏四月,以柴禹锡为枢密副使。

目 或又告廷美欲因帝幸西池为乱⑤,遂罢廷美开封尹。以上变⑥,进禹锡枢密副使,杨守一枢密都承旨,赵镕东上阁门使。初,昭宪太后遗命太祖传位于帝,意欲帝传之廷美以及德昭,故帝即位之初,命廷美尹开封,而德昭、德芳等皆称皇子。及德昭不得其死,德芳相继夭殁,廷美始不自安。他日,帝以传国意访之赵普,普对曰:"太祖已误,陛下岂容再误。"廷美遂得罪。

纲 以窦偁(chēng)、郭贽参知政事。

目 初,帝尹开封,偁为判官,以推官贾琰(yǎn)佞谀,于坐叱之曰:"贾氏子巧言令色,岂不愧于心哉!"众皆失色。帝因重偁之直,至是谓偁

---

① 权幸:指宰相卢多逊。
② 顾命:指金匮之盟、宋太祖兄弟相传之事。
③ 侍中:门下省长官,宰相。
④ 辽乾亨四年。
⑤ 西池:金明池,在今河南开封市西。
⑥ 上变:向朝廷告发谋反等非常事变。

曰："赏卿之叱贾琰也。"

纲 勒秦王廷美就第，流卢多逊于崖州。

目 赵普复相，多逊不自安，普屡讽令引退①，而多逊贪固权位，不能决。
会普廉得多逊交通秦王事②，帝大怒，责授兵部尚书，越二日下御史
狱，命翰林承旨李昉等杂治之。多逊具状："累遣中书守堂官赵白以
机事密告廷美。且云：'愿宫车晏驾③，尽力事大王。'廷美亦遣小吏
樊德明报多逊云：'承旨言，正会我意。'因遗之弓箭，多逊受之。"狱
上，诏文武集议，王溥等奏："廷美、多逊诅咒怨望，大逆不道，宜正刑
章。"诏削夺多逊官爵，流崖州，并徙其家属期(jī)亲于远裔④。赵白、
樊德明等悉斩于都门外。廷美勒归私第。

纲 沈伦罢。

纲 五月，贬秦王廷美为涪陵县公，安置房州⑤。

目 赵普又以廷美居西京非便，讽知开封府李符上言："廷美不悔过而怨
望，乞徙远郡，以防他变。"诏降封廷美为涪陵县公，房州安置。普又
恐符言泄，乃坐符他事，贬宁国司马⑥。

————————————

① 讽令：婉言劝使。
② 廉：查访。交通：结交、来往。
③ 宫车晏驾：指皇帝去世。
④ 期亲：服丧一年的亲属。远裔：边远地区。
⑤ 安置：宋时官吏贬谪，轻者送某州居住，重者称安置，更重者称编管，安置即限制居住。
⑥ 宁国：藩镇军号，治宣州，今安徽宣城市。

〔李继捧献银夏绥宥四州，李继迁叛宋之始〕

纲 定难留后李继捧入朝①，献银、夏、绥、宥(yòu)四州②。六月，继捧弟继
　　迁叛走地斤泽③。

目 夏州自李思恭以来，未尝亲朝中国④，至是继捧率其族入朝，帝嘉之，
　　赐赉甚厚。继捧陈其诸父、昆弟多相怨恨，乞纳其境内夏、绥、银、宥
　　四州，留京居之。帝为遣使如夏州⑤，护缌麻已上亲赴阙⑥，以曹光实
　　为四州都巡检使。

　　时继捧族弟定难军都知蕃落使继迁留居银州，闻使至，乃诈言乳母
　　死，出葬于郊，遂与其党数十人奔入地斤泽，出其祖像以示戎人，戎人
　　拜泣，从者日众。泽距夏州东北三百里。

纲 秋九月，契丹耶律贤死，子隆绪立。

纲 冬十一月，以李继捧为彰德节度使⑦。

目 帝尝问继捧曰："汝在夏州用何道以制诸部？"对曰："羌人鸷(zhì)
　　悍⑧，但羁縻而已，非能制也。"

---

① 定难：藩镇军号，治夏州。
② 银：州名，治今陕西榆林市横山区。绥：州名，治今陕西绥德县。
③ 地斤泽：在今内蒙古乌审旗东北。
④ 中国：中原王朝。
⑤ 如：去，往。
⑥ 缌麻：指服丧三个月的亲属，孝服用细麻布制成。
⑦ 彰德：藩镇军号，治相州，今河南安阳市。
⑧ 鸷悍：凶猛强悍。

纲 癸未，八年（983）①，春正月，罢枢密使曹彬，以王显、弈德超为枢密副使。

目 酒坊使弈德超有宠于帝，觊代曹彬之位，乃自镇州乘传以急变闻②，曰："彬秉政久，得士心，将为不利。"且诬以事为征，帝信之。郭贽极言救解，不听，遂出彬为天平节度使，而以显、德超并为副使。

纲 二月，以宋琪参知政事。

纲 三月，宴进士于琼林苑。

目 帝亲试礼部贡士于讲武殿，始分三甲，锡宴于琼林苑，宠之以诗，遂为定制。

纲 夏四月，弈德超有罪，流琼州③。

目 德超以不得枢密使，怨望，居常快快。一日诟王显、柴禹锡曰："我言国家大事，有安社稷功，止得线许大官④，汝等何人，反在吾上。我实耻之！"言颇侵帝。显奏之，诏鞫问，德超具伏，遂夺官秩，禁锢琼州而死⑤。帝始悟曹彬之诬，待之加厚。

纲 六月，以王显为枢密使。

目 帝语显曰："卿世家本儒，少遭兵乱失学，今典机务，无暇博览群书，能

----

① 辽乾亨五年、统和元年。
② 传：驿站车马。
③ 琼州：治今海南海口市琼山区。
④ 线许大：丝线般细小。
⑤ 禁锢：严格限制。

熟读《军戒》三篇,亦可免于面墙①。"因取赐之。

纲 秋七月,郭贽免,以李昉参知政事。八月,石熙载罢。

纲 冬十月,以姚坦为益王府翊善。

目 王,帝第五子元杰也。尝作假山,召僚属置酒,众皆褒美,坦独俯首。王强使视之,坦曰:"但见血山,安得假山。"王惊问故,坦曰:"坦在田舍时,见州县督税,上下相急,父子兄弟鞭笞苦楚,血流满身。此假山皆民租所出,非血山而何!"时帝亦为假山未成,闻之亟毁焉。王每有过失,坦辄尽言规正。左右教王称疾,帝忧甚,召乳母问状。乳母曰:"王本无疾,徒以姚坦检束,不得自便耳。"帝怒曰:"吾选端士辅王为善,今乃使我逐正人! 王年少,岂解此也,必尔辈教之。"杖乳母于后园,召坦慰谕之。

〔赵普罢相〕

纲 赵普罢。

目 普罢为武胜军节度使②,帝作诗饯之,赐宴长春殿。普奉诗泣曰③:"陛下赐臣诗,当刻石与臣朽骨同葬泉下。"帝为之动容。翌日,帝谓宰相曰:"普有功国家,朕昔与游,今齿发衰矣,不欲烦以枢务,择善地处之。因诗以导意,普感激泣下,朕亦为之堕泪。"宋琪对曰:"昨普至

---

① 面墙:比喻不学而识见浅薄。
② 武胜军:藩镇军号,治邓州。
③ 奉:恭敬地用手捧着。

中书,执御诗涕泣,谓臣曰:'此生余年,无阶上答①,庶希来世,得效犬马力。'臣昨闻普言,今复闻宣谕,君臣始终,可谓两全。"

|纲| 十一月,以宋琪、李昉同平章事,李穆、吕蒙正、李至参知政事,张齐贤、王沔(miǎn)签书枢密院事。

|目| 昉初与卢多逊善,多逊屡谮昉,人或以告,昉曰:"卢与我厚,不当尔。"帝尝语及多逊事,昉颇为解释。帝曰:"多逊居常毁卿不直一钱②。"昉始悟。帝由此益重之,遂与琪并相。

帝又谓蒙正曰:"古所谓君臣道合者,情无间耳。凡士未达,见当世之务戾于理者③,则怏怏于心;及列于位,得以献可替否,当尽其所蕴。言或未中,亦当佥(qiān)议而更之④,俾(bǐ)协于道⑤。朕固不以崇高自恃,使人不敢言也。"蒙正初入朝堂,有朝士指之曰:"此子亦参政邪?"蒙正佯为不知而过之。同列不能平,诘其姓名⑥,蒙正遽止之曰:"若一知其姓名,则终身不能忘,不若弗知之为愈。"时人服其量。

|纲| 以吕文仲为翰林侍读⑦,王著为侍书⑧。

―――――――――

① 无阶:没有门径。
② 居常:平时,经常。
③ 戾:违背。
④ 佥议:共同商议。
⑤ 俾:使。
⑥ 诘:追问。
⑦ 翰林侍读:为皇帝讲学的经筵官。
⑧ 侍书:为皇帝讲解书法的学官。

〔开卷有益〕

目帝勤于读书,自巳至申①,然后释卷。诏史馆修《太平御览》一千卷,日进三卷。宋琪以劳瘁谏,帝曰:"开卷有益,不为劳也。朕欲周岁读遍是书耳。"每暇日则问文仲以经义,著以笔法②。

纲甲申,雍熙元年(984)③,春正月,求遗书。

目时三馆所贮,遗帙(zhì)尚多,乃诏募中外,有以书来上,及三百卷,当议甄录酬奖④,余第卷帙之数,等级优赐,不愿送官者,借其本写之。由是四方之书间出矣。

纲涪陵公廷美以忧卒。

目廷美至房州,忧悸(jì)成疾⑤,薨,年三十八。追封涪王,谥曰悼,以其子德恭、德隆为刺史。

纲李穆卒。

目帝临其丧,哭谓侍臣曰:"穆操履纯正,真不易得。朕方倚用,遽尔沦没,非穆之不幸,乃朕之不幸也!"

纲夏四月,群臣请封禅,许之。五月,乾元、文明殿灾。六月,诏求直言,罢封禅。

————————

① 巳:上午九点至十一点。申:下午三点至五点。
② 笔法:书法技巧。
③ 辽统和二年。
④ 甄:审查,鉴别。
⑤ 忧悸:忧惧而心惊胆战。

目帝既诏以十一月有事于泰山，命翰林学士扈蒙等详定仪注矣。五月，乾元、文明二殿灾，诏求直言，遂罢封禅。

知睦州田锡上疏①，略曰："给事中不得其人，左右补、遗不举其职②，致陛下有朝令夕改，舍近谋远之事。"又言："时久升平，天下混一，故左取右奉，致陛下以功业自多。然临御九年，四方虽宁，而刑罚未甚措，水旱未甚调，陛下谓之太平，谁敢不谓之太平！陛下谓之至理，谁敢不谓之至理！"又言："宰相若贤，当信而用之，宰相非贤，当择而任之。何以置之为具臣③，而疑之若众人也。"

纲冬十月，华山隐士陈抟入朝。

目帝之即位也，召抟入见，待之甚厚，至是复至。帝谓宰臣曰："抟独善其身，不干势利，方外之士也。"遣中使送至中书。宋琪等从容问曰："先生得玄默修养之道，可以教人乎？"抟曰："抟山野之人，于时无用，亦不知神仙黄白之事④，吐纳养生之理，非有方术可传。假令白日上升⑤，亦何益于世！今圣上龙颜秀异，有天日之表，博达古今，深究治乱，真有道仁圣之主也。正君臣协心同德、兴化致治之秋，勤行修炼，无出于此。"琪等以闻，帝益重之，赐号希夷先生。还华山，寻卒。

纲知夏州尹宪袭李继迁，破走之。

① 睦州：治今浙江建德市。
② 补遗：补阙、拾遗。
③ 具臣：备位充数之臣。
④ 黄白之事：方士烧炼丹药、点化金银的法术，古人以为服食后可以飞升成仙。
⑤ 上升：飞升成仙。

纲 十二月，立妃李氏为皇后。

纲 赐京师大酺(pú)三日①。

纲 乙酉，二年(985)②，春二月，李继迁诱杀都巡检使曹光实，遂袭银州据之。

纲 遣知秦州田仁朗等将兵讨李继迁③。

纲 夏四月，江南饥。

纲 宴群臣于后苑。

目 先是，帝召宰相近臣赏花于后苑，谓之曰："春风暄和，万物畅茂，四方无事，朕以天下之乐为乐，宜令侍从词臣赋诗。"至是召辅臣、三司使、翰林、枢密直学士、尚书省四品、两省五品以上④、三馆学士，宴于后苑，赏花钓鱼，命群臣赋诗。因习射水心殿。赏花曲宴自此始。

纲 征田仁朗还。五月，副将王侁(shēn)击李继迁走之，银、麟、夏州蕃内附⑤。

纲 秋九月，废楚王元佐为庶人。

目 元佐，帝长子，少聪警，貌类帝，帝钟爱之。廷美迁房州，元佐尝力救。

---

① 大酺：大宴饮。
② 辽统和三年。
③ 秦州：治今甘肃天水市。
④ 两省：中书省、门下省。
⑤ 麟：州名，治今陕西神木市。

及廷美死,遂发狂疾,至以小过操梃刃伤侍人①。疾少间②,帝为赦天下。会重九,诏诸王宴射苑中,元佐以新瘥(chài)不预③。及诸王宴归,暮过元佐,元佐恚(huì)曰④:"若等侍上宴⑤,我独不预,是弃我也。"因发愤被酒⑥,夜纵火焚其宫。帝大怒,废为庶人,均州安置⑦。宋琪率百官三上表,请留之京师,帝许之,召还,居于南宫。

纲　遣使如高丽。

目　时议伐契丹,以高丽与之接壤,数为所侵,命韩国华赍诏,谕令发兵西会。高丽迁延未即奉诏,国华屡移檄督之,得报发兵,乃还。

纲　冬十二月,宋琪、柴禹锡免。

〔宋二次北伐契丹〕

纲　丙戌,三年(986)⑧,春正月,以曹彬、田重进、潘美等为都部署,将兵伐契丹。

目　初,贺怀浦将兵屯三交⑨,好议边事,与其子知雄州令图上言⑩:"契丹

---

① 梃:棍棒。
② 间:病愈。
③ 瘥:病愈。
④ 恚:愤恨。
⑤ 若等:你们。
⑥ 被酒:带有几分酒意或醉意。
⑦ 均州:治今湖北丹江口市。
⑧ 辽统和四年。
⑨ 三交:城名,在今山西太原市北。
⑩ 雄州:治今河北雄县。

主少,母后专政,宠幸用事,请乘其衅以取燕蓟①。"帝信之,以曹彬为幽州道行营都部署,崔彦进副之;米信为西北道都部署,杜彦圭副之,出雄州;田重进为定州路都部署,出飞狐②;潘美为云、应、朔等州都部署③,杨业副之,出雁门④。

纲李至罢。

纲二月,李继迁降契丹。

目契丹以为定难节度使,都督夏州诸军事。

纲三月,曹彬取涿州。

纲田重进败契丹兵于飞狐。

纲潘美取寰、朔、应、云州⑤。

纲夏四月,田重进取蔚(yù)州⑥。

〔岐沟关之战〕

纲五月,曹彬引兵退,与契丹耶律休哥战于岐沟⑦,败绩。

---

① 燕:幽州,治今北京市。
② 飞狐:飞狐陉,太行八陉之一,今河北蔚县与易县之间。
③ 云:州名,治今山西大同市。应:州名,治今山西应县。
④ 雁门:关名,在今山西代县。
⑤ 寰:州名,治今山西朔州市东。
⑥ 蔚州:治今河北蔚县。
⑦ 岐沟:关隘名,在今河北涿州市西南。

纲契丹复陷蔚、寰州。

纲潘美副将杨业进兵击契丹,败绩,转战至陈家谷①,死之。契丹复陷
　　云、应、朔诸城。

纲六月,以辛仲甫参知政事。

纲秋七月,贬曹彬为右骁卫上将军。

纲以张齐贤知代州。

目帝以杨业死,访近臣可知代州者。时齐贤以言事颇忤帝意,因请行,
　　乃命与潘美同领缘边兵马。

纲八月,以王沔、张宏为枢密副使。

纲冬十二月,契丹隆绪大举入寇,瀛州部署刘廷让与战②,败绩。契丹诱
　　执知雄州贺令图,遂掠邢、深、德州③。

纲张齐贤败契丹于代州。

目契丹薄代州城,副部署卢汉赟畏懦,保壁自固。齐贤选厢军二千出御
　　之,誓众感慨,无不一当百,契丹少却。先是,齐贤遣使约潘美以并师
　　来会战④,使为契丹所执,俄而美使至,云:"师出至柏井⑤,得密诏,云

① 陈家谷:在今山西朔州市西南。
② 瀛州:治今河北河间市。
③ 邢:州名,治今河北邢台市。
④ 并师:驻扎在并州太原府的军队。
⑤ 柏井:今山西阳曲县东北柏井村。

'东路王师败衄(nù)①,并之全军不许出战',已还州矣。"

时契丹兵塞川,齐贤曰:"敌知美来而不知美退。"乃闭美使室中。夜发兵二百,人持一帜、负一束刍,距州西南三十里,列帜燃刍。契丹遥见火光中有旗帜,意谓并师至,骇而北走。齐贤先伏步卒二千于土镫寨掩击②,大败之,斩首数百,获马二千,器械无算。

纲 丁亥,四年(987)③,夏四月,张宏免,以赵昌言为枢密副使。

纲 戊子,端拱元年(988)④,春正月,亲耕藉田,赦。

纲 二月,改补阙、拾遗为司谏、正言。

目 旧制,台谏有名而不得行其职,帝以失建官本意,故更以新名。

纲 李昉罢。

目 布衣翟颖,性险诞⑤,与知制诰胡旦狎⑥,旦为作大言,使颖上之,且改颖名曰马周,以为唐马周复出也。于是颖击登闻鼓,讼昉居宰相位,当北方有事之时,不为边备,徒知赋诗宴乐。帝由是厌昉,遂罢为右仆射。昉和厚多恕,在位小心醇谨,每有求进用者,虽知其材可取,必正色绝之,已而擢用;或不足用,必和颜温语待之。子弟问其故,昉曰:"用贤,人主之事,若受其请,是市私恩也,故峻绝之,使恩归于上。若不

---

① 衄:失败。
② 土镫寨:据《长编》卷二七应作"土墱寨",在今山西宁武县东北。
③ 辽统和五年。
④ 辽统和六年。
⑤ 险诞:奸邪虚妄。
⑥ 狎:亲近。

用者,既失所望,又无善辞,取怨之道也。"

纲以赵普为太保,兼侍中,吕蒙正同平章事。

目帝欲相吕蒙正,以其新进,藉赵普旧德为之表率。会普以籍田入朝,帝遂留为太保兼侍中。蒙正质厚宽简,有重望,以正道自持,遇事敢言。每论时政,有未允者必固称其不可,帝嘉其无隐,故与普并命。普开国元老,蒙正以后进历官一纪,进同相位,普雅重之。

纲以王沔参知政事,张宏为枢密副使,杨守一签书枢密院事。

纲夏五月,作秘阁。

目诏就崇文院中堂建秘阁,分三馆书籍置其中,以吏部侍郎李至兼秘书监。帝谓至曰:"人君当淡然无欲,勿使嗜好形见于外,则奸佞无自入。朕无他好,但喜读书,多见古今成败,善者从之,不善者改之,如斯而已矣。"至每与李昉、王化基观书阁下,帝必遣使赐宴,且命三馆学士皆预焉。

纲以李继捧为定难节度使,赐姓名赵保忠。

目李继迁侵扰日甚,赵普复请命继捧镇夏州。帝召见,加赐而遣之,且谓曰:"若继迁归款①,当授以官也。"

纲郑州团练使侯莫陈利用有罪②,赐死。

目利用以幻术得幸,骄恣不法,居处服御僭拟乘舆。赵普按其十罪③,既

① 归款:归顺。
② 侯莫陈:姓。
③ 按:查验。

命配商州,普复力请诛之。帝曰:"岂有万乘之主,不能庇一人乎。"普曰:"陛下不诛,则乱天下法。法可惜,此一竖子何足惜哉!"帝不得已,命诛之,已而复遣使贷之。使至新安,马旋泞而踣(bó)①,及出泞易马,至商州,已磔(zhé)于市矣②。闻者快之。

纲 秋八月,邓王钱俶卒。

目 俶薨,辍朝七日,追封秦国王,谥忠懿,命中使护丧葬洛阳。自镠至俶,世有吴越,而俶任太师、尚书令兼中书令者四十年,为天下兵马大元帅者三十五年。既以地归朝,四徙大国,善始令终,穷极富贵,福履之盛③,近代无比。

纲 九月,契丹复陷涿州。冬十一月,遂入祁州④。

纲 己丑,二年(989)⑤,春正月,契丹陷易州⑥,迁其民于燕。

目 时契丹屡寇边,诏群臣上备戎策。张洎言:"中国御戎,惟恃险阻。今自飞狐以东皆为契丹所有,既失地利,而河朔列壁,皆具城自固,莫可出战,此又分兵之过也。请于沿边建三大镇,各统十万之众,鼎峙而守,仍命亲王出临魏府以控其要⑦,则契丹虽有精兵,岂敢越而南侵。制敌之方,尽于此矣。"宋琪言:"兵,凶器,圣人不得已而用之。若选

①　泞:泥淖。踣:跌倒。
②　磔:分尸。
③　福履:福禄。
④　祁州:治今河北安国市。
⑤　辽统和七年。
⑥　易州:治今河北易县。
⑦　魏府:大名府,治今河北大名县。

使通好,弭战息民①,此亦策之得也。"李昉、王禹偁亦多以修好为言,帝嘉纳之。

纲自三月不雨,至于夏五月。

目诏录系囚,遣使分诸路决狱。

纲秋七月,以张齐贤为枢密副使,张逊签书枢密院事。

目齐贤复入枢密,赵普荐之也。

纲彗星出东井。八月,赦。

目司天言妖星为灭契丹之象。赵普上疏谓:"此邪佞之言,不足信。"帝避殿减膳,大赦。

纲作开宝寺塔。

目藏佛舍利也。高三百六十尺,费亿万计,逾八年始成。知制诰田锡尝上疏云:"众谓金碧荧煌,臣以为涂膏衅血②。"帝亦不怒。

〔徐河之战〕

纲都巡检使尹继伦袭契丹耶律休哥于徐河,大败之。

目朝廷闻契丹复至,遣李继隆发镇、定兵万余,护送粮馈数千乘,趋威虏③。休哥闻之,帅精骑数万邀诸途④。北面都巡检使尹继伦适领兵

————————

① 弭:停止。
② 衅血:古代用牲畜的血涂器物的缝隙。
③ 威虏:军名,治今河北保定市徐水区西。
④ 邀:拦截,阻击。

徼(jiào)巡,路遇之①,休哥不顾而南,继伦曰:"寇蔑视我耳。彼捷还,则乘胜而驱我北去;不捷,亦且泄怒于我,将无遗类矣。为今日计,当卷兵衔枚以蹑之②。彼锐气前趋,不虞我之至,力战而胜,足以自树;纵死,犹不失为忠义,岂可泯然为胡地鬼乎!"众皆愤激从命。继伦令秣(mò)马,俟夜,人持短兵潜蹑其后,行数十里,至徐河,天未明。休哥去大军四五里,会食讫,将战,继隆方阵于前以待,继伦从后急击,杀契丹一大将,众皆惊溃。休哥方食,失箸,为短兵中其臂,创甚,乘善马先遁,余众引去。契丹为之夺气,自是不敢大入寇。每相戒曰:"当避黑面大王。"以继伦黑面,故云。

纲 大旱。

目 自秋徂(cú)冬不雨③。田锡上言:"此实阴阳失和,调燮倒置④。上侵下之职,而烛理未尽⑤;下知上之失,而规过未能。"疏入,帝及宰臣皆不悦,出锡知陈州⑥。

纲 庚寅,淳化元年(990)⑦,春正月,赵普罢。

纲 夏四月,诏贷江州义门陈兢粟。

---

① 徼:巡逻。
② 卷兵:收起兵械。衔枚:古代行军袭敌时,令军士把箸横衔在口中,以防喧哗。蹑:追踪。
③ 徂:至。
④ 燮:谐和。
⑤ 烛理:明察事理。
⑥ 陈州:治今河南周口市淮阳区。
⑦ 辽统和八年。

目 兢，陈宜都王叔明之后，九世同居，长幼凡七百口，不畜仆妾，上下姻睦，人无间言。每食必群坐广堂，未成人者别为一席。有犬百余，共一牢食①，一犬不至，群犬亦皆不食。唐僖宗及南唐时旌其门，开宝初免徭役。至兢，子侄益众，常苦乏食，知州康戬(jiǎn)言于朝，诏本州每岁贷粟二千石。

纲 冬十二月，契丹封李继迁为夏王。

纲 辛卯，二年(991)②，春，旱、蝗。

目 时连岁旱、蝗，是年尤甚，祷雩(yú)无应③，帝手诏宰相曰：“朕将自焚以答天谴。”翌日，大雨，蝗尽死。

纲 闰二月，辛仲甫罢。

纲 夏四月，以张齐贤、陈恕参知政事，张逊、温仲舒、寇准为枢密副使。

目 初，准为枢密直学士，尝奏事殿中，语不合，帝怒起，准辄引帝衣请复坐，事决乃退，帝嘉之。及旱蝗，帝召近臣问以得失，众以“天数”对。准曰：“《洪范》天人之际，应若影响。大旱之证，盖刑有所不平也。”帝怒，起入禁中。顷之，复召准，问以不平状。准曰：“愿召二府至④，臣即言之。”二府入，准乃曰：“顷者祖吉、王淮皆侮法受赇⑤。吉赃少，乃伏诛；淮以参政沔之弟，盗主守财至千万，止杖之，仍复其官。

---

① 牢：狗圈。
② 辽统和九年。
③ 雩：祈雨的祭祀。
④ 二府：中书门下、枢密院。
⑤ 赇：贿赂。

非不平而何?"帝以问沔,沔顿首谢。于是切责沔,而以准为可大任,遂有是命。

纲 张宏罢。

纲 五月,以谢泌为左司谏。

目 上修正殿,颇施彩绘。泌为右正言,因对陈其事。即日命代以赭(zhě)垩(è)①,赐泌金紫②,拜左司谏。泌入谢曰:"陛下从谏如流,故臣得以尽诚。如唐末孟昭图者,朝上谏疏,暮不知所在,如此安得不乱!"帝动容久之。

纲 置诸路提刑官。

纲 六月,忠武节度使、韩公潘美卒。

纲 秋七月,李继迁请降,以为银州观察使,赐姓名赵保吉。

纲 八月,置审刑院。

目 帝虑大理、刑部吏舞文巧诋③,乃置审刑院于禁中,以李昌龄知院事。置详议官六员,凡狱上奏,先达院印讫,付大理、刑部断覆以闻,乃下院详议,申覆裁决讫,以付中书省行之;其未允者,宰相覆以闻,始命论决。

纲 九月,王沔、陈恕、吕蒙正罢。

---

① 赭:赤土。垩:白土。
② 金紫:金鱼袋及紫衣,唐宋高级官员的佩饰服色。
③ 舞文巧诋:利用文书法令舞弊,诋毁构陷。

目吕蒙正为首相,以宽简居位,政事多决于沔。沔听察敏辩,有适时材,然性苛刻少诚,谒见者必啖以甘言①,既而进退非允②,人胥怨之。又素与张齐贤、陈恕不协,及二人参知政事,沔不自安,虑僚属有以中书旧事告齐贤、恕者。会司谏王禹偁言:"宰相、枢密不得于本厅见客,许于都堂延接,以杜私请。"沔喜,即奏行之。司谏谢泌以为:"如此,是疑大臣以私也。"疏驳之,帝追还前诏,沔遂罢。

时帝怒户部使樊知古所部不治,恕闻,密以语之,觊其修举③。知古诉于帝,帝怒恕漏言,亦坐免。

度支判官宋沆(hàng)伏阁奏疏,请立太子,词意狂率。帝怒,贬沆,而沆乃蒙正妻族也,遂罢蒙正为吏部尚书。

时三日之间,连罢三相,因有奏毁者,帝语之曰:"蒙正有大臣体,沔甚明敏。"毁者惭而止。

纲以李昉、张齐贤同平章事,贾黄中、李沆参知政事。

目初,黄中再典贡部,多拔寒畯(jùn)④,及掌吏部选,除拟精当。沆尝侍宴,上目送之曰:"风度端凝,真贵人也。"至是并拜。

纲王显免,以张逊知枢密院事⑤,温仲舒、寇准同知院事⑥。

纲冬十月,赵保忠叛降契丹,契丹封为西平王。

---

① 啖:引诱。

② 允:公平得当。

③ 觊:希望。

④ 寒畯:出身寒微而才智出众者。

⑤ 知枢密院事:枢密院长官。

⑥ 同知院事:枢密院副长官。

纲 女真请伐契丹，不许。

纲 十一月，以毕士安为翰林学士。

目 先是翰林学士承旨苏易简续《翰林志》二卷以献，帝嘉之，赐诗二章，
又飞白书"玉堂之署"四字①，令榜于厅额，曰："永为翰林美事。"于是
知制诰范杲(gǎo)献《玉堂记》，请备其职。帝恶其躁竞，出知濠州②，
乃以士安为学士。执政欲用谏议大夫张洎，帝曰："洎文学、资任不下
士安，第德行不及耳。"

纲 壬辰，三年(992)③，夏六月，置常平仓于京师。

目 先是旱，大蝗，诏遣使决诸州狱。五月，雨，蝗尽殪(yì)④。至是京畿
谷贱，帝遣使增价籴贮之⑤，俟岁饥则减价粜⑥，名曰"常平仓"，遂为
永制。

〔半部《论语》治天下〕

纲 秋七月，赵普卒。

目 普卒，年七十一。帝闻之震悼，谓近臣曰："普能断大事，尽忠国家，真
社稷臣也。"

---

① 飞白：一种书法。
② 濠州：治今安徽凤阳县。
③ 辽统和十年。
④ 殪：死。
⑤ 籴：买进粮食。
⑥ 粜：卖出粮食。

普性深沉,有岸谷①。少习吏事,寡学术,及为相,太祖劝以读书,遂手不释卷,每归私第,阖户启箧,取书诵之竟日②。及次日临政,处决如流。既卒,家人发箧视之,则《论语》二十篇也。

纲 召终南隐士种(chóng)放,不至。

目 放,洛人,沉默好学,隐居终南,以讲习为业,从学者众,资以养母。母亦能乐道,薄滋味。放不喜浮图③,尝裂佛经以制帐帷。所著有《蒙书》及《嗣禹说》。转运使宋惟幹言其才行,诏使召之。其母恚曰:"常劝汝勿聚徒讲学,身既隐矣,何用文为? 果为人知,而不得安处。我将弃汝深入穷山矣!"放乃称疾不起。其母尽取其笔砚焚之,与放转居穷僻,人迹罕至。帝嘉其节,命有司时加存问。

纲 癸巳,四年(993)④,春二月,置审官院。

目 初,帝虑中外官吏清浊混淆,命官考课,号磨勘院,至是改为审官院,掌审京朝官⑤。其幕职州县官,别置考课院主之。

〔王小波起兵〕

纲 青神民王小波作乱。

目 初,蜀亡,其府库之积悉输汴京,后任事者竞起功利,于常赋外更置博

---

① 岸谷:高岸深谷,指不平易近人。
② 竟日:整天。
③ 浮图:佛教。
④ 辽统和十一年。
⑤ 京朝官:京官和朝官。朝官指定期朝参的官员,京官指居于朝官和幕职州县官之间、较清要的低级文官,不一定在京。

买务①,禁商贾不得私市布帛。蜀地狭民稠,耕稼不足以给,由是小民贫困,兼并者益籴贱贩贵以规利②。青神民王小波因聚众为乱,且曰:"吾疾贫富不均,今为汝均之!"贫者争附。遂攻青神,掠彭山,杀县令齐元振,剖其腹,实之以钱,恶其诛求无厌也。贼党由是愈炽,旁邑响应。

纲 三月,以何承矩为河北屯田制置使。

纲 夏五月,以钱若水为翰林学士。

目 帝谓侍臣曰:"学士之职,亲切贵重,非他官可比,朕常恨不得为之。"又曰:"士之学古入官,遭时得位,纡(yū)朱拖紫③,足以为荣矣,得不竭诚以报国乎。"若水对曰:"高尚之士不以名位为光宠,忠正之士不以穷达易志操。其或以爵禄位遇之故,而效忠于上,中人以下者之所为也。"

纲 六月,张齐贤罢,以吕端参知政事。

纲 以向敏中、张咏同知银台通进司④。

目 二司旧隶枢密院,至是始以敏中、咏同知司事,隶门下,主视章奏案牍,以稽出入⑤,盖给事中之职也。

---

① 博买务:垄断收购民间物产的机构。
② 规:谋求。
③ 纡:系,结。
④ 银台通进司:银台司和通进司。银台司掌抄录天下奏状案牍事目进呈,通进司掌接受银台司所领章奏案牍及文武近臣奏疏进呈。
⑤ 稽:考核。

纲张逊、寇准免，以柴禹锡知枢密院事，刘昌言同知院事。

目逊素与准不协。一日，准与温仲舒并辔晚归，有狂民迎马首呼万岁，街使王宾与逊雅相厚，因奏民迎准拜呼万岁。准自辨云："实与仲舒同行，而逊令宾独奏臣。"因互发其私，帝恶之，乃左降逊为右领军卫将军，出准知青州。准既罢，帝念之不置，语左右曰："寇准在青州乐乎？"左右揣帝意且复召用，因对曰："陛下思准不少忘，闻准日纵酒，未知亦念陛下否？"帝默然。

纲秋九月，大水。冬十月，河决澶(chán)州①。

纲李昉、贾黄中、李沆、温仲舒罢。

纲以吕蒙正同平章事，苏易简、赵昌言参知政事，赵镕、向敏中同知枢密院事。

目蒙正尝因召对论及征伐，帝曰："朕比年征讨，盖为民除暴，苟好功黩武，则天下之人燼(jiān)亡尽矣②。"蒙正对曰："治国之要，在内修政事，则远人来归，自致安静。"帝然之。

易简在翰林八年，帝待之若宾友。旧制，欲授台辅，必使天下稔其名望③，而后正位。易简以亲老急于进用，因亟言时政得失④，遂入政府⑤。自是帝不复有款接意，但正色责吏事而已，易简悔之。

_____

① 澶州：治今河南濮阳市。
② 燼：灭亡。
③ 稔：熟悉。
④ 亟：屡次。
⑤ 政府：宰相机构中书门下。

时西北用兵,枢机之任,专主谋议。敏中明辨,有才略,遇事敏速,凡二边道路、斥候、走集之所①,莫不周知。帝器之。

纲 闰月,以陈恕为三司总计使。

目 时复置三司使,而罢盐铁、户部、度支三使。分天下郡县为十道,曰河南②,河东③,关西④,剑南⑤,淮南⑥,江南东、西⑦,浙东、西⑧,广南⑨。以京东为左计⑩,西为右计。恕为总计使,魏羽为左计使,董俨为右计使,中分十道以隶焉,而各道则署判官以领其事,凡涉计度者三使通议之。恕言:"官司各建,政令互出,难以经久。"帝不听。

纲 十二月,王小波死,其党李顺陷蜀、邛(qióng)州、永康军⑪。

纲 甲午,五年(994)⑫,春正月,李顺陷成都,以宦者王继恩为两川招安使,讨之。

纲 赵保吉寇灵州⑬,以李继隆为河西都部署,讨之。

---

① 走集:边界要塞,交通要冲。
② 河南:道名,今河南、山东一带。
③ 河东:道名今山西一带。
④ 关西:道名,今陕西、甘肃东部一带。
⑤ 剑南:道名,今四川、重庆一带。
⑥ 淮南:道名,长江、淮河之间,今安徽、江苏两省中部一带。
⑦ 江南东:道名,今安徽、江苏两省南部一带。江南西:道名,今江西一带。
⑧ 浙东:道名,今浙江东部一带。浙西:道名,今浙江西部、江苏南部一带。
⑨ 广南:道名,今广东、广西、海南一带。
⑩ 京东:京城开封以东。
⑪ 蜀:州名,治今四川崇州市。邛州:治今四川邛崃市。永康军:治今四川都江堰市。
⑫ 辽统和十二年。
⑬ 灵州:治今宁夏吴忠市北。

纲 三月,李继隆入夏州,执赵保忠赴京师。

纲 夏四月,削赵保吉姓名,堕(huī)夏州城①。

纲 置起居院。

目 右谏议大夫张佖(bì)请置起居院,修左右史之职为起居注与时政记,逐月终送史馆,以备修日历。上嘉之,乃置院于禁中,命梁周翰等掌其事。周翰请以所撰先进御,后付史馆,从之。起居注进御始此。

纲 五月,王继恩复成都,获李顺诛之,其党张余复陷嘉、戎诸州②。

纲 秋八月,以王继恩为宣政使③。

目 中书以继恩讨蜀寇功,欲除宣徽使,帝曰:"朕读前代史,不欲令宦官预政。宣徽使,执政之渐也,止可授以他官。"宰相力言继恩有大功,非此不足以赏。帝怒,深责之,乃命学士张洎、钱若水议,别立宣政使以授之。

纲 以张咏知益州。

目 王继恩、上官正、宿翰等总兵讨贼,渐有成功,顿师不进④,专务饮博,其下恣横剽掠,余寇势复张大。咏至,勉正等亲行,临发举酒属军校曰⑤:"尔曹蒙国家厚恩,此行当平荡丑类,若老师旷日⑥,即此地还为

① 堕:同"隳",毁坏。
② 戎州:治今四川宜宾市。
③ 宣政使:授予高级别宦官的阶官。
④ 顿师:按兵不动。
⑤ 属:劝酒。
⑥ 老师:兵士疲劳,士气低落。

尔死所矣!"正由是决行深入,大致克捷。

时寇掠之际,民多胁从,咏谕以恩信,使各归田里。且曰:"前日李顺胁民为贼,今日吾化贼为民,不亦可乎。"其为政恩威并用,蜀民畏而爱之。先是城中屯兵尚三万人,无半月之食,咏知民间旧苦盐贵,而廪有余积,乃下其估①,听民以米易盐。未逾月,得米数十万斛。咏度有二岁备,乃奏罢陕西粮运。帝闻之,喜曰:"此人何事不能了,吾无忧矣!"

纲 九月,以襄王元侃为开封尹,进封寿王。

目 帝在位久,储贰未定,冯拯等上疏言之。帝怒,斥之岭南②,中外无敢复言者。寇准自青州召还,入见,帝曰:"朕诸子孰可以付神器者③?"准曰:"陛下为天下择君,谋及妇人、中官不可也。唯陛下择所以副天下望者④。"帝俯首久之,屏左右曰:"襄王可乎?"准曰:"知子莫若父。圣意既以为可,愿即决定。"遂以元侃为开封尹,进封寿王。元侃,帝第三子也。

纲 以寇准参知政事。

纲 冬十二月,以陈恕为盐铁使。

目 总计使果不便,乃罢之。复以三司、两京、十道归三部,各置使,以恕为盐铁使。恕有心计,厘去宿弊,帝深器之,亲题殿柱曰"真盐铁陈

---

① 估:定价。

② 岭南:今广东、广西、海南一带。

③ 神器:指帝位。

④ 副:相配。

恕"。恕每便殿奏事,帝或未察,至形诮(qiào)让①;恕踧踖(cù jí)退至殿壁②,俟帝意稍解复进,愿(què)执前论③,终不易,帝亦多从之。

纲 乙未,至道元年(995)④,春正月,帝观灯于乾元楼。

目 帝以上元御乾元门楼⑤,观灯赐宴,见京师繁盛,谕近臣曰:"五代之际,生灵凋丧,当时谓无复太平之日矣。朕躬览庶政,万事粗理,每念上天之贶(kuàng)⑥,致此繁盛,乃知理乱在人。"吕蒙正避席曰:"乘舆所在,士庶走集,故繁盛如此。臣尝见都城外不数里,饥寒而死者甚众。愿陛下亲近以及远,苍生之幸也。"帝变色不言。蒙正侃然复位,同列咸多其伉直。

纲 刘昌言免,以钱若水同知枢密院事。

纲 二月,四川都监宿翰获张余于嘉州,蜀盗平。

纲 夏四月,吕蒙正、柴禹锡、苏易简罢。

目 帝尝欲遣人使朔方,谕中书选可责以事者。蒙正以名上,帝不许。他日三问,三以其人对。帝怒曰:"卿何执邪!"蒙正对曰:"臣非执,臣不欲用媚道妄随人主意以害国事。"因称其人可使,余人不及。同列竦(sǒng)息不敢动⑦。帝退谓左右曰:"蒙正气量我不如。"既而卒用

---

① 诮让:谴责。
② 踧踖:恭敬而不安的样子。
③ 愿:恭谨。
④ 辽统和十三年。
⑤ 上元:元宵节。
⑥ 贶:赐赠。
⑦ 竦息:因恐惧而屏息。

其人，果称职。至是罢相，判河南。

纲 以吕端同平章事，张洎参知政事，赵镕知枢密院事。

〔吕端大事不糊涂〕

目 初，帝欲相端，或曰：“端为人糊涂。”帝曰：“端小事糊涂，大事不糊
涂。”决意用之。端持重，识大体，时同列奏对多异议，惟端罕所建
明①，一日内札戒谕：“自今中书事，必经吕端参酌，乃得闻奏。”端愈
谦让不敢当。

洎博涉经史，善持论，为翰林学士。帝尝谓近臣曰：“张洎富有文艺，
至今尚苦学，江东士人之冠也。”甚见宠遇。洎初为寇准官属，甚恭
谨。每为准规画②，准心伏，以兄事之，极荐其才，遂与准同列，奉之愈
谨，政事一决于准，无所参预，惟专修时政记，甘言善柔而已。

〔宋皇后葬不以礼〕

纲 开宝皇后宋氏崩，贬翰林学士王禹偁知滁州。

目 后疾甚，迁于故燕国长公主第，崩，权殡普济佛舍③，谥曰孝章皇后，群
臣不成服。禹偁对客言：“后尝母仪天下，当遵旧礼。”帝不悦，坐谤
讪，责知滁州。禹偁立朝敢言，以直躬行道为己任，不为流俗所容，故
屡见斥。

---

① 建明：有价值的建议。
② 规画：谋划。
③ 权殡：临时停放灵柩。

纲六月,以李继迁为鄜(fū)州节度使①。继迁不奉诏。

〔立元侃为皇太子,五代宋初百年来第一位皇太子〕

纲秋八月,立元侃为皇太子,更名恒,大赦。

目太子既立,庙见还宫②,京师民拥道喜跃曰:"少年天子也。"帝闻之不
　怿(yì)③,召寇准谓曰:"人心遽属太子,欲置我何地!"准再拜贺曰:
　"此社稷之福也。"帝悟。入语后嫔,宫中皆称庆,帝喜,复出,延准饮,
　极醉而罢。以李至、李沆并兼太子宾客,诏太子以师傅礼事之。太子
　每见至、沆,必先拜,至、沆不敢当,上表辞谢,帝不许。

纲丙申,二年(996)④,春二月,以李昌龄参知政事。

纲以太祖孙惟吉为阆州观察使⑤。

目惟吉,魏王德昭长子也。太祖崩时,惟吉才六岁,帝即位,犹在禁中,
　日侍中食。太平兴国八年始出居东宫,未几授左骁卫大将军,至是授
　阆州观察使,凡邸第供亿车服赐与,皆与诸王埒(liè)⑥。

纲夏四月,遣李继隆等分道讨李继迁。

纲秋七月,寇准罢。

① 鄜州:治今陕西富县。
② 庙见:拜谒祖庙。
③ 不怿:不悦。
④ 辽统和十四年。
⑤ 阆州:治今四川阆中市。
⑥ 埒:同等。

目是岁郊祀,中外官皆进秩①,准素所喜者多得台省清要官,所恶及不相知者即序进之。广州通判冯拯上疏极陈准擅权,且条上除拜不平数事,帝不怿。张洎揣知帝嫉准,惧一旦同罢,乃奏准诽谤,帝益不悦。会广东转运使康戬上言:"吕端、张洎、李昌龄皆准所引,故准得以任胸臆,乱经制②。"帝怒,召端等责之。端对曰:"准性刚自任,臣等不欲数争,虑伤国体。"因再拜请罪。及准入对,帝语及拯事,准力争不已,又持中书簿论曲直于帝前。帝因叹曰:"鼠雀尚知人意,况人乎?"遂罢知邓州。

纲八月,李继隆副将范廷召遇李继迁于乌白池③,击败之,继隆不见虏而还。

纲九月,秦、晋诸州地震④。

纲大有年⑤。

纲丁酉,三年(997)⑥,春正月,张洎罢。

〔分天下为十五路,置转运使〕

纲以温仲舒、王化基参知政事,李惟清同知枢密院事。

---

① 进秩:进升官阶。
② 经制:治国制度。
③ 乌白池:乌池、白池两盐池,西北重要产盐区,在今宁夏盐池县一带。
④ 秦、晋诸州:今陕西、山西一带。
⑤ 有年:丰收。
⑥ 辽统和十五年。

纲葬孝章皇后。

纲分天下州、军为十五路。

目京东①,京西②,河北,河东,陕西,淮南,江南东西③,荆湖南、北④,两浙⑤,福建,川⑥,峡⑦,广南东、西⑧,凡十五路,各置转运使。

〔吕端护佑真宗即位〕

纲三月,帝崩,太子恒即位。

目帝不豫⑨,宣政使王继恩忌太子英明,阴与参知政事李昌龄、知制诰胡旦等谋立楚王元佐。帝崩,皇后令继恩召昌端,端知有变,即绐继恩入书阁,锁闭之。亟入宫,后问曰:"宫车已晏驾,立嗣以长,顺也,今将如何?"端曰:"先帝立太子,正为今日,岂容更有异议。"后默然,乃奉太子至福宁殿即位,垂帘引见群臣。端平立殿下,不拜,请卷帘升殿审视,然后降阶,三率群臣拜焉。

纲夏四月,尊皇后为皇太后,赦。以李至、李沆参知政事。

纲五月,李昌龄有罪,贬忠武行军司马。

------

① 京东:今山东一带。
② 京西:今河南、湖北北部一带。
③ 江南东西:一路,今江苏、安徽两省南部和江西一带。
④ 荆湖南、北:荆湖南路和荆湖北路,今湖南、湖北一带。
⑤ 两浙:一路,今浙江、上海及江苏南部一带。
⑥ 川:西川路,今四川中西部一带。
⑦ 峡:今四川东部、重庆一带。
⑧ 广南东、西:广南东路和广南西路,今广东、广西、海南一带。
⑨ 不豫:天子有病的讳称。

目讨谋立楚王之罪,贬昌龄为司马。降王继恩为右监门卫将军,均州安置。胡旦除名,长流浔州①。

纲立郭氏为皇后。

纲六月,追复涪王廷美为秦王,复封兄元佐为楚王。

纲钱若水请罢,许之。

目初,太宗以刘昌言罢,问左右曰:"昌言涕泣否?"及吕蒙正罢,又曰:"望复位目穿矣。"若水因叹曰:"上待辅臣如此,盖无秉节高迈,全进退之道以感动之者耳。"即欲移疾②,会西边用兵,不敢言。至是以母老请解枢务,章再上,乃罢为集贤院学士。若水入谢便殿,帝问近臣可大用者,若水以中书舍人王旦对,帝曰:"此固朕所属也。"

纲秋八月,赵镕、李惟清罢,以曹彬为枢密使,向敏中、夏侯峤(qiáo)为副使。

纲冬十月,葬永熙陵③。

纲十二月,追尊太宗贤妃李氏为皇太后。

纲李继迁请降,以为定难节度使,复姓名赵保吉。

评"崇文抑武":

　　五代多被视为重武轻文的时代,宋代则相反,大体上崇文抑武。太

---

① 浔州:治今广西桂平市。
② 移疾:上书称病求退。
③ 永熙陵:宋太宗陵,在今河南巩义市。

祖太宗力倡文治，提高文官地位，形成了宋代独具特色的文官政治，提高了国家治理水平，促进了学术文化的繁荣。

　　宋朝面对北方政权压力，事实上并非"轻武"。出于对前代动荡的戒惕，宋廷始终对武将抱持强烈猜忌态度。太祖通过设置枢密院—三衙体制等，限制武将军事权力，逐步剥夺其地方行政权力；一方面致力于控御，一方面笼络、利用。太宗以来的基本战略部署着眼于守内虚外、强干弱枝。抑制武将权势的政策，虽有利于内政稳定，但也导致宋代社会重文轻武风气弥漫，是宋代武功不振的重要原因。

闫建飞　评注

李华瑞　高纪春　审定

纲鉴易知录卷六六

卷首语：本卷起宋真宗咸平元年(998)，止大中祥符九年(1016)，所载为真宗朝前十九年史事。景德元年(1004)，辽军大举南下，宋辽签订澶渊之盟。与此同时，党项日渐坐大，李继迁攻陷灵州，但在其战败而亡后，宋与党项也签订和议。此后真宗将精力转向天书、封禅等道教神圣运动。

宋　纪

真宗皇帝

纲 戊戌，真宗皇帝咸平元年（998）①，春正月，彗星见，诏求直言。

目 彗出营室北②，吕端言："应在齐鲁分。"帝曰："朕以天下为忧，岂直一
方邪！"诏求直言，避殿减膳。时田锡自知集贤院出知泰州，上疏言：
"李继迁不合与夏州，又不合呼之为赵保吉，乃时政舛（chuǎn）误之大
者。"又言："枢密公事，宰相不得预闻，中书政事，枢密不得预议，以致
兵谋未精，国计未善。"帝嘉纳之。

纲 夏四月，遣使按诸路逋（bū）负③，悉除之。

目 除天下逋欠一千余万，释系狱者三千余人，用三司判官王钦若之
言也。

纲 冬十月，吕端、李至、温仲舒、夏侯峤罢。

目 端器量宽恕，知大体，帝深重之。每见其入对，肃然拱揖，不以名呼。
又以端姿仪瑰大④，宫庭陛峻⑤，特令梓（zǐ）人为纳陛⑥。至是，以

---

① 辽统和十六年。
② 营室：二十八星宿之一。
③ 逋负：拖欠的赋税。
④ 姿仪瑰大：身材肥大。
⑤ 陛峻：台阶陡峭，阶差大。
⑥ 梓人：木匠。纳陛：帝王赐给勋贵大臣的殊礼，将纳陛放入两个台阶中间，便于上殿。

疾罢。

纲以张齐贤、李沆同平章事，向敏中参知政事，杨砺、宋湜为枢密副使。

目齐贤慷慨有大略，每以致君自负。尝为帝言皇王之道，帝曰："皇王之道非有迹，但庶事无挠，则近之矣。"

帝尝问沆治道所宜先，沆对曰："不用浮薄新进喜事之人，此最为先。"帝问其人，沆曰："如梅询、曾致尧辈是矣。"帝又语及"唐人树党，遂使王室微弱，盖奸邪难辨耳"。沆曰："佞言似忠，奸言似信，如卢杞蒙蔽德宗，李泌以为真奸邪是也。"帝曰："奸邪之迹虽曰难辨，久之自败。"一夕内出手诏，欲以刘美人为贵妃，沆对使者引烛焚之，附奏曰："但道臣沆以为不可。"其议遂寝。帝尝谓沆曰："人皆有密启，卿独无，何也？"对曰："臣待罪宰相，公事则公言之，何用密启。夫人臣有密启者，非谗即佞，臣常恶之，岂可效尤。"

纲己亥，二年(999)[1]，春闰三月，旱，求直言。

目转运副使朱台符上言，略曰："陛下践阼以来，彗星一见，时雨再愆。彗星见者，兵之像也。时雨愆者，泽未流也。宜重农以积粟，简卒以省费，专将帅之任以安边，慎守令之选以惠民，舍此数事，虽有智者不能为计矣。"

〔曹彬为宋良将第一〕

纲夏六月，枢密使兼侍中鲁公曹彬卒。

---

[1] 辽统和十七年。

目 彬疾,帝临问,因询以契丹事宜,彬对曰:"太祖英武定天下,犹经营和好。"帝曰:"此事朕当屈节为天下苍生,然须执纲纪,存大体,即久远之利也。"又问以后事,对曰:"臣无事可言。臣子璨、玮,材器皆堪为将。"帝问其优劣,对曰:"璨不如玮。"及卒,帝哭之恸,赠中书令,追封济阳王,谥武惠。彬在朝廷,未尝忤旨,亦未尝言人过失。位兼将相,不以等威自异,遇士夫于途,必引车避之。不名下吏,每白事,必冠而后见。居官俸入,给宗族,无余积。君子谓彬仁恕清慎,能保功名,守法度,为宋良将第一。

纲 秋七月,以王显为枢密使。

纲 以吕文仲等为翰林侍读学士①,邢昺(bǐng)为侍讲学士②。

目 初置翰林侍读、侍讲学士,设直庐于秘阁,以杨徽之、夏侯峤及文仲为侍读学士,昺为侍讲学士,更直召对询访,或至中夕。寻诏昺与杜镐、舒雅、孙奭等校定《周礼》《仪礼》《公羊》《穀梁春秋传》《孝经》《论语》《尔雅》义疏。

纲 冬十月,契丹隆绪入寇,都部署康保裔与战于瀛州,死之。十二月,帝自将御契丹,次于大名。

纲 庚子,三年(1000)③,春正月,契丹引还,范廷召追败之。帝至自大名。

———————

① 翰林侍读学士:经筵官。
② 侍讲学士:经筵官。
③ 辽统和十八年。

纲二月,王显罢,以周莹、王继英知枢密院事,王旦同知院事。

目初,旦为翰林学士,尝奏事退,帝目送之,曰:"为朕致太平者,必此人也。"

纲夏四月,太子太保吕端卒。

纲冬十一月,张齐贤免。

目齐贤与李沆不相得。日南至朝会①,齐贤被酒失仪,遂坐免。

纲辛丑,四年(1001)②,春二月,诏群臣子弟补京官者试一经。

纲三月,以吕蒙正、向敏中同平章事。王化基罢。以王旦参知政事,冯拯、陈尧叟同知枢密院事。

纲夏四月,以王钦若参知政事。

纲颁九经于州县学校。

纲秋八月,以张齐贤为泾原诸路经略使③。

目帝以赵保吉虽入贡,而钞劫益甚④,乃遣齐贤行边。齐贤言:"灵武孤城,必难固守,徒使军民六七万陷于危亡之地。"通判永兴军何亮复上安边书⑤,言:"灵武地方千里,表里山河,决不可舍之以资戎狄。"帝不能决,诏群臣议弃守之宜。杨亿言"弃之便"。辅臣咸以"灵州乃

———————————

① 日南至:冬至。
② 辽统和十九年。
③ 泾原诸路:今陕西、甘肃东南部一带。
④ 钞劫:掠取、抢夺。"钞"同"抄"。
⑤ 永兴军:藩镇军号,治京兆府,今陕西西安市。

必争之地,苟失之,则缘边诸郡皆不可保"。帝惑之。李沆曰:"保吉未死,灵州非朝廷有也。莫若遣使密召州将,使部分军民,空垒而归,如此则关右之民息肩矣。"帝不从,以王超为西面行营都部署,将步骑六万援灵州。齐贤又请募江南丁壮以益戍兵,帝曰:"此不惟人心动摇,抑使南方之人远戍西鄙,甚不便也。"寝其奏。

纲九月,赵保吉反,陷清远军①。

〔李继迁陷灵州,宋丧失西北边防重镇,党项获得立国基础〕

纲壬寅,五年(1002)②,春三月,赵保吉陷灵州,知州事裴济死之。

目济知灵州,谋辑八镇,兴屯田之科,民甚赖之。保吉大集蕃部来攻,济被围饷绝,刺指血染奏,求救兵,不至,城遂陷,济死焉。保吉以州为西平府,居之。帝得报,悔不用李沆之言,诏王超屯永兴军。

纲夏六月,周莹罢。

纲秋九月,召种放为左司谏,直昭文馆。

目张齐贤言放孝行纯至,简朴退静,可厉风俗。下诏召之,放乃诣京师,对于崇政殿,赐坐,询以民政边事。放对曰:"明王之治,爱民而已,惟徐而化之。"余皆谦让不对。即日授左司谏、直昭文馆。放固让,不许,赐予甚厚,时召对焉。明年请暂还山,许之,迁起居舍人。放既还,后数朝京师,东封、西祀无不预。禄赐既丰,颇饰舆服,置田长安,

---

① 清远军:在今宁夏灵武市东南。
② 辽统和二十年。

强市争讼,时议薄之。王嗣宗守京兆,因条上其不法事,极其丑诋,会赦而止。杜镐尝因宴饯赋诗,诵《北山移文》以讥之①。放不之愧。

纲 冬十月,向敏中免。

〔张咏治蜀〕

纲 癸卯,六年(1003)②,夏四月,复以张咏知益州③。

目 帝以咏前在蜀,治政优异,复自永兴徙知益州。民闻咏再至,皆鼓舞相庆。咏威惠并行,政绩益著,下诏褒美,且令巡抚使传谕咏曰:"得卿在蜀,朕无西顾之忧矣。"

纲 六月,以寇准为三司使,陈恕罢。

目 恕久领三司。帝初即位,尝命条具中外钱谷,恕久不进,屡诏趣之,恕对曰:"陛下富于春秋,若知府库充实,恐生侈心,是以不敢进也。"帝嘉之。至是以疾固求馆殿之职,帝曰:"卿求一人可代者,听卿去。"恕荐准焉。准至三司,检寻恕前后改创之事类为册,及其所出榜,别用新板,躬至恕第请判押,恕亦不让,一一押之,自是计使无不循其旧贯④。恕精于吏理,深刻少恩,人不敢干以私。掌利柄十余年,强力干事,胥吏畏服。

纲 秋九月,吕蒙正罢。

———————————

①《北山移文》:南朝齐孔稚珪撰,讽刺早年一同隐居钟山的周颙热衷功名利禄。
②辽统和二十一年。
③益州:治今四川成都市。
④贯:条例。

纲 冬十二月,右谏议大夫田锡卒。

目 锡居谏署,直言时政得失,每指斥将相备位,无所筹谋,封疏凡五十二奏,悉焚之。曰:"直谏,臣职也,岂可藏副示后以卖直邪。"及卒,帝谓李沆曰:"田锡,直臣也。朝廷少有阙失,方在思虑,锡之章疏已至矣。"嗟惜久之。

纲 赵保吉陷西凉①,杀丁惟清。潘罗支会蕃部击败之②。保吉走死,子德明嗣。

目 环庆边臣以德明初立③,乞降诏抚之。帝乃诏德明,令审图去就。知镇戎军曹玮上言:"保吉擅河南地二十年④,兵不解甲,使中国有西顾之忧。今其国危子弱,不即捕灭,后更强盛,不可制矣。愿假臣精兵,出其不意,擒德明送阙下,复河南为郡县,此其时也。"帝欲以恩致德明,不报。

纲 甲辰,景德元年(1004)⑤,春正月,京师地震。

纲 三月,皇太后李氏崩。

〔李沆言人君当使知四方艰难〕

纲 秋七月,尚书右仆射同平章事李沆卒。

---

① 西凉:凉州,治今甘肃武威市。
② 潘罗支:吐蕃六谷部落酋长。
③ 环庆:安抚使路,今甘肃东南部一带。
④ 河南:黄河河套平原及以南。
⑤ 辽统和二十二年。

目 时西北用兵,帝便殿延访,或至旰(gàn)食①,王旦叹曰:"我辈安得坐见太平,优游无事邪!"沆曰:"强敌外患,足为警戒。他日四方宁谧,朝廷未必无事。"

沆又日取四方水旱、盗贼奏之,旦以为细事不足烦帝听。沆曰:"人主少年,当使知四方艰难,不然,血气方刚,不留意声色犬马,则土木、甲兵、祷祠之事作矣。吾老不及见,此参政他日之忧也②。"

丁谓与寇准善,准屡荐其才于沆,沆不用。准问之,沆曰:"顾其为人,可使之在人上乎?"准曰:"如谓者,相公终能抑之使在人下乎?"沆笑曰:"他日当思吾言。"

沆尝言:"居重位无补,惟中外所陈利害,一切报罢之,少以报国尔。朝廷防制,纤悉备具,或徇所陈请,行一事即所伤多矣,陆象先所谓'庸人扰之'是已。"沆常读《论语》,或问之,沆曰:"沆为宰相,如'节用而爱人,使民以时',尚未能行。圣人之言,终身诵之可也。"

沆性直谅,内行修谨,居位慎密,不求声誉,遵法度,识大体,人莫能干以私。公退,终日危坐,未尝跛倚③。治第封丘门内,厅事前仅容旋马④。或言其太隘,沆笑曰:"居第当传子孙。此为宰相厅事诚隘,为太祝、奉礼厅事则已宽矣。"

及卒,帝惊恸,谓左右曰:"沆忠良纯厚,始终如一,岂意不享遐寿邪⑤!"赠太尉、中书令,谥文靖。

―――――――――

① 旰食:晚食。事务繁忙无暇吃饭,泛指勤于政事。
② 参政:王旦时为参知政事。
③ 跛倚:身子歪斜不端正。
④ 厅事:厅堂。旋:调转。
⑤ 遐寿:高寿。

纲 以毕士安参知政事。

纲 八月，以毕士安、寇准同平章事，王继英为枢密使，冯拯、陈尧叟签书枢密院事。

目 初，士安既拜参知政事，入谢，帝曰："未也，行且相卿。"因问："谁可与卿同进者？"对曰："寇准兼资忠义，善断大事，臣所不如。"帝曰："闻其好刚使气。"对曰："准忘身徇国，秉道疾邪，故不为流俗所喜。今天下之民，虽蒙休德，涵养安佚，而北戎跳梁①，为边境患，若准者，正宜用也。"帝曰："然。当藉卿宿德镇之。"准既相，守正疾恶，小人日思所以倾之，士安每为申辨，帝始不疑。

纲 闰九月，契丹隆绪大举入寇。

纲 冬十月，契丹来议和，遣阁门祇候曹利用报之。

纲 置龙图阁②。

目 奉太宗御制文集及典籍图画宝瑞之物，与宗正所进属籍，并置待制、学士官。自是，每一帝崩，则置一阁。

纲 十一月，契丹进寇澶州，帝自将御之。

目 契丹陷德清军③，逼冀州，遂抵澶州。边书告急，一夕五至，寇准不发，饮笑自如。帝闻之大骇，以问准。对曰："陛下欲了此，不过五日耳。"因请帝幸澶州，同列惧欲退，准止之，令候驾起。帝难之，欲还内，准

---

① 北戎：指契丹。跳梁：跋扈。
② 龙图阁：收藏宋太宗文集、御书、书籍等的殿阁。
③ 德清军：在今河南清丰县境。

曰:"陛下入,则臣不得见,大事去矣!请无还。"

毕士安力劝帝如准所请,帝乃议亲征,召群臣问方略。时以虏寇深入,中外震骇,王钦若临江人也①,请幸金陵;陈尧叟阆州人也,请幸成都。帝以问准,准心知二人谋,乃阳若不知者,曰:"谁为陛下画此策?罪可斩也!陛下神武,将臣协和,若大驾亲征,敌当自遁;不然,出奇以挠其谋,坚守以老其师,劳佚之势,我得胜算矣。奈何弃庙社欲幸楚、蜀?所在人心崩溃,敌乘胜深入,天下可复保邪!"帝意乃决。时欲择大臣镇大名,准荐钦若,遂诏判天雄军。盖准以钦若多智,恐妄有所疑沮,故出之。

纲 李继隆军射杀契丹将萧挞(tà)览。

目 契丹围澶州,李继隆整军御之。会有自虏中回者,言挞览谋以迟明袭寨,继隆伏兵分据要害。顷之,控弦暴至,挞览躬出阵前督战;继隆将张环守床子弩,弩撼机发,射杀之。挞览有机勇,所领皆锐兵,既死,虏大挫衄。

纲 以王旦为东京留守。

纲 十二月,帝渡河,次澶州,契丹请盟而退。

目 帝在道,又有以金陵之谋告者,帝意稍惑,召准问之。准曰:"陛下惟可进尺,不可退寸。河北诸军日夜望銮舆至②,士气百倍;若回辇数步,则万众瓦解,虏乘其后,金陵亦不可得至也。"殿前都指挥使高琼曰:"寇准言是。"准又曰:"机不可失,宜趣驾。"帝乃晨发。

---

① 临江:军名,治今江西樟树市临江镇。
② 銮舆:皇帝的座车。

至澶州南城,望见契丹军势甚盛,众请驻跸①。寇准固请曰:"陛下不过河则人心益危,敌气未慑,非所以取威决胜也。且王超领劲兵屯中山以扼其吭(háng)②,李继隆、石保吉分大阵以扼其左右肘,四方征镇赴援者日至,何疑而不进!"高琼亦固以请,即麾卫士进辇,帝遂渡河。御北城门楼,远近望见御盖,踊跃呼万岁,声闻数十里,契丹相视益怖骇。帝悉以军事付准,准承制专决,号令明肃,士卒畏悦。已而契丹数千骑来薄城下,诏士卒迎击,斩获大半,乃引去。

帝还行宫,留准居北城上,徐使人视准何为。准方与知制诰杨亿饮博,歌谑欢呼。帝喜曰:"准如是,吾复何忧。"

〔澶渊之盟〕

契丹遣其臣韩杞持书与曹利用俱来请盟,利用言契丹欲得关南地,帝曰:"所言归地,事极无名;若必邀求,朕当决战;若欲金帛,朝廷之体,固亦无伤。"准不欲赂以货财,且欲邀其称臣及献幽蓟之地,因画策以进曰:"如此,则可保百年无事,不然,数十年后戎且生心矣。"帝曰:"数十年后,当有捍御之者。吾不忍生灵重困,姑听其和可也。"准尚未许,会有谮准幸兵以自取重者,准不得已,乃许其成。复遣曹利用如契丹军,议岁币。帝曰:"必不得已,虽百万亦可。"准闻之,召利用至幄谓曰:"虽有敕旨,汝所许过三十万,吾斩汝矣!"利用至契丹军,竟以银十万两,绢二十万匹,成约而还。契丹遣其阁门使丁振持誓书来,以兄礼事帝,引兵北归。

---

① 驻跸:帝王出巡时,沿途暂住。
② 中山:定州古称。吭:咽喉,比喻要害之地。

评澶渊之盟：

景德元年冬澶渊之盟签订时,宋辽战争已持续二十五年,双方互有胜负。盟约的签订是双方势均力敌的结果。盟约将双方置于基本平等地位,双方约为兄弟之国,互称南、北朝;宋、辽划定了明确的边界线;双方于边境设置榷场,开展互市贸易;宋方每年给予辽方岁币。澶渊之盟给宋辽带来百余年和平,也开创了中国古代不同政权交往的新模式。双方互称皇帝,极大冲击了传统中国"天无二日"的观念,宋真宗伪造天书、东封西祀,宋人强调华夷之辨、正统观念等,均与此密切相关。

纲帝至自澶州。

纲乙巳,二年(1005)①,春正月,大赦。

目以契丹讲和,大赦天下,放河北诸州强壮归农,罢诸路行营,省河北戍兵十之五,缘边三之二。诏缘边毋出境掠夺,得契丹马牛悉纵还之。通互市,葺城池,招流亡,广储蓄,由是河北民得安业,皆毕士安之谋也。

纲夏四月,王钦若罢,以冯拯参知政事。

目钦若与寇准不协,累表愿解政事,特置资政殿学士授之。

纲秋七月,增置制举六科。

目贤良方正等三科久不行,至是增置为六科:曰贤良方正能直言极谏、

---

① 辽统和二十三年。

博通坟典达于教化①、才识兼茂明于体用、详明吏理可使从政、识洞韬略运筹决胜、军谋宏远材任边寄,凡六科。诏中书门下试察其才,具名闻奏,临轩亲策之。

纲 归币于契丹②。

目 自是岁以为常。

纲 八月,以向敏中知延州③。

目 先是,赵德明以父有遗命,遣使乞归顺,诏以敏中为缘边安抚使,受其降。至是,以德明誓约未定,徙敏中为都部署,兼知延州,委以经略。

纲 冬十月,吏部侍郎同平章事毕士安卒。

目 帝谓辅臣曰:"士安饬躬畏谨,有古人之风,遽此沦没,深可悼惜。"王旦等对曰:"士安官至辅相,而四方无田园居第。没未终丧,家用已绌,真不负陛下之所知矣。"帝感叹,赐其家白金五千两,谥文简。

纲 十一月,契丹遣使来聘。

纲 丙午,三年(1006)④,春二月,罢寇准知陕州⑤。

目 准为相,用人不以次,同列颇不悦。他日除官,同列目吏持例簿以进,准曰:"宰相所以进贤退不肖,若用例,一吏职耳。"自澶渊还⑥,颇矜其功。

————————

① 坟典:三坟、五典,传说中的上古书籍,泛指古籍。
② 币:宋每年给予契丹的岁币。
③ 延州:治今陕西延安市。
④ 辽统和二十四年。
⑤ 陕州:治今河南三门峡市陕州区。
⑥ 澶渊:澶州。

帝待准甚厚,王钦若深嫉之。一日会朝,准先退,帝目送之,钦若因进曰:"陛下敬准,为其有社稷功邪?"帝曰:"然。"钦若曰:"澶渊之役,陛下不以为耻,而谓准有社稷功,何也?"帝愕然,曰:"何故?"钦若曰:"城下之盟,《春秋》耻之。澶渊之举,以万乘之贵,而为城下之盟,何耻如之!"帝愀然不悦。钦若曰:"陛下知博乎?博者输钱欲尽,乃罄所有出之,谓之孤注。陛下,寇准之孤注也,斯亦危矣!"由是帝顾准寖(jìn)衰①,竟罢为刑部尚书,出知陕州。

〔寇准"不学无术"〕

初,张咏在成都,闻准入相,谓僚属曰:"寇公奇材,惜学术不足耳。"及准知陕,咏适自成都还,准送之郊,问曰:"何以教准?"咏徐曰:"《霍光传》不可不读也。"准莫谕其意,归取其传读之,至"不学无术",笑曰:"此张公谓我也。"

未几,移准知天雄军,契丹使过大名,谓准曰:"相公望重,何故不在中书?"准曰:"主上以朝廷无事,北门锁钥,非准不可耳。"

纲 以王旦同平章事,赵安仁参知政事。以王钦若、陈尧叟知枢密院事,韩崇训、马知节签书院事。

纲 置诸州常平仓。

〔党项与宋签订景德和议,此后李德明全力经营河西,实力日增〕

纲 冬十月,赵德明请降,诏以为定难节度使。

———————

① 寖:同"浸",渐渐。

纲 丁未,四年(1007)①,春正月,契丹城辽西为中京②。

纲 夏四月,皇后郭氏崩。

纲 五月,增孔子守茔(yíng)户③。

纲 秋八月,权三司使丁谓上《景德会计录》。

〔天书降临〕

纲 戊申,大中祥符元年(1008)④,春正月,有天书见于承天门,大赦,改元。

目 帝自闻王钦若言,深以澶州之盟为辱,常怏怏不乐。钦若度帝厌兵,因谬进曰:"陛下以兵取幽蓟,乃可涤此耻。"帝曰:"河朔生灵,始免兵革,朕安忍为此! 可思其次。"钦若曰:"惟封禅可以镇服四海,夸示外国。然自古封禅,当得天瑞希世绝伦之事乃可尔。"既而又曰:"天瑞安可必得,前代盖有以人力为之者。惟人主深信而崇奉之,以明示天下,则与天瑞无异也。陛下谓河图、洛书果有邪? 圣人以神道设教耳。"帝沉思久之,曰:"王旦得无不可乎?"钦若曰:"臣谕以圣意,宜无不可。"钦若乃乘间为旦言,旦黾(mǐn)勉从之⑤。帝尚犹豫,会幸秘

---

① 辽统和二十五年。
② 中京:辽有五京,即上京临潢府(今内蒙古巴林左旗南)、中京大定府(今内蒙古宁城县大明镇)、东京辽阳府(今辽宁辽阳市)、南京析津府(今北京市)、西京大同府(今山西大同市)。
③ 茔:坟墓。
④ 辽统和二十六年。
⑤ 黾勉:勉强。

阁,骤问直学士杜镐曰:"古所谓河出图、洛出书,果何事邪?"镐老儒,不测上旨,漫应之曰:"此圣人以神道设教耳。"帝意乃决,遂召旦饮,欢甚,赐以樽酒曰:"归与妻孥(nú)共之①。"既归,发封,则皆美珠也。旦悟帝旨,自是不敢有异议。

正月乙丑(初三日),帝谓群臣曰:"去冬十一月庚寅(二十八日),夜将半,朕方就寝,忽室中光曜,见神人星冠绛衣,告曰:'来月宜于正殿建黄箓道场一月,当降天书《大中祥符》三篇。'朕竦然起对,已复无见。自十二月朔,即斋戒于朝元殿,建道场以贮神贶。适皇城司奏有黄帛曳左承天门南鸱尾上②,令中使视之,帛长二丈许,缄物如书卷,缠以青缕,封处隐隐有字,盖神人所谓天降之书也。"旦等皆再拜称贺。

帝即步至承天门,瞻望再拜,遣二内侍升屋,奉之下。旦跪进,帝再拜受之,亲置舆中,导至道场,授陈尧叟启封,复命尧叟读之。其书黄字三幅,词类《洪范》《道德经》,始言帝能以至孝至道绍世,次谕以清净简俭,终述世祚延永之意。读讫,盛以金匮,群臣入贺于崇政殿,赐宴,遣官告天地、宗庙、社稷,大赦,改元。

钦若之计既行,陈尧叟、陈彭年、丁谓、杜镐益以经义附和,而天下争言祥符矣。独龙图阁待制孙奭言于帝曰:"以臣愚所闻,'天何言哉',岂有书也!"帝默然。

纲三月,诏议封禅。夏四月,以王旦兼封禅大礼使。

---

① 孥:子女。
② 鸱尾:古代宫殿屋脊正脊两端的装饰性构件,外形略如鸱尾。

纲 六月,得天书于泰山。群臣上帝尊号。

纲 作玉清昭应宫①。

〔东封泰山〕

纲 冬十月,帝封泰山,禅社首②。大赦。

纲 十一月,帝过曲阜,谒孔子,加谥玄圣文宣王。

纲 还宫。

目 帝还,群臣争颂功德,惟进士孙奭献书,言:"封禅,帝王之盛事,愿陛下谨于盈成,不可遂自满假③。"知制诰周起亦上言:"天下之势,常患恬于逸安,而忽于兢畏。愿毋以告成为恃。"帝皆纳之。

纲 己酉,二年(1009)④,春二月,以方士王中正为左武卫将军。

目 先是汀州人王捷言⑤:"于南康遇道人,姓赵氏,授以丹术及小镮(huán)神剑。盖司命真君也,是为圣祖。"宦者刘承珪以闻,赐捷名中正,得对龙图阁。既东封,加圣祖为司命天尊,授中正以官,恩遇甚厚。

纲 夏四月,昇州大火⑥,陕西旱、蝗。

————————

① 玉清昭应宫:宋真宗为了供奉伪造的"天书"建造的道教宫观,极其奢华,天圣七年遭雷击被焚。
② 社首:山名,在山东泰安市西南,上有社首坛,据说因周成王封禅得名。
③ 满假:自满自大。
④ 辽统和二十七年。
⑤ 汀州:治今福建长汀县。
⑥ 昇州:治今江苏南京市。

纲 三司使丁谓上《封禅祥瑞图》。

目 丁谓上《封禅祥瑞图》,示百官于朝堂。自封禅之后,士大夫争奏符瑞,献赞颂。崔立独言:"水发徐、兖(yǎn),旱连江淮,无为烈风①,金陵大火,是天所以戒骄矜也。而中外多上云雾草木之瑞,此何足为治道言哉!"不省。

纲 庚戌,三年(1010)②,春二月,赎吕端第赐其家。

目 端诸子多不同处,旧第已质于人③。帝闻之,出内库钱赎还之,令其聚居。端长子蕃言负人息钱甚多,帝别赐内库金帛,俾偿之。蕃弟荀与西京差遣,仍令内侍省置簿为掌僦(jiù)课④,给其家。王旦曰:"陛下推恩旧臣,始终委曲至矣。"

纲 秋,旱、蝗。

纲 九月,内侍江守恩有罪,诛。

目 守恩擅取民麦穗,杖杀军士,狱成抵法。太常博士俞献卿抗章论救,坐贬。帝尝谓辅臣曰:"前代内臣恃恩恣横,蠹政害物⑤,朕深以为戒,故于班秩赐予不使过分,有罪未尝矜贷⑥。"王旦等曰:"前代事迹昭然,足为龟鉴。陛下言及此,社稷之福也。"

---

① 无为:军名,治今安徽无为市。
② 辽统和二十八年。
③ 质:抵押。
④ 僦:租赁。
⑤ 蠹:蛀蚀,败坏。
⑥ 矜贷:怜恤宽恕。

纲 冬十二月,夏州饥。

目 西夏管内饥,赵德明表求粟百万,朝议不知所出。或言德明方纳款,而敢渝誓,请降诏责之。王旦曰:"第诏德明云:'已敕有司具粟百万于京师,其遣众来取。'"德明得诏惭曰:"朝廷有人。"

〔西祀汾阴后土〕

纲 辛亥,四年(1011)①,春二月,帝祭后土于汾阴②,大赦。

目 先是群臣上表请祀汾阴,帝从之,以王旦兼大礼使,王钦若为礼仪使,陈尧叟为经度使。正月,奉天书发京师,是月至宝鼎县,祀后土地祇,大赦天下。建宝鼎县为庆成军,大宴群臣于穆清宫而还。

初,将祀汾阴,会岁旱,龙图阁待制孙奭上疏,陈不可者十,且曰:"陛下才毕东封,又议西幸,非先王五年卜征重谨之意③。今国家土木之功,累年不息,水旱作沴(h)④,饥馑居多,乃欲劳民事神,神其飨之乎!"时群臣争奏祥瑞,奭复上言:"方今野雕、山鹿,并形奏简;秋旱、冬雷,率皆称贺。将以欺上天,则上天不可欺;将以愚下民,则下民不可愚;将以惑后世,则后世不可惑。夫'国将兴,听于民;将亡,听于神',陛下何为而不思也!"帝嘉其忠而不能从。

纲 三月,召陕州隐士魏野,不至。

目 野不求闻达,居陕之东郊,为诗精苦。帝自汾阴还,次陕州,遣陕令王

---

① 辽统和二十九年。
② 汾阴:在今山西万荣县荣河镇北。
③ 五年卜征:占卜求问天子出巡的吉凶,五年五卜,都是吉兆才出行。
④ 沴:灾害。

希召之，不起，命工图其所居观之。

纲 帝过西京，遂谒诸陵。夏四月，还宫。

纲 太子太师吕蒙正卒。

纲 壬子，五年（1012）①，夏四月，复以向敏中同平章事。

目 时旧相出镇，不以吏事为意，惟敏中尽心民事，帝由是有复用之意。
　　及东封西祀，皆以敏中留守，厚重镇静，人情帖然②，遂复拜相。

纲 五月，赐杭州隐士林逋粟帛。

目 逋力学，善诗，不趋荣利。家贫，衣食不足，晏如也。结庐杭州西湖之
　　孤山。帝闻其名，赐以粟帛。

纲 秋八月，作会灵观。

纲 九月，罢参知政事赵安仁。

目 初，议立后，安仁谓刘德妃家世寒微，不如沈才人出于相门③。帝不
　　悦。他日，与王钦若从容论方今大臣谁为长者，钦若欲排安仁，乃誉
　　之曰：“无若赵安仁。安仁昔为沈伦所知，常欲报之。”帝默然，未几
　　罢。安仁虽贵，简俭若贫素，喜诲诱后进，时以重德推焉。

纲 以王钦若、陈尧叟为枢密使，丁谓参知政事，马知节为枢密副使。

---

① 辽统和三十年、开泰元年。
② 帖然：安静顺服。
③ 沈才人：宰相沈伦孙女。

[五鬼]

目 时天下乂(yì)安①,王钦若、丁谓导帝以封祀,眷遇日隆。钦若自以深达道教,多所建明,而谓附会之,与陈彭年、刘承珪等搜讲坠典②,大修宫观。以林特有心计,使为三司使,以干财利。五人交通,踪迹诡秘,时号"五鬼"。王旦欲谏,则业已同之;欲去,则上遇之厚。追思李沆之先识,叹曰:"李文靖真圣人也!"

钦若状貌短小,项有附疣(yóu)③,时目为"瘿(yǐng)相"④。性倾巧⑤,敢为矫诞。知节以众方竞言祥瑞,深不然之,每言于帝曰:"天下虽安,不可忘战去兵也。"

纲 冬十月,帝言圣祖降于延恩殿。

目 帝语辅臣曰:"朕梦神人传玉皇之命云:'先令汝祖赵玄朗授汝天书,今令再见汝。'翌日,复梦神人传圣祖言:'吾座西,斜设六位以候。'是日即于延恩殿设道场,五鼓一筹,先闻异香,顷之,圣祖至,朕再拜殿下,俄有六人至,揖圣祖,皆就坐。圣祖命朕前曰:'吾人皇九人中一人也,是赵之始祖。'即离座乘云而去。"王旦等皆再拜称贺。诏告天下,肆赦加恩。闰月,上圣祖及圣母尊号。

纲 十一月,以王旦兼玉清昭应宫使。

---

① 乂:安定。
② 坠典:亡佚不传的典礼旧制。
③ 疣:皮肤病,俗称瘊子。
④ 瘿:颈瘤,俗称大脖子。
⑤ 倾巧:狡诈。

纲 作景灵宫①。

纲 改孔子谥。

目 以“玄”字犯圣祖讳，改“玄圣”为“至圣”。

纲 十二月，立德妃刘氏为皇后。

目 后父通为虎捷都指挥使，从征太原，道卒，后在襁褓而孤，鞠于外氏②，善播鼗。蜀人龚美者以锻银为业，携之至京师，年十五入襄邸③。帝即位，自美人进位德妃，专宠后宫。郭氏崩，帝欲立之，翰林学士李迪言：“妃起于寒微，不可以母天下。”帝不从。欲得杨亿草制，使丁谓谕旨。亿难之，谓曰：“勉为此，不忧不富贵。”亿曰：“如此富贵，亦非所愿也。”乃命他学士焉。后既立，以无宗族，更以美为兄，改其姓为刘。闻李迪之谏，大恨之。后性警敏，晓书史，闻朝廷事，能记其本末。帝退朝，阅天下封奏，多至中夜，后皆预闻。宫闱事有问，辄援引故实以对。帝深重之，由是渐干外政。

纲 癸丑，六年(1013)④，春正月，禁内臣出使干预公事。

纲 秋七月，除农器税。

目 知滨州吕夷简请免税河北农器⑤。帝曰：“务稿(sè)劝农⑥，古之道

---

① 景灵宫：为供奉宋圣祖赵玄朗而作的道教宫观，太祖以下帝后御容亦在其中。
② 鞠：抚养。
③ 襄邸：宋真宗为襄王时府邸。
④ 辽开泰二年。
⑤ 滨州：治今山东滨州市。
⑥ 稿：收割谷物。

也,岂独河北哉!"诏诸路并除之。

纲 冬十二月,献天书于朝元殿。

目 先是,帝享玉皇于朝元殿,判亳州丁谓献芝草三万七千本,遂诏扶侍
使赵安仁等奉献天书于朝元殿。

纲 甲寅,七年(1014)①,春正月,帝如亳州,谒老子于太清宫。

目 先是,诏亲谒太清宫,命王旦兼大礼使,丁谓兼奉祀经度制置使,陈彭
年副之,加号太上老君混元上德皇帝。孙奭上言:"陛下事事慕效唐
明皇②,岂以明皇为令德之主邪?"帝曰:"东封、祀汾、谒陵寝、享老
子,非始于明皇。且《开元礼》今世所循用,不可以天宝之乱而非
之③。"作《解疑论》以示群臣。是月,奉天书发京师,遂朝谒太清宫。

纲 以应天府为南京④。

目 国初因五代之旧,以大梁为东京开封府,洛阳为西京河南府,后以太
祖旧藩归德军在宋州,改宋州为应天府,至是建为南京。作鸿庆宫,
以奉太祖、太宗圣像。

纲 二月,还宫,大赦。

纲 夏六月,王钦若、陈尧叟、马知节免。

目 知节素恶钦若之为人,议论未尝少屈。钦若每奏事,必怀数奏,但出一

---

① 辽开泰三年。
② 唐明皇:唐玄宗。玄宗开元十三年封禅泰山,二十八年迎老子像至兴庆宫。
③ 天宝之乱:指安史之乱。
④ 应天府:治今河南商丘市。

二,匿其余,退则以己意称上旨行之。知节尝于帝前顾钦若曰:"怀中奏何不尽出之?"钦若不悦。会泸州都巡检王怀信等上平蛮功,钦若久不决,既而擅超擢之,知节因面诋其短,争于帝前。帝召王旦质之。旦至,钦若犹哗不已,知节流涕曰:"愿与钦若同下御史府。"旦叱钦若使退。帝大怒,命付狱。旦从容曰:"钦若等当黜,未知坐以何罪?"帝曰:"忿争无礼。"旦曰:"陛下奄有天下,使大臣坐忿争无礼之罪,或闻外国,无以威远。愿至中书召钦若等,宣示陛下含容之意①,且戒约之,俟少间罢未晚也。"帝曰:"非卿言,朕固难忍。"月余,始罢钦若、知节,并及尧叟。

纲 司空张齐贤卒。

纲 以寇准为枢密使。

纲 秋七月,以王嗣宗、曹利用为枢密副使。八月,以向敏中兼景灵宫使。

纲 冬十二月朔,司天监奏日食,不应。

目 群臣表贺。

纲 乙卯,八年(1015)②,春二月,加楚王元佐天策上将军,赐剑履上殿,诏书不名。

纲 夏四月,寇准罢。

目 准以三司使林特附会邪险,恶之,每事沮抑。帝方宠特,闻之不悦,谓王旦曰:"准刚忿如昔。"旦曰:"准,好人怀惠,又欲人畏威,皆大臣所当避,

---

① 含容:容忍宽恕。
② 辽开泰四年。

而准乃以为己任,此其所短也。非至仁之主,孰能容之?"准竟以是罢。

初,准数短旦于帝,而旦专称准。帝谓旦曰:"卿虽称其美,彼专谈卿恶。"旦曰:"理固当然。臣在相位久,政事缺失必多,准对陛下无隐,益见其忠直,此臣所以重准也。"帝由是益贤旦。

中书有事送枢密院,违诏格,准以上闻。旦被责,拜谢,堂吏皆坐罚。不逾月,枢密有事送中书亦违诏格,堂吏欣然呈旦,旦令送还枢密而已。准大惭谢。

及罢,准托人语旦,求为使相。旦惊曰:"将相之任,岂可求邪! 吾不受私请也。"准深憾之。已而除准武胜军节度使、同平章事、判河南府①。准入见,谢曰:"非陛下知臣,安能至此。"帝具道旦所以荐者,准愧叹,以为不可及。

纲 以王钦若、陈尧叟为枢密使。

纲 朝元殿火。

纲 秋九月,王嗣宗罢。

纲 枢密直学士知陈州张咏卒。

目 咏临卒上疏言:"不当造宫观,竭天下之财,伤生民之命。此皆贼臣丁谓诳惑陛下;乞斩谓头置国门以谢天下,然后斩咏头置丁氏之门以谢谓。"帝叹其忠,谥忠定。

纲 赐信州道士张正随号真静先生②。

①判:宋制,以使相知州府者称"判"。
②信州:治今江西上饶市。

目 初,汉张鲁子自汉川徙居信州龙虎山①,世以鬼道惑众,正随,其后也。至是,召赴阙,赐号。王钦若为奏立授箓(lù)院及上清观,蠲(juān)其田租②。自是凡嗣世者皆赐号。

纲 丙辰,九年(1016)③,春正月,以张旻为枢密副使。

目 先是旻为马军副都指挥使,被旨选兵,下令太峻,兵惧,谋欲为变。上召二府议之,王旦曰:"若罪旻,则自今帅臣何以御众,捕谋者,则震惊都邑。今但擢旻,使解兵柄,反侧者当自安矣。"帝从其言,兵果无他。帝语左右曰:"王旦善处大事,真宰相也。"

纲 夏六月,畿内蝗。

目 帝遣人出郊,得死蝗以献,因以示大臣。明日执政遂袖死蝗进曰:"蝗尽死矣,请示于朝,率百官贺。"王旦曰:"蝗出为灾。灾弭,幸也,又何贺。"固称不可。后数日二府方奏事,飞蝗忽蔽天,帝顾旦曰:"使百官方贺而蝗如此,岂不为天下笑邪!"

纲 秋八月,知秦州曹玮败吐蕃于伏羌寨④。

目 玮在秦州,屡请益兵。帝不悦,问李迪:"边将谁可代玮者?"迪曰:"玮知唃(gǔ)厮啰(luó)欲窥关中⑤,故请益兵为备,非怯也。"乃诏发

---

① 汉川:即汉中,今陕西汉中市。龙虎山:在今江西鹰潭市。
② 蠲:免除。
③ 辽开泰五年。
④ 吐蕃:青藏一带少数民族。伏羌寨:今甘肃甘谷县。
⑤ 唃厮啰:青唐吐蕃首领,据有今青海东北部及甘肃西南部部分地区。

关内羌兵赴玮。未几，唃厮啰与宗哥族连结入寇①，使谍者声言以某日下秦州会食，以激怒玮。玮勒兵不动，坐俟其至，大破之，夷其族帐，斩首千余级。自是唃厮啰势蹙②，退保碛(qì)中不出③。

纲 九月，丁谓、陈尧叟免，以陈彭年、王曾、张知白参知政事，任中正为枢密副使。

目 彭年初入翰林为学士，尝谒王旦，旦辞不见。翌日，向敏中以彭年所上文字示旦，旦瞑目不览，曰："是不过兴建符瑞，图进取耳。"已而彭年附王钦若、丁谓，朝廷典礼，无不参预，帝甚宠遇。及升内阁④，而李宗谔卒，杨亿罢，彭年独任，事务丛委，形神皆耗⑤，举止失措，至家人有不记其名者。

纲 罢诸营建。

目 李迪言："陛下土木之役过甚，蝗旱之灾，殆天意以警陛下也。"帝深然之，遂罢诸营造，禁天下贡瑞物。诏民能赈贫者，官之。未几得雨，青州飞蝗多赴海死。

闫建飞 评注
李华瑞　高纪春 审定

---

① 宗哥族：湟水流域的吐蕃大族，居宗哥城，在今青海平安县。
② 蹙：困窘。
③ 碛：沙漠。
④ 内阁：指龙图阁。陈彭年曾以翰林学士兼龙图阁学士。
⑤ 耗：昏乱。

纲鉴易知录卷六七

　　卷首语:本卷起宋真宗天禧元年(1017),止宋仁宗宝元二年(1039),所记为真仁两朝二十三年史事。真宗晚年多病,刘皇后参决政事,宰相寇准等谋以太子监国,但失败被贬。仁宗即位后,刘太后垂帘听政,宰相丁谓等因真宗陵寝事被罢。此后政局相对平稳,刘太后的僭越之举则经常受到大臣们抵制。仁宗亲政后,吕夷简长期执政,因鼓动仁宗废郭皇后,与台谏官产生剧烈冲突。范仲淹批评吕夷简擅权,第三次被贬。

宋　纪

真宗皇帝

<u>纲</u>丁巳,天禧元年(1017)①,春二月,陈彭年卒。

<u>目</u>彭年敏给强记,尤好刑名之学,性奸谄,时号"九尾狐"。张齐贤谓人曰:"彭年在位,必乱国政。"或疑齐贤过甚,后乃服其知人。

<u>纲</u>三月,以王曾兼会灵观使,曾辞不受。

<u>目</u>王钦若方挟符瑞以固宠位,阴排异己者。会有诏以曾为会灵观使,曾以推钦若,帝不悦,谓曾曰:"大臣宜傅会国事②,何遽自异邪!"曾顿首曰:"君从谏谓明,臣尽忠谓义。陛下不知臣驽病,使待罪宰府,臣知义而已,不知异也。"

<u>纲</u>夏五月,以王旦为太尉、侍中,参决军国重事。旦固辞,许之。

<u>纲</u>秋七月,王旦罢。

<u>目</u>旦疾甚,引对滋福殿,力求避位,帝悯其形瘁,许之。复问曰:"卿万一有不讳③,朕以天下付之谁乎?"旦谢曰:"知臣莫若君,惟明主择之。"固问之,旦举笏(hù)曰④:"以臣之愚,莫如寇准。"帝曰:"准性刚褊,

---

① 辽开泰六年。

② 傅会:协调和同。

③ 不讳:死亡的婉称。

④ 笏:大臣上朝拿着的手板,可记事。

更思其次。"旦曰:"他人臣所不知也。"

〔迟我十年作宰相〕

纲八月,以王钦若同平章事。

目帝久欲相钦若,王旦曰:"钦若遭逢陛下,恩礼已隆,且乞留之枢密,两府亦均。臣见祖宗朝,未尝有南人当国者。虽古称立贤无方,然须贤士乃可。臣为宰相,不敢沮抑人,此亦公议也。"乃止。及旦罢,钦若遂相。钦若语人曰:"为王子明①,迟我十年作宰相。"

纲九月,王曾罢。

目曾既不受会灵观使,上意不怿,王钦若数谮之。会曾市贺皇后家旧第,其家未徙,而曾令人舁(yú)土置其门②。贺氏诉于朝,遂罢曾政事。王旦在告③,闻之曰:"王君介然,他日德望勋业甚大,顾予不得见尔。"或请其故,曰:"王君昨让观使,虽怫(bèi)上旨④,而辞直气和,了无所慑。且始被进用,已能若是。我自任政事二十年,每进对稍忤,即蹜蹜(sù)不能自容⑤,以是知其伟度矣。"

纲以李迪参知政事,马知节知枢密院事,曹利用、任中正、周起同知院事。

纲太尉、玉清昭应宫使王旦卒。

───────────

① 子明:王旦字。
② 舁:抬。
③ 在告:休假。
④ 怫:通"悖",违背。
⑤ 蹜蹜:退缩不前貌,局促。

目旦为首相，会天下无事，慎守祖宗法度，无所变改。帝久益信，言无不从，凡大臣有所奏请，必问曰："王旦以为如何？"

旦与人寡言笑，及奏事，群臣异同，旦徐一言以定。

居家宾客满堂，察可与言及素知名者，数日后召与语，询访四方利病，或使疏其言而献之，以观其所长，密籍其名荐之，人未尝知。谏议大夫张师德两诣旦门，不得见，意为人所毁，以告向敏中。敏中从容为旦言之，旦曰："旦处安得有毁人者。"及议知制诰，旦曰："可惜张师德。"敏中问之，旦曰："师德名家子，有士行，不意两及吾门。状元及第，荣进素定，当静以待之；若复奔竞，使无阶而入者当如何也。"

薛奎发运江淮①，辞旦，旦无他语，但云："东南民力竭矣。"奎退叹曰："真宰相之言也。"

内臣刘承珪以忠谨得幸，既病，求节度使②。帝谓旦曰："承珪待此以瞑目。"旦执不可，曰："他日求为枢密使，此其阶也。"遂止。自是内臣不过留后③。旦任事久，有谤之者辄引咎不辨；至人有过失，虽人主盛怒，可辨者辨之，必得而后已。

至是疾笃，帝临问，亲调药并薯蓣（yù）粥赐之④。及薨，痛悼不已。旦遗令削发披缁以敛⑤，盖悔其不谏"天书"之失也。诸子欲奉遗令，杨亿以为不可，乃止。

---

① 发运江淮：即江淮六路发运使，职掌东南六路粮食上供、茶盐、财货之事，并有监察官吏之责。

② 节度使：高级武阶，授予高级武臣、宗室、前任宰相等。

③ 留后：节度观察留后，高级武官阶。

④ 薯蓣：山药。

⑤ 敛：入殓。

纲 戊午,二年(1018)①,夏闰四月,马知节罢。六月,以曹利用知枢密院事。

纲 彗星出北斗。

纲 秋八月,立子受益为皇太子,更名祯,赦。

目 受益,司寝李氏所生②,皇后养以为子,与杨淑妃同抚育之。祥符九年
(1016),封寿春郡王,就学于资善堂,以张士逊、崔遵度为王友。未几
进封昇王,至是立为皇太子。

纲 冬十二月,张知白罢。

〔寇准进天书〕

纲 己未,三年(1019)③,春三月,得天书于乾祐山④。夏六月,王钦若有
罪免,以寇准同平章事。

目 巡检朱能,挟内侍都知周怀政,诈为天书。时寇准判永兴军,以闻,诏
迎入禁中。中外皆识其诈,帝独信之。谕德鲁宗道言⑤:"奸臣诞妄,
以惑圣听。"知河阳孙奭言⑥:"乞斩朱能,以谢天下。"皆不听。准由
是得召用矣。时钦若恩礼衰,商州捕得道士谯文易,畜禁书,能以术
使六丁六甲神⑦。钦若坐与之出入,遂免,以准代相。准之始召也,

————————

① 辽开泰七年。
② 司寝:后宫女官名。
③ 辽开泰八年。
④ 乾祐山:在今陕西西安市南。
⑤ 谕德:东宫僚佐,掌侍从赞谕等。
⑥ 河阳:藩镇军号,治孟州。
⑦ 六丁六甲:道教六丁神和六甲神,为天帝所役使,道士则可用符箓召请,以供驱使。

门生有劝准者曰："公若至河阳称疾,坚求外补,此为上策;倘入见,即发乾祐天书之诈,斯为次也;最下则再入中书耳。"准不怿。

纲 以丁谓参知政事。

〔参政国之大臣,乃为官长拂须邪〕

目 谓因准称誉得致通显,虽同列,而事之甚谨。尝会食中书,羹污准须,谓徐起拂之。准笑曰："参政国之大臣,乃为官长拂须邪!"谓大惭恨,遂成仇隙。

纲 秋八月,大会道、释于天安殿①。

纲 冬十一月,帝谒景灵宫,享太庙,祀天地于圜丘,大赦。

目 自是每三岁行礼,宫庙、圜丘必同举,为永制。向敏中、寇准并加仆射。麻下②,帝以即位未尝除左仆射,意敏中应甚喜,贺客必多,使人密觇(chān)之③,云敏中方谢客,门阑悄然,瞯(jiàn)其庖中④,亦寂无一人。帝大笑曰:"向敏中大耐官职。"

纲 十二月,以曹利用、丁谓为枢密使,任中正、周起为副使。

纲 庚申,四年(1020)⑤,春正月,以曹玮签书枢密院事。

目 玮沉勇有谋,驭军严明,自少捍御西陲,熟知羌情,每以奇计用兵,所

---

① 天安殿:举行大朝会等重要仪式的正殿。
② 麻:白麻纸,唐宋封王、除授高级官员等制书用白麻纸书写,代指制书。
③ 密觇:暗中察看。
④ 瞯:窥视。
⑤ 辽开泰九年。

向克捷。善抚士卒,绥怀边人①,羌戎畏怀之。

纲二月,帝有疾,不视朝。

纲三月,尚书左仆射、同平章事、兼景灵宫使向敏中卒。

纲夏四月,有两月并见西南。

〔寇准罢相被贬〕

纲六月,寇准罢。

目时帝得风疾,事多决于皇后,寇准、李迪以为忧。一日准请间曰:"皇
　太子人所属望,愿陛下思宗庙之重,传以神器,择方正大臣羽翼之。
　丁谓、钱惟演,佞人也,不可以辅少主。"帝然之。准密令杨亿草表,请
　太子监国,且欲援亿辅政。已而准被酒,漏言,谓闻之曰:"即日上体
　平,朝廷何以处此?"李迪曰:"太子监国,古制也,何不可之有?"谓力
　谮准,请罢其政事。帝不记与准有成言,竟罢为太子太傅,封莱国公。

纲秋七月,以李迪、丁谓同平章事,冯拯为枢密使。

纲贬寇准知相州。

目帝始得疾,自疑不起,尝卧宦者周怀政股,与之谋,欲命太子监国。怀
　政,东宫官也,出告寇准。已而事泄,准罢,丁谓等因疏斥之,使不得
　亲近。怀政忧惧不自安,阴谋奉帝为太上皇,而传位太子,罢皇后预
　政,杀丁谓而复相准。客省使杨崇勋等以其谋告谓,谓即微服夜乘犊

───────────

① 绥怀:安抚关切。

车,挟崇勋诣曹利用议。明日以闻,诏命曹玮讯之,怀政具服。帝怒甚,欲责及太子。群臣莫敢言,李迪从容奏曰:"陛下有几子,乃欲如是?"帝悟,乃止,诛怀政。谓与皇后谋,并发朱能天书妖妄事,遂贬准为太常卿,知相州。

纲 八月,以任中正、王曾参知政事,钱惟演为枢密副使。周起、曹玮罢。

纲 贬寇准为道州司马①。

目 时遣使捕朱能,能拥众叛,未几众溃,自杀。准坐是,再贬道州。既至,晨具朝服如常时,对宾客言笑自若,初无廊庙之贵者。自罢相三绌②,皆非帝意。岁余,帝问左右曰:"吾目中何久不见寇准?"群臣畏谓威,莫敢对。

纲 九月,帝疾瘳(chōu)③。

纲 冬十一月,李迪、丁谓罢,翌日谓复留视事。罢翰林学士刘筠。

目 丁谓擅权用事,至除吏不以闻,迪愤然谓同列曰:"迪起布衣至宰相,有以报国,死犹不恨,安能附权幸为自安计邪!"会议二府皆进秩兼东宫官,迪以为不可。谓又欲引林特为枢副,迪复沮之。谓积怒。既而谓加门下侍郎兼太子太傅,迪加尚书左丞,仍兼太子少傅。故事,宰相无兼左丞者④,及入对长春殿,内出制书置榻前,帝谓辅臣曰:"此卿等兼东宫官制也。"迪进曰:"东宫官属不当增置,臣不敢受命。丁

---

① 道州:治今湖南道县。
② 绌:同"黜"。
③ 瘳:病愈。
④ 宰相地位崇高,尚书左丞与之差距较大。

谓罔上弄权,私林特、钱惟演而嫉寇准。特子杀人,事寝不治;准无罪远谪;惟演以皇后姻家使预朝政;曹利用、冯拯相为朋党。臣愿与谓俱罢,付御史台劾正。"帝怒,留制不下,左迁迪知郓(yùn)州①,谓知河南府②。明日,谓入谢,帝诘所争状,谓对曰:"非臣敢争,乃迪詈(lì)臣尔③。愿复留。"遂自出传口诏,复入中书视事。

时刘筠已草迪、谓同罢制,既而谓复留,命草制,筠不奉诏,乃更召学士晏殊草之。筠自院出遇殊,殊皇愧侧面,不敢与揖。谓既复位,益擅权专恣。筠曰:"奸人用事,安可一日居此!"力请补外,遂知庐州④。筠初为杨亿所识拔,后遂与亿齐名,时号"杨刘"。

纲 诏太子参议朝政。

目 诏:"自今军国大事,取旨如故,余皆委皇太子同宰相、枢密等参议施行。"太子固让,不允,遂开资善堂亲政,皇后裁决于内,而丁谓用事,中外以为忧。王曾谓钱惟演曰:"太子幼,非中宫不能立;中宫非倚太子,则人心亦不附。后若加恩太子,则太子安;太子安,则刘氏安矣。"惟演乘间言之⑤,后深纳焉。

纲 以冯拯同平章事。

纲 辛酉,五年(1021)⑥,春正月,以张士逊为枢密副使。

————————

① 左迁:降官。郓州:治今山东东平县。
② 河南府:宋西京洛阳。
③ 詈:责骂。
④ 庐州:治今安徽合肥市。
⑤ 乘间:乘机。
⑥ 辽太平元年。

纲 冬十一月，贬王钦若为司农卿，分司南京①。

目 钦若判河南，有疾，表乞就医京师。丁谓使人绐之曰："上甚思一见君也。"钦若信之，即舆疾至京。谓因言："钦若擅去官守，无人臣礼。"命御史就第按问，钦若惶恐伏罪，故贬。

〔宋真宗去世，刘太后权处分军国事，是武则天以来第一位垂帘听政的太后〕

纲 壬戌，乾兴元年（1022）②，春二月，帝崩。遗诏皇后权处分军国事。太子祯即位，尊皇后为皇太后，赦。

目 王曾奉遗诏入殿庐草制，命皇后权处分军国事，辅太子听政。太子即位，年十三矣，尊皇后为皇太后，淑妃杨氏为皇太妃。两府议太后临朝仪，曾请如东汉故事，太后与帝五日一御承明殿，太后坐右，垂帘听政。丁谓欲擅权，不欲同列与闻机政，潜结入内押班雷允恭，密请太后降手书云："帝朔望见群臣，大事则太后召对，辅臣决之；非大事则令允恭传奏禁中，画可以下。"曾曰："两宫异处，而柄归宦官，祸端兆矣。"于是允恭恃势专恣，而谓权倾中外，众莫敢抗，独曾正色立朝，时倚为重。

〔贬寇准李迪〕

纲 夏四月，贬寇准为雷州司户参军，李迪为衡州团练副使③。

---

① 分司：中央官员在陪都任职，多为贬降官。
② 辽太平二年。
③ 衡州：治今湖南衡阳市。团练副使：无职事，多为贬降官。

目帝临崩,惟言寇准、李迪可托。丁谓怨准,而太后憾迪尝谏立己,遂诬以朋党,贬之。连坐者甚众,曹玮亦谪知莱州。初议窜逐,王曾疑责太重,谓熟视曾曰:"居停主人恐亦未免耳①。"盖曾尝以第舍假准,曾遂不复争。学士呈制草,谓改曰:"当丑徒干纪之际②,属先帝违豫之初③,罹此震惊,遂致沉剧。"且使人迫迪行。或语谓曰:"迪若贬死,公如士论何!"谓曰:"异日诸生记事,不过曰'天下惜之'而已。"谓必欲令二人死,遣中使赍敕就赐,以锦囊贮剑,揭于马前,示将诛戮状。至道州,众皆皇恐,不知所为。准方与郡官宴饮,神色自若,使人谓之曰:"朝廷若赐准死,愿见敕书。"中使不得已,乃授敕。准拜于庭,升阶,复宴,至暮乃罢。

〔丁谓罢相〕

纲六月,内侍雷允恭伏诛,丁谓、任中正免。

目谓为山陵使,允恭为都监,判司天监邢中和言于允恭曰:"今山陵上百步,法宜子孙,但恐下有石与水耳。"允恭曰:"上无子,何不可。"中和曰:"山陵事重,踏行覆按,动经月日,恐不及七月之期耳。"允恭曰:"第移就上穴,我走马入见太后言之。"允恭素骄横,人不敢违,即改穿上穴,乃入白。太后曰:"此大事,何轻易如此!"允恭曰:"使先帝宜子孙,何为不可?"太后意不然,曰:"出与山陵使议可否。"允恭出与谓言,谓唯唯。遂命夏守恩领工徒数万穿地,土石相半,继之以水,众

---

① 居停主人:房东,指王曾。
② 干纪:违犯法纪。
③ 违豫:帝王有病的讳称。

议日喧,奏请待命。谓庇允恭,依违不决。内侍毛昌达自陵下还,以其事闻。诏问谓,谓始请遣使按视。既而咸请复用旧地,乃诏遣王曾复视,曾还,请独对,因言谓包藏祸心,令允恭移皇堂于绝地。太后大惊,怒甚,欲并诛谓。冯拯进曰:"谓固有罪,然帝新即位,亟诛大臣,骇天下耳目。"后怒稍解,遂止诛允恭等。任中正进曰:"谓被先帝顾托,虽有罪,请如律议功。"曾曰:"谓以不忠得罪宗庙,尚可议邪!"乃降授谓太子少保,分司西京,并罢中正出知郓州。

纲 秋七月朔,日食几尽。

纲 以王曾同平章事,吕夷简、鲁宗道参知政事,钱惟演为枢密使。

目 曾方严持重,每进见言利害事,审而中理。多所拔荐,尤恶侥幸。帝尝问曾曰:"比臣僚请对多求进者。"曾对曰:"惟陛下抑奔竞,崇恬静,庶几有难进易退之人矣。"

〔鲁直〕

初,真宗封岱祀汾①,两过洛阳,皆幸吕蒙正第,问曰:"卿诸子孰可用?"蒙正对曰:"臣诸子皆不足用,侄夷简,宰相材也。"夷简由是进用,累擢知开封府,严辨有声,真宗识(zhì)其姓名于屏风②,将大任之,不果。宗道尝为右正言,论列无所畏避,真宗书殿壁曰"鲁直",盖思念之也。

———————

① 岱:泰山。汾:汾阴。
② 识:标记。

纲 丁谓有罪,贬崖州司户参军①。

目 初,女道士刘德妙常以巫师出入谓家,谓败,逮系德妙,内鞫问之。德妙具言谓尝教之曰:"汝所为不过巫事,不若托老君言祸福,足以动人。"谓又作颂,题曰"混元皇帝赐德妙",语涉妖诞。遂贬谓崖州司户参军。谓赴崖州,道出雷州,寇准使人以一蒸羊逆诸境上。谓欲见准,准固辞之。准闻家僮谋欲报仇,乃杜门使纵博,毋得出,候谓行远乃已。

纲 八月,太后同御承明殿听政。

〔天书闹剧结束〕

纲 冬十月,葬永定陵②,以天书殉。

纲 十一月,钱惟演罢。

目 初,惟演见丁谓当国,权势薰灼,因附之,与为婚姻,寇准之斥,惟演有力焉。及序枢密题名,独削去准姓氏,云"逆准不书"。御史中丞蔡齐言于帝曰:"寇准忠义闻天下,社稷之臣也,岂可为奸党所诬哉!"帝遽令磨去之。谓得罪,惟演虑将及己,因挤谓以自解。冯拯以是恶其为人,因言惟演以妹妻刘美,乃太后姻家,不可与机政,以废祖宗之法,请罢之。乃以保大节度使知河阳府。逾年入朝,意图执政,御史鞠咏上疏论之,太后遣内使持奏示惟演。惟演犹顾望不行,咏语右司谏刘

①崖州:治今海南海口市琼山区。
②永定陵:宋真宗陵,在今河南巩义市。

随曰："若相惟演,当取白麻庭毁之。"惟演始惄去。

纲 以张知白为枢密副使。

纲 给兖州学田。

目 判国子监孙奭上言:"知兖州日,建立学舍以延生徒,至数百人。臣虽以俸赡之,然常不给,乞给田十顷为学粮。"从之。诸州给学田始此。

纲 帝初御经筵。

目 王曾以帝初即位,宜近师儒,乃请御崇政殿西阁,召侍讲学士孙奭、直学士冯元讲《论语》。初诏双日御经筵①,自是虽只日亦召侍臣讲读②。帝在经筵,或左右瞻瞩及容体不正,奭即拱立不讲,帝为竦然改听。

仁宗皇帝

纲 癸亥,仁宗皇帝天圣元年(1023)③,秋七月,冯拯罢。

目 拯气貌严重④,而乏风节,议论多迎合上意。平居自奉侈靡,外示俭陋,人不能知。至是,以疾罢。

纲 以王钦若同平章事。

目 钦若再相,以帝初临政,谓百官叙进皆有常法,为图以献,然亦不能大

---

① 双日:偶数日。
② 只日:奇数日。
③ 辽太平三年。
④ 严重:严肃稳重。

用事如真宗朝矣。

纲闰月，故相寇准卒于雷州。

目诏许归葬西京。

〔世界上最早的纸币交子〕

纲冬十一月，置益州交子务。

目初，张咏知益州，患蜀人铁钱重，不便贸易，设质剂之法①，一交一缗，以三年为一界而换之，六十五年为二十二界，谓之交子，使富民主之。后富民稍衰，不能偿所负，争讼不息。转运使薛田、张若谷请置交子务，以权其出入，禁私造者。帝从其议，立务于益州界，以百二十五万六千三百缗为额。

纲甲子，二年(1024)②，夏五月朔，司天监奏日食，不应。

目中书奉表称贺。

纲秋八月，帝临国子监，谒孔子。

纲冬十一月，立皇后郭氏。

目后，平卢节度使崇之孙女③。时张美人有宠，帝欲立之，太后不可而止，故后虽立而颇见疏。

---

① 质剂：古代贸易券契质和剂的并称。
② 辽太平四年。
③ 平卢：藩镇军号，治青州。

纲 乙丑,三年(1025)①,冬十月,以晏殊为枢密副使。

纲 十一月,王钦若卒。

目 帝谓辅臣曰:"钦若久在政府,观其所为,真奸邪也。"王曾对曰:"钦若与丁谓、林特、陈彭年、刘承珪同恶,时人目为'五鬼',奸邪憸伪,诚如圣谕。"

纲 十二月,以张知白同平章事,张耆为枢密使。

目 太后微时尝寓耆家,耆事之甚谨,后德之,故自河阳召还,长枢府。晏殊言:"耆无勋劳,徒以恩幸被宠,天下已有非才之议,奈何复用为枢密使也!"后不悦。耆寻更名耆。

纲 丙寅,四年(1026)②,夏六月,大水。

目 京师大雨,平地水数尺,坏民舍,压死数百人。京东、西及河北、江、淮以南皆大水。帝避殿,减膳,肆赦,蠲民租,抚流民。方水之作也,宰执晨朝,未入,有旨放朝,王曾附中使奏曰:"天变甚异,乃臣等燮理无状③,岂可退安私室。"亟请入见,陈所以备御之道。同列有先归者,皆愧服焉。

纲 丁卯,五年(1027)④,春正月朔,帝率群臣朝太后于会庆殿。

纲 晏殊罢,以夏竦为枢密副使。

---

① 辽太平五年。

② 辽太平六年。

③ 燮理:协和治理。

④ 辽太平七年。

目 殊从幸玉清昭应宫,从者持笏后至,殊怒,以笏击之,折齿,为御史所论,出知宣州①,寻改应天。自五代以来,天下学校废坏,殊始兴建,为诸州倡,且延范仲淹以教生徒。仲淹敦尚风节,每感激论天下事,殊深器之。

竦明敏博学,文章典雅,材术过人,但急于进取,喜交结,任数倾侧②,世以奸邪目之。

纲 夏五月,楚王元佐卒。

纲 秋九月,以程琳为御史中丞。

目 张知白最器琳,当除命,喜曰:“不辱吾笔。”琳上疏请罢诸土木营造,蠲被灾郡县逋租,帝嘉纳之。未几除知开封府。

纲 戊辰,六年(1028)③,春二月,工部尚书、同平章事张知白卒。

目 知白为相,慎名器,抑侥幸,每以盛满为戒,虽贵显,清约如寒士。卒,谥文节。

纲 三月,以张士逊同平章事,姜遵、范雍为枢密副使。

纲 夏五月,赵德明使其子元昊袭回鹘(hú)甘州④,取之。

目 元昊小字嵬(wéi)理,性雄毅,多大略,善绘画,能创制物始。圆面高

---

① 宣州:治今安徽宣城市。
② 倾侧:不正派。
③ 辽太平八年。
④ 回鹘:指甘州回鹘,五代宋初居于河西走廊至天山一带。甘州:治今甘肃张掖市。

准①,晓浮图学,通蕃汉文字。德明虽臣事中国及契丹,然于本国则称帝,至是以元昊袭破回鹘,夺甘州,遂立为皇太子。

纲秋八月,水。

纲己巳,七年(1029)②,春正月,曹利用罢。

纲二月,参知政事鲁宗道卒。

〔鱼头参政〕

目太后临朝,宗道屡有献替。后尝问:"唐武后何如主?"对曰:"唐之罪人也,几危社稷。"后默然。有小臣方仲弓请立刘氏七庙,后问诸辅臣,众不敢对。宗道独进曰:"若立刘氏七庙,如嗣君何!"乃止。后尝与帝同幸慈孝寺,欲乘辇先行,宗道以夫死从子之义争之,后遽命辇后乘舆。宗道刚正嫉恶,遇事敢言,贵戚用事者皆惮之,目为"鱼头参政"③,因其姓,且言骨鲠也。卒,谥简肃。

纲张士逊罢。

目士逊之相,曹利用荐之也。利用凭宠自恣,而士逊依违其间,时人目之为"和鼓"。利用既斥,士逊亦罢。

纲以吕夷简同平章事,夏竦、薛奎参知政事,陈尧佐为枢密副使。

目初,奎知开封府时,真宗数宴大臣,至有沾醉者,奎谏曰:"今天下诚无

---

① 准:鼻子。
② 辽太平九年。
③ 鱼头:指"鲁"字,上半部为鱼。

事,然宴乐无度,大臣数被酒失仪,非所以重朝廷也。"真宗善其言。及拜参政,入谢,帝曰:"先帝常以卿可大任,今用卿,先帝意也。"他日帝谕辅臣曰:"臣事君鲜有克终者。"奎对曰:"保终之道,匪独臣下然也。"因历数唐开元、天宝时事以闻,帝然之。

纲 复制举诸科。

目 诏复贤良方正等六科,以待京朝官之被举及应选者;增置书判拔萃科,以待选人之应书者①;高蹈丘园、沉沦草泽、茂材异等三科,以待布衣之被举者。又置武举,以待方略智勇之士。

纲 三月,给契丹流民田。

目 契丹饥,流民至境上,帝曰:"皆吾赤子也。"诏给以唐、邓州闲田②,仍令所过给食。

纲 夏六月,玉清昭应宫灾,罢王曾知兖州。

目 初,太后受册,将御天安殿,曾执不可,及长宁节上寿③,又执不可,皆供帐便殿。太后左右姻家稍通请谒,曾多裁抑之。太后滋不悦,会玉清昭应宫灾,曾以首相罢,出知兖州。

纲 秋八月,以陈尧佐、王曙参知政事,夏竦为枢密副使。

纲 冬十月,京师地震。

---

① 选人:幕职州县官,宋代基层文官。
② 唐州:治今河南唐河县。
③ 长宁节:刘太后诞节,在正月初八日。

纲 十一月,出秘阁校理范仲淹通判河中①。

目 时帝每以岁旦冬至,率百官上太后寿于会宁殿,遂同御天安殿以受朝。秘阁校理范仲淹上疏曰:"天子奉亲于内,自有家人礼。今顾与百官同列北面而朝,亏君体,损主威,非所以垂法后世也。"疏入,不报。既而又疏请太后还政,亦不报。遂乞补外,出为河中府通判。

纲 庚午,八年(1030)②,秋九月,姜遵卒,以赵稹(zhěn)为枢密副使。

目 时政出宫掖,稹厚结刘美家婢以干进用。命未下,有驰告者,稹问:"东头,西头③?"盖意在中书也,闻者以为笑谈。

纲 辛未,九年(1031)④,夏六月,契丹隆绪死,子宗真立,其母萧耨(nòu)斤治国事。

纲 秋七月,遣龙图阁待制孔道辅等使契丹。

目 契丹来告哀,帝遣道辅及王随等充贺册及吊祭等使。初,道辅使契丹,契丹燕使者,优人以文宣王为戏⑤。道辅艴(fú)然径出⑥,虏使主客者邀还坐,且令谢。道辅正色曰:"中国与北朝通好⑦,以礼文相接。今俳(pái)优之徒侮慢先圣,而不之禁,北朝之过也,何谢为!"至是益加礼重。道辅,孔子四十五世孙也。

---

① 河中:府名,治今山西永济市。
② 辽太平十年。
③ 东头:中书门下。西头:枢密院。
④ 辽景福元年。
⑤ 优人:以乐舞、戏谑为业的艺人。文宣王:孔子。
⑥ 艴然:恼怒的样子。
⑦ 北朝:指辽朝,宋辽互称南北朝。

纲冬十月，罢翰林学士宋绶。

目时太后专政，而帝未始独对群臣，绶请令群臣对前殿，非军国大事及除拜皆前殿取旨。书上，忤太后意，出知应天府。

纲壬申，明道元年（1032）①，春二月，以张士逊同平章事。

〔吕夷简请厚葬仁宗生母李宸妃〕

纲真宗宸妃李氏卒。

目李氏，杭州人，实生帝，太后既取帝为己子，与杨太妃保护之，李氏默然处先朝嫔御中，未尝自异。人畏太后，亦无敢言者，以是帝虽春秋长，不自知为李氏出也。至是疾革，乃自顺容进位宸妃。薨，太后欲以宫人礼治丧于外，吕夷简奏：“礼宜从厚。”太后遽引帝起，有顷，复独立帘下，召夷简问曰：“一宫人死，相公云云，何也？”夷简对曰：“臣待罪宰相，事无内外，皆当预也。”后怒曰：“相公欲离间吾母子邪！”夷简对曰：“陛下不以刘氏为念，臣不敢言。尚念刘氏，则丧礼宜从厚。”后悟，乃以一品礼殡于洪福院。夷简又谓入内都知罗崇勋曰：“宸妃当以后服殓，用水银实棺，异时勿谓夷简不道及也。”崇勋惧，驰告太后，乃许之。

纲秋七月，王曙罢。八月，以晏殊参知政事，杨崇勋为枢密副使。

纲宫中火，诏群臣言阙失。

纲九月，复作受命宝。

---

① 辽重熙元年。

纲 冬十一月,夏王赵德明卒,子元昊嗣。

纲 癸酉,二年(1033)①,春二月,彗星见于东北。

目 光芒长二尺,司天言含誉星见,然观者皆以为彗。

纲 太后有事于太庙。

目 太后欲被服天子衮冕以享太庙,薛奎力谏,且曰:"必御此,若何为拜!"后不听,服仪天冠衮衣初献,皇太妃亚献,皇后终献。礼毕,群臣上太后尊号。

纲 帝耕藉田。

目 命宰相张士逊撰《谒太庙》及《躬耕藉田记》。检讨宋祁言:"皇太后谒庙,非后世法。"乃止撰《藉田记》。

纲 三月,皇太后刘氏崩,尊太妃杨氏为皇太后。帝始亲政。

目 后称制十一年,至是后崩,谥曰庄献明肃。旧制后皆二谥,称制加四谥,自此始。遵太后遗诰,尊太妃为皇太后。帝始亲政,罢创修寺观,裁抑侥幸。召宋绶、范仲淹而黜内侍罗崇勋等,中外大悦。刘太后爱帝如己出,帝亦尽孝,故始终无毫发间隙。及帝亲庶务,言者多追诋太后时事,仲淹言于帝曰:"太后受遗先帝,调护陛下者十余年,今宜掩其小故,以全大德。"帝曰:"此亦朕所不忍闻也。"遂下诏戒饬中外,毋得辄言皇太后垂帘日事。

纲 夏四月,吕夷简、张耆、夏竦、陈尧佐、范雍、赵稹、晏殊罢。

---

① 辽重熙二年。

目帝与吕夷简谋,以张耆等皆附太后,欲悉罢之,夷简以为然。帝退,
　以语皇后,后曰:"夷简独不附太后邪? 但多机巧,善应变耳。"由是
　夷简亦罢。制下,夷简方押班,闻唱名,大骇,不知其故。因令素所
　厚内侍都知阎文应诇之,乃知事由郭后也,于是深憾后,思有以
　倾之。

纲以李迪同平章事,王随参知政事,李咨为枢密副使,王德用签书枢密
　院事。

目迪自太后崩,召还,未几复相。

　德用初为殿前都虞候,有求太后内降补军吏者,德用曰:"补吏,军政
　也,不可与。"太后固欲与之,德用卒不奉诏。至是,帝阅太后阁中,得
　德用所奏事,奇之,以为可大用,遂拜签枢。

纲追尊母宸妃李氏为皇太后。

目左右有为帝言陛下乃李宸妃所生,妃死以非命者。帝号恸累日,下诏
　自责,追尊为皇太后,谥庄懿,幸洪福寺祭告,易梓宫①,亲启视之,妃
　以水银故,玉色如生,冠服如皇后。帝叹曰:"人言其可信哉!"待刘氏
　加厚。

纲秋七月,旱、蝗,诏求直言。

纲冬十月,张士逊、杨崇勋免,以吕夷简同平章事,宋绶参知政事,王曙
　为枢密使,王德用、蔡齐为副使。

---

① 梓宫:皇帝、皇后棺材。

纲 十一月,赠寇准中书令。

目 复莱国公,谥忠愍。

纲 薛奎罢。

目 奎以疾罢,逾年卒。奎谋议正直,或志不伸,归辄叹咤不食。家人笑曰:"何必如是。"奎曰:"吾仰惭古人,俯愧后世尔。"尤能知人,范仲淹、庞籍、明镐自为吏部选人,皆以公辅许之,卒如其言。

纲 诏宰相毋得进用台官。

目 言者谓台官必由中旨,乃祖宗法也。帝曰:"祖宗法不可坏。宰相自用台官,则宰相过失无敢言者矣。"故诏:"自今台官,非中丞、知杂保荐者,毋得除授。"

〔仁宗废郭皇后、逐谏官,一举而两失〕

纲 废皇后郭氏,谪御史中丞孔道辅、右司谏范仲淹。

目 时尚美人、杨美人俱得幸,数与皇后忿争。一日,尚氏于帝前有侵后语,后不胜忿,批其颊①,帝自起救之,误批帝颈。帝大怒,内侍阎文应因与帝谋废后,且劝以爪痕示执政。帝以示吕夷简,告之故。夷简有憾于后,遂主废黜之议。帝犹疑之,夷简曰:"光武,汉之明主也,郭后止以怨怼坐废,况伤陛下颈乎!"帝意遂决。

夷简先教有司毋得受台谏章奏,乃诏称皇后愿入道,封净妃、玉京冲妙仙师,居长宁宫。台谏章疏果不得入。于是中丞孔道辅率谏官范

---

① 批:用手掌打。

仲淹、孙祖德、宋庠、刘涣、御史蒋堂、郭劝、杨偕、马绛、段少连十人，诣垂拱殿伏奏："皇后，天下之母，不当轻废。愿赐对，尽所言。"殿门阖，不为通。道辅扣镮大呼曰①："皇后被废，奈何不听台臣言！"寻有诏，令夷简谕以皇后当废状。道辅等至中书语夷简曰："大臣之于帝后，犹子事父母也。父母不和，可以谏止，奈何顺父出母乎！"夷简曰："废后有汉唐故事。"道辅曰："人臣当道君以尧舜②，岂得引汉唐失德为法邪？"夷简不能答。即奏言"伏阁请对，非太平美事"，遂黜道辅知泰州，仲淹知睦州，祖德等罚金。道辅鲠挺特达，遇事弹劾无所避，天下皆以直道许之。签书河阳判官富弼言："朝廷一举而两失，纵不能复后，宜还仲淹等。"不听。

纲 甲戌，景祐元年(1034)③，春正月，置崇政殿说书。

目 侍讲学士孙奭年老乞外，因荐贾昌朝、赵希言、王宗道、杨安国等自代。遂置说书，日轮二人祗候。昌朝诵说明白，帝多所质问。

纲 秋七月，赵元昊反，寇环庆。

纲 八月，有星孛于张、翼④。

目 帝以星变避殿，减膳。寻诏净妃郭氏出居瑶华宫，美人尚氏入道，杨氏安置别宅。

纲 王曙卒，以王曾为枢密使。

---

① 镮：同"环"，门环。

② 道：引导。

③ 辽重熙三年。

④ 孛：彗星出现时光芒四射的现象。张、翼：均为二十八星宿之名。

纲 九月,立曹氏为皇后。

目 后,彬之孙女也。御史里行孙沔请终庄献丧制而后行①,秘书丞余靖亦以为言,不报。

纲 乙亥,二年(1035)②,春正月,作迩英、延义二阁。

目 孙奭尝上《无逸图》,帝命施于讲读阁,至是又诏蔡襄写《无逸》篇于阁屏③。

纲 贬御史里行孙沔监永州酒务④。

目 沔上言:"自孔道辅、范仲淹被黜,凡在缙绅,尽怀缄默。乞少霁(jì)天威⑤,用存国体。"疏入,责知衡山县。沔未知有责命,复上书曰:"深宫之中,侍左右者,刀锯之余⑥;悦耳目者,艳冶之色。宸禁昼严,乘舆天远,未见款召名臣,清问外事,询祖宗之纪纲,质朝廷之得失,徒修简易之名,未益承平之化。"又曰:"愿推择大臣,讲求古道,极论精思,品藻贤哲。逐刺史、县令老懦、贪残之辈,以利于民。罢公卿、大夫诌佞、诡诞之士,以肃于朝。简掖庭之幽旷⑦,以求锡羡之庆⑧。抑宦侍之重任,以防昵近之私。"书奏,再责监永州酒务。

---

① 里行:资浅官员破格用为御史时带"里行"之名。庄献:真宗刘皇后。

② 辽重熙四年。

③《无逸》:《尚书》篇名,主旨是周公告诫成王,以殷商为戒,不要贪图安逸。

④ 监:主管。酒务:宋朝在地方设立的酒的生产和专卖机构。

⑤ 霁:怒气消解。

⑥ 刀锯之余:指宦官。

⑦ 简:拣选。掖庭:妃嫔、宫女居住的地方,代指后宫。

⑧ 锡羡:神明多多赐福,常用于祈求子嗣。

纲二月，育宗室允让子宗实于宫中①。

目宗实，太宗之曾孙，商王元份（bīn）之孙，江宁节度使允让之子也②。帝未有储嗣，取入宫，命皇后拊鞠之，生四年矣。

纲李迪罢。

纲以王曾同平章事，蔡齐、盛度参知政事，王随、李咨知枢密院事，王德用、韩亿同知院事。

纲命集贤校理李照重定雅乐。

纲冬十一月，故后郭氏暴卒，诏窜内侍阎文应于岭南。

目后居瑶华，帝颇念之，遣使存问，赐以乐府，后和答之，辞意凄惋，帝亦悔焉。尝密遣人召之，后辞曰："若再见召，须百官立班受册方可。"文应以尝谮后，惧其复立。属后小疾，帝遣文应挟医诊视，数日，言后暴崩。中外疑文应进毒，而不得其实。帝深悼之，追复后号，以礼敛葬，而停谥册祔庙之礼。知开封府范仲淹劾奏文应之罪，窜之岭南，死于道。

纲诏录五代及诸国后。

目御史台辟石介为主簿，介未至，论不当求诸伪国后，坐罢。馆阁校勘欧阳修贻书责中丞杜衍曰："主簿于台中非言事官，介足未履台门之阈，已用言事见罢，可谓正直刚明，不畏避矣。度介之才不止为主簿，

---

① 宗实：即后来的宋英宗。
② 江宁：宋无江宁军，据《宋史·允让传》，应作"宁江"。宁江军治夔州，今重庆奉节县。

直可为御史。今斥介而他举,亦必择贤。夫贤者固好辩,又有言则又斥而他举乎?如此,则必得愚暗懦默者而后止也。"衍不能用。

〔范仲淹第三次因言被贬〕

纲 丙子,三年(1036)①,夏五月,贬知开封府范仲淹及集贤校理余靖、馆阁校勘尹洙、欧阳修于外。诏戒群臣越职言事。

目 仲淹以吕夷简执政,进用多出其门,上《百官图》,指其次第曰:"如此为序迁,如此为不次,如此则公,如此则私,况进退近臣凡超格者,不宜全委之宰相。"夷简不悦。他日论建都之事,仲淹进曰:"洛阳险固,而汴为四战之地,太平宜居汴,即有事必居洛阳。当渐广储蓄,缮宫室。"帝以问夷简,夷简对曰:"仲淹迂阔,务名无实。"仲淹闻之,乃为《四论》以献,大抵讥切时弊,且曰:"汉成帝信张禹不疑舅家,故有新莽之祸。臣恐今日亦有张禹坏陛下家法。"夷简诉仲淹越职言事,离间君臣,引用朋党。仲淹对益切,由是落职,知饶州②。

集贤校理余靖上言:"仲淹以讥刺大臣,重加谴谪。傥其言未合圣虑③,在陛下听与不听尔,安可以为罪乎!陛下自亲政以来,屡逐言事者,恐钳天下口。请改前命。"疏入,坐落职,监筠州酒税④。

馆阁校勘尹洙上疏曰:"仲淹忠亮有素,臣与之义兼师友,则是仲淹之党也。臣不可苟免。"夷简怒,斥监郢州酒税⑤。

---

① 辽重熙五年。
② 饶州:治今江西鄱阳县。
③ 傥:同"倘"。
④ 筠州:治今江西高安市。
⑤ 郢州:治今湖北钟祥市。

〔欧阳修《与高司谏书》〕

　　馆阁校勘欧阳修贻书责司谏高若讷曰：“仲淹以非辜逐，君不能辨，犹以面目见士大夫，出入朝中，是不复知人间有羞耻事！”若讷怒，上其书，修坐贬夷陵令①。

〔蔡襄《四贤一不肖诗》〕

　　时朝士畏宰相，无敢送仲淹者，独龙图直学士李纮、集贤校理王质出郊饮饯之。或以诮质，质曰：“希文贤者，得为朋党，幸矣。”馆阁校勘蔡襄作《四贤一不肖诗》，以誉仲淹、靖、洙、修而讥若讷，都人相传写，鬻(yù)书者市之得厚利②。御史韩缜希夷简旨，请以仲淹朋党榜朝堂，戒百官越职言事者，从之。

纲　冬十月，契丹初殿试进士。

纲　十一月，皇太后杨氏崩。

纲　李咨卒，以王德用知枢密院事，章得象同知院事。

纲　丁丑，四年(1037)③，夏四月，吕夷简、王曾、宋绶、蔡齐罢。

目　初，夷简事曾甚谨，曾力荐为相。及曾复入中书，位反居下。而夷简任事久，多所专决，曾不能堪，议论间有异同，遂力求罢。帝疑之，问曾曰：“卿亦有所不足邪？”时外传夷简纳赂，曾因及之。帝以问夷简，

———————

① 夷陵：县名，今湖北宜昌市。
② 鬻：同“鬻”，卖。
③ 辽重熙六年。

夷简乞置对,遂交论帝前,而曾语亦有失实者,求去益力,夷简亦乞罢。时曾与蔡齐善,而夷简善宋绶,惟盛度不得志于二人,而性猜险,每有所议,依违其间。及是,帝问度曰:"曾、夷简力求退,何也?"度对曰:"二人心事,臣不得知。陛下询二人以孰可代者,则其情可察矣。"帝从之。曾荐齐,夷简荐绶。于是四人俱罢,而度独留。

纲 以王随、陈尧佐同平章事,韩亿、程琳、石中立参知政事,盛度知枢密院事,王鬷(zōng)同知院事。

纲 冬十二月,地震。

目 京师及定襄、并、代、忻(xīn)州皆震,而并、代、忻尤甚,坏民庐舍,压死者二万二千余人,伤者五千六百人。

纲 戊寅,宝元元年(1038)①,春正月,求直言。

目 时有众星西北流,雷发不时。下诏求直言,大理评事苏舜钦言:"臣观国史,见祖宗日日视朝,旰昃(zè)方罢②。今陛下春秋鼎盛,实宵旰求治之秋,乃隔日御殿,此政事不亲也。三司计度经费,二十倍于祖宗之时,府库匮竭,敛科无虚日,此用度不足也。二者诚国大忧。愿陛下因此灾变,修己以御人,洗心以鉴物,勤听断,舍燕安,放优谐近习之纤人③,亲刚明鲠直之良士,以思永图。"疏入,诏复日御前殿。

纲 三月,王随、陈尧佐、韩亿、石中立免。

---

① 辽重熙七年。
② 旰昃:日晚。
③ 谐:诙谐。纤人:小人。

目 随为相无所建明,而数与尧佐、亿、中立争事。会灾异屡见,右司谏韩琦言:"随、尧佐、中立非辅弼才,亿不当以子纲为群牧判官。"遂皆免。琦遇事敢言,切而不迁,在谏垣前后凡七十余疏。

纲 以张士逊、章得象同平章事,王鬷、李若谷参知政事,王博文、陈执中同知枢密院事。夏四月,王博文卒,以张观同知枢密院事。

〔元昊称帝,西夏建国〕

纲 冬十月,赵元昊称帝于夏州①。

纲 十一月,沂公王曾卒。

目 赠侍中,谥文正。曾性资端厚,在朝廷进止有常处,平居寡言笑,人不敢干以私。进退士人,莫有知者。范仲淹尝谓曾曰:"明扬士类②,宰相任也,公之盛德独少此尔。"曾曰:"恩欲归己,怨将谁归邪?"仲淹服其言。

纲 十二月,京师地震。

纲 以夏竦为泾原、秦凤安抚使③,范雍为鄜延、环庆安抚使④,经略夏州。

纲 己卯,二年(1039)⑤,夏四月,募民入粟实边。

① 夏州:此处有误,元昊称帝于兴庆府,治今宁夏银川市。
② 明扬:公开表彰。
③ 泾原、秦凤:均为安抚使路,今陕西西部、甘肃东南部一带。
④ 鄜延:安抚使路,今陕西西北部一带。
⑤ 辽重熙八年。

纲 五月,罢王德用,以夏守赟知枢密院事。

目 赵元昊反,德用请自将讨之,不许。德用状貌雄毅,面黑,颈以下白皙,人皆异之,言者论其貌类艺祖①,且得士心,不宜久典机密,遂罢。言者犹不已,遂降知随州。家人惶惧,而德用举止言笑自若,惟不接宾客而已。

纲 六月,削赵元昊赐姓、官爵。

纲 冬十一月,盛度、程琳罢。

纲 以工瑊知枢密院事,宋庠参知政事。

纲 夏人寇保安军②,巡检指挥使狄青击败之。

目 青初以善骑射为骑御散直,从西征,战安远诸寨,皆克捷。临敌,披发带铜面具,出入贼中,皆披靡,莫敢当。至是元昊寇保安军,钤辖卢守懃使青击走之,以功加秦州刺史③。帝欲召见,问以方略,会贼寇渭州④,命图形以进。

闫建飞 评注

李华瑞　高纪春 审定

---

① 艺祖:宋太祖。
② 保安军:治今陕西志丹县。
③ 刺史:高级武阶。
④ 渭州:治今甘肃平凉市。

纲鉴易知录卷六八

卷首语：本卷起宋仁宗康定元年（1040），止皇祐五年（1053），所载为仁宗朝十四年史事。西夏建国后，宋夏发生三川口、好水川、定川寨等战。为应对西夏威胁，宋廷起用范仲淹、韩琦等，稳定了陕西局面，之后宋夏议和。与此同时，辽趁机索取关南地，宋以富弼出使，增岁币二十万。为应对内外危机，宋仁宗起用范仲淹等主持庆历新政，但很快失败。狄青平定侬智高之乱也是这一时期的重要事件。

宋　纪

仁宗皇帝

纲庚辰,康定元年(1040)①,春正月朔,日食。

目先是,司天杨惟德请移闰于庚辰岁,则日食在正月之晦②。帝曰:"闰,所以正天时而授民事,其可曲避乎!"不许。至是,知谏院富弼请罢宴、彻乐,就馆赐北使酒食③。执政不可,弼曰:"万一契丹行之,岂不为朝廷羞。"既而闻契丹罢宴,帝深悔之。

〔三川口之战〕

纲元昊寇延州,副总管刘平、石元孙战没。二月,贬范雍知安州④。

纲以夏守赟为陕西经略安抚招讨使⑤,内侍王守忠为都钤辖。

纲除越职言事之禁⑥。

纲命知制诰韩琦安抚陕西。

目初,琦使蜀归,论西师形势甚悉,即命安抚陕西。琦言:"范雍节制无

---

① 辽重熙九年。
② 晦:农历每月最后一天。
③ 馆:国信所,宋朝处理涉辽往来事宜的机构,亦为辽使来访住所。北使:辽朝使者。
④ 安州:治今湖北安陆市。
⑤ 陕西经略安抚招讨使:陕西最高军政长官。
⑥ 越职言事:宋代只有谏官、御史才可以上书言事,其他官员擅自上书则为越职。

状,宜召知越州范仲淹委任之①。方陛下焦劳之际,臣岂敢避形迹不言,若涉朋比误国家,当族。"帝从之,召仲淹知永兴军。

纲 三月,王鬷、陈执中、张观免。

目 天圣中,鬷使河北,过真定。时曹玮为总管,鬷见之,玮谓曰:"君异日当柄用,愿留意边防。"鬷曰:"何以教之?"玮曰:"吾尝使人觇赵元昊,状貌异常,他日必为边患。"鬷未以为然。比再入枢密,元昊果反。帝数问边事,鬷不能对。及刘平败,议刺乡兵②,久未决,帝怒,遂与执中、观同免,鬷始叹玮之明识。

纲 以晏殊、宋绶知枢密院事,王贻永同知院事。

纲 夏五月,张士逊致仕,以吕夷简同平章事。

纲 以夏竦为陕西经略安抚招讨使,韩琦、范仲淹副之,召夏守赟、王守忠还。

纲 元昊陷塞门诸寨。

目 执寨主高延德以去。又陷安远、承平寨③。时著作佐郎张方平上《平戎十策》,其略以为:"宜屯重兵河东,示以形势。贼入寇必自延、渭,而兴州巢穴之守必虚④,我师自麟、府渡河⑤,不十日可至,此所谓攻

---

① 越州:治今浙江绍兴市。
② 刺:刺字,宋代禁军、厢军均需要刺字,此指将乡兵拣选为禁军、厢军。
③ 安远寨:在今甘肃甘谷县北安远镇。承平寨:在今陕西延安市东北。
④ 兴州:西夏都城兴庆府,今宁夏银川市。
⑤ 府:州名,治今陕西府谷县。

其所必救,形格势禁之道也①。"宰臣吕夷简见之,谓知枢密院宋绶曰:"大科得人矣②。"

纲 六月,以夏守赟同知枢密院事。秋八月,守赟罢,以杜衍同知枢密院事。

纲 以范仲淹兼知延州。

目 延州诸寨多失守,仲淹请自行,诏兼知延州。仲淹大阅州兵,得万八千人,分六将领之,日夜训练。量敌众寡,使更出御。敌人闻之相戒曰:"无以延州为意,今小范老子腹中自有数万甲兵,不比大范老子可欺也。"大范盖指雍也。仲淹以民远输劳苦,请建鄜城为军③,以河中府、同、华州中下户租税就输之④,春夏徙兵就食,可省籴十之三,他所减不与。诏以为康定军。仲淹又修承平、永平等寨⑤,稍招还流亡,定堡障⑥,通斥堠(hòu),城十二寨,于是羌汉之民相踵归业。

纲 九月,李若谷罢,以宋绶、晁宗悫参知政事。以晏殊为枢密使,王贻永、杜衍、郑戬为副使。

纲 元昊寇三川诸寨⑦,环庆副总管任福攻其白豹城⑧,克之。

————————

① 形格势禁:为环境情势牵制阻碍。
② 大科:亦称制科,由皇帝下诏临时设置,选拔特殊人才的科举考试科目。张方平曾中茂材异等、贤良方正两种制科。
③ 鄜城:县名,今陕西洛川县东南鄜城村。
④ 同:州名,治今陕西大荔县。华州:治今陕西渭南市华州区。
⑤ 永平:寨名,今陕西延川县永坪镇。
⑥ 堡障:用于战守的小土城。
⑦ 三川:寨名,在今宁夏固原市西。
⑧ 白豹城:今陕西吴起县白豹乡。

目元昊之寇三川也,韩琦使任福等领兵七千声言巡边,部分诸将,夜趋七十里至白豹城,平明克之,破四十族,焚其积聚而还。

纲鄜州将种世衡城青涧①。

目时塞门诸寨既陷,鄜州判官种世衡言:"延安东北二百里有故宽州,请因废垒而兴之,以当寇冲。右可固延安之势,左可致河东之粟,北可图银夏之旧。"朝廷从之,命世衡董其役。夏人屡来争,世衡且战且城。然处险无泉,议不可守,凿地百五十尺,至石不及泉,工辞不可穿。世衡命屑石一畚(běn)②,酬百钱,卒得泉以济。城成,赐名青涧,以世衡知城事。世衡开营田,募商贾,通货利,城遂富实。

纲冬十二月,宋绶卒。

纲铸当十钱。

纲辛巳,庆历元年(1041)③,春正月,诏鄜延、泾原会兵讨元昊,不果行。

纲元昊遣人至延州议和,范仲淹以书谕之。

目元昊遣高延德还延州,与范仲淹约和。仲淹自为书遗元昊,反覆戒谕,令去帝号、尽臣节,以报累朝厚待之恩。韩琦闻之曰:"无约而请和者,谋也。"命诸将戒严,而自行边④。

---

① 青涧:城寨名,今陕西清涧县。
② 屑:挖凿。畚:用草绳或竹片编成的盛土器具。
③ 辽重熙十年。
④ 行:巡视。

〔好水川之战〕

纲 二月,元昊寇渭州,任福与战于好水川①,败死。贬韩琦知秦州。

目 韩琦行边至高平②,元昊果遣众寇渭州,薄怀远城,琦乃趋镇戎军③,尽出其兵,又募勇士万八千人,命环庆副总管任福将之,以耿傅参军事,泾原都监桑怿为先锋,朱观、武英、王珪各以所部从福。将行,琦令福并兵自怀远趋德胜寨④,至羊牧隆城⑤,出敌之后,诸寨相距才四十里,道近,粮饷便。度势未可战,即据险置伏,要其归路⑥。戒之再三,且曰:"苟违节制,有功亦斩!"

福引轻骑数千趋怀远捺龙川⑦,遇镇戎西路巡检常鼎、刘肃,与敌战于张家堡南,斩首数百,敌弃马羊橐驼佯北⑧,桑怿引骑趋之,福踵其后。谍传敌兵少,福等颇易之。薄暮,与怿合军屯好水川,观、英屯笼络川,相距五里,约翌日会兵川口,必使夏人匹骑不还,然不知已陷其伏中矣。路既远,刍饷不继,士马乏食者三日。

时元昊自将精兵十万,营于川口。候者言⑨:"夏人有寨,不多。"诘

① 好水川:在今宁夏隆德县东。
② 高平:在今宁夏固原市。
③ 镇戎军:治今宁夏固原市。
④ 德胜寨:今甘肃静宁县。
⑤ 羊牧隆城:在今宁夏西吉县。
⑥ 要:同"邀",拦阻、截击。
⑦ 捺龙川:在今宁夏固原市南。
⑧ 佯北:假装败退。
⑨ 候者:军中侦察士兵。

旦①,福与怿循好水川西行,出六盘山下,距羊牧隆城五里与夏军遇,诸将方知坠敌计,势不可留,遂前格战。怿于道傍得数银泥合②,封裹谨密,中有动跃声,疑莫敢发。福至,发之,乃悬哨家鸽百余,自中起盘飞军上,于是夏兵四合。怿驰犯其锋,福阵未成列,敌纵铁骑突之。自辰至午③,阵动,众欲据胜地④,忽夏人阵中树鲍老旗,怿等莫测。既而旗左麾,左伏起;右麾,右伏起;自山背下击,士卒多坠崖堑,相覆压,怿、肃战死。敌分兵数千断官军后,福力战,身被十余矢。有小校刘进劝福自免,福曰:"吾为大将,兵败,以死报国尔。"挥四刃铁简,挺身决斗,枪中左颊,绝其喉而死。子怀亮亦死之。英、珪、傅皆死,士卒死者万三百人。惟观以兵千余保民垣,会暮,敌引去,得还。关右大震。

奏至,帝震悼,为之旰食。夏竦使人收散兵,得琦檄于福衣带间⑤,言罪不在琦,琦亦上章自劾,徙知秦州。

纲 三月,贬仲淹知耀州。

目 元昊答仲淹书,语多不逊,仲淹对来使焚之。朝议以仲淹不当擅通书,又不当擅焚之。宋庠请斩仲淹,杜衍曰:"仲淹志在招纳,盖忠于朝廷也,何可深罪。"帝悟,乃降户部员外郎,徙知耀州。

纲 夏四月,以陈执中同陕西安抚经略招讨使。

---

① 诘旦:明天早晨。
② 合:同"盒"。
③ 辰:上午七时至九时。午:上午十一时至下午一时。
④ 胜地:有利的地形、位置。
⑤ 檄:古代用以征召或声讨的文书。

目时夏竦判永兴军,执中知军事,议多异同,故分命竦屯鄜州,执中屯泾州①。竦雅意在朝廷②,及任以西事,颇依违顾避。尝出巡边,置侍婢中军帐下,几至兵变。元昊命募得竦首者,与钱三千,其见轻侮如此。

纲五月,宋庠、郑戬罢。

纲以王举正参知政事,任中师、任布为枢密副使。

纲秋八月,元昊陷丰州。

冬十月,夏竦、陈执中免。

纲分陕西为四路,以韩琦、王沿、范仲淹、庞籍兼经略安抚招讨使。

目分秦凤、泾原、环庆、鄜延为四路,各置使。时琦知秦州,沿知渭州,仲淹知庆州③,籍知延州,诏分领之。

自元昊反,延州城寨焚掠殆尽,籍至,稍葺治之。戍兵十万无壁垒,皆散处城中,畏籍,莫敢犯法。籍命部将狄青将万人,筑招安寨于桥子谷旁④,以断寇出入之路。又使周美袭取承平寨,王信筑龙安寨⑤。悉复所亡地,筑十一城,延民以安。

初,元昊阴诱属羌为助,而环庆酋长六百余人,约为乡导。事寻露,仲淹以其反覆不常,至部即奏行边,以诏书犒赏诸羌,阅其人马,为立条

① 泾州:治今甘肃泾川县北。
② 雅意:本意、素志。朝廷:指出任宰相或副宰相。
③ 庆州:治今甘肃庆阳市。
④ 招安寨:今陕西延安市安塞区招安镇。
⑤ 龙安寨:在今陕西延安市安塞区北。

约。诸羌皆受命,自是为中国用。羌人亲爱之,呼为"龙图老子"①。

仲淹以庆州西北马铺寨当后桥川口,在贼腹中,欲城之,度贼必争,密遣其子纯佑与蕃将赵明先据其地,引兵随之。诸将不知所向,行至柔远②,版筑皆具,旬日城成③,即大顺城也。贼觉,以三万骑来战,佯北。仲淹戒勿追,已而果有伏。大顺既成,而白豹、金汤皆不敢犯④,环庆自此寇盗益少。

仲淹在边,纯佑年方冠,与将卒错处,钩深摘隐,得其材否,由是仲淹任人无失,所向有功矣。

纲 壬午,二年(1042)⑤,春二月,置义勇、保捷军。

目 诏选河北诸州强壮者为军,刺手背为"义勇"字。各营于其州,给以俸廪,分番训练,不愿者释之。寻又刺陕西秦凤路义勇为保捷军。

纲 三月,晁宗悫罢。

纲 契丹来求关南之地⑥。夏四月,遣知制诰富弼报之。

目 契丹主有南侵意,会元昊反,欲乘衅取瓦桥关以南十县地,乃遣南院宣徽使萧特末、翰林学士刘六符来致书取故地。帝唯许增岁币,或以宗室女嫁其子,且令吕夷简择报聘者。夷简不悦弼,因荐之。弼得命即入对,叩头曰:"主忧臣辱,臣不敢爱其死。"帝为动色。进弼枢密直

---

① 龙图:范仲淹时兼龙图阁直学士。

② 柔远:城寨名,今甘肃华池县。

③ 旬日:十天左右。

④ 金汤:城名,今陕西志丹县西。

⑤ 辽重熙十一年。

⑥ 关南:瓦桥、益津、淤口三关之南,即周世宗北征夺取的瀛州、莫州等地。

学士,弼辞曰:"国家有急,义不惮劳,奈何逆以官爵赂之!"遂往。

纲五月,以大名府为北京。

纲六月,以王德用判定州。

纲秋七月,任布罢。以吕夷简、章得象兼枢密使,加晏殊同平章事。

〔富弼出使契丹,宋增岁币二十万〕

纲富弼还,复如契丹。

目弼至契丹,见契丹主宗真言曰:"两朝人主父子继好垂四十年,一旦求割地,何也?"契丹主曰:"南朝违约,塞雁门①,增塘水,治城隍,籍民兵,将以何为?群臣请举兵而南,吾谓不若遣使求地,求而不获,举兵未晚。"弼曰:"北朝忘章圣皇帝之大德乎②?澶渊之役,苟从诸将言,北兵无得脱者。且北朝与中国通好,则人主专其利,而臣下无所获,若用兵,则利归臣下,而人主任其祸。故劝用兵者,皆为身谋尔。"契丹主惊曰:"何谓也?"弼曰:"晋高祖欺天叛君,末帝昏乱,土宇狭小,上下离叛,故契丹全师独克。然虏获金币充牣诸臣之家,而壮士健马物故大半。今中国提封万里,精兵百万,法令修明,上下一心,北朝欲用兵,能保其必胜乎!就使其胜,所亡士马,群臣当之欤,抑人主当之欤?若通好不绝,岁币尽归人主,群臣何利焉?"契丹主大悟,首肯者久之。弼又曰:"塞雁门者,备元昊也。塘水始于何承矩,事在通好前。城隍皆修旧,民兵亦补阙,非违约也。"契丹主曰:"微卿言,吾不

---

① 雁门:雁门关,在今山西代县。
② 章圣皇帝:宋真宗。

知其详。虽然,吾祖宗故地当见还也。"弼曰:"晋以卢龙赂契丹①,周世宗复取关南地,皆异代事。若各求地,岂北朝之利哉。"既退,刘六符曰:"吾主耻受金币,坚欲十县,何如?"弼曰:"本朝皇帝尝言:'为祖宗守国,岂敢妄以土地与人!北朝所欲,不过租赋尔,朕不忍多杀两朝赤子,故屈己增币以代之。若必欲得地,是志在败盟,假此为辞尔。澶渊之盟,天地、鬼神实临之。北朝首发兵端,过不在我,天地、鬼神其可欺乎!'"六符谓其介曰:"南朝皇帝存心如此,大善,当共奏使两主意通。"

明日,契丹主召弼同猎,引弼马自近,谓曰:"得地则欢好可久。"弼反覆陈其不可状,且言:"北朝既以得地为荣,南朝必以失地为辱,兄弟之国,岂可使一荣一辱哉!"猎罢,六符曰:"吾主闻公荣辱之言,意甚感悟。今惟有结昏可议尔。"弼曰:"结昏易生嫌隙,本朝长公主出降②,赍送不过十万缗,岂若岁币无穷之利哉。"契丹主谕弼使还曰:"俟卿再至,当择一事受之,卿其遂以誓书来。"弼还,具以白帝。

帝复使弼持和亲、增币二议及誓书往契丹,且命受口传之辞于政府。既行,次乐寿③,谓副使张茂实曰:"吾为使而不见国书,脱书辞与口传异,吾事败矣。"启视,果不同。驰还都,以晡时入见,曰:"政府故为此以陷臣,臣死不足惜,如国事何!"帝以问晏殊,殊曰:"吕夷简决不为此,诚恐误尔。"弼曰:"晏殊奸邪,党夷简以欺陛下!"遂易书而行。

---

① 卢龙:藩镇名,治幽州,今北京市,代指幽蓟十六州。
② 长公主:皇帝的姐妹。
③ 乐寿:县名,今河北献县。

纲 九月，暨契丹平①。

目 弼至，契丹不复议昏，专欲增币，且曰："南朝既增我岁币，其遗我之辞当曰'献'。"弼曰："南朝为兄，岂有兄献于弟乎！"契丹主曰："然则为'纳'字。"弼曰："亦不可。"契丹主曰："南朝既以厚币遗我，是惧我矣，于一字何有？若我拥兵而南，得无悔乎！"弼曰："本朝兼爱南北之民，故屈己增币，何名为惧？或不得已而用兵，则当以曲直为胜负，非使臣之所知也。"契丹主曰："卿勿固执，古有之矣。"弼曰："自古惟唐高祖借兵突厥，当时赠遗或称献纳，然后颉（jié）利为太宗所擒，岂复有此礼哉！"声色俱厉。契丹主知不可夺，乃曰："吾当自遣人议之。"乃留赠币誓书②，而使其北院枢密副使耶律仁先及刘六符，持誓书与弼偕来，且议"献纳"二字。弼至，入对曰："二字，臣以死拒之，虏气折矣，可勿许也。"帝用晏殊议，竟以"纳"字许之。于是岁增银绢各十万匹两，送至白沟③，自是通好如故。

纲 元昊寇镇戎军，副总管葛怀敏会兵御之，败死。元昊遂大掠渭州。

纲 冬十一月，以韩琦、范仲淹、庞籍为陕西安抚经略招讨使，置司泾州。

目 初，翰林学士王尧臣，体量安抚陕西归，上疏论兵，因言："韩琦、范仲淹皆忠义智勇，不当置之散地。"及葛怀敏败死，中外震惧，帝思尧臣之言，乃复置陕西路经略安抚招讨使，总四路之事，置府泾州，益屯兵三万，以琦、仲淹、籍分领之。复以尧臣为体量安抚使，以文彦博帅秦

---

① 暨：和，与。平：议和。
② 赠：据文意，当作"增"。
③ 白沟：宋辽分界处的拒马河。

州,滕宗谅帅庆州,张亢帅渭州。尧臣复言:"琦等既为陕西四路招讨等使,则四路当禀节制,不当复带使名,各置司行事,使所禀不一。"于是诸路并罢经略使。

琦与仲淹在兵间久,名重一时,人心归之,朝廷倚以为重。二人号令严明,爱抚士卒,诸羌来者,推诚抚接,咸感恩畏威,不敢辄犯边境。边人为之谣曰:"军中有一韩,西贼闻之心胆寒。军中有一范,西贼闻之惊破胆。"

纲 征处士孙复为国子监直讲。

目 复,晋州平阳人①,举进士不第,退居泰山,著《春秋尊王发微》十二篇。国子直讲石介尝师事之,语人曰:"孙先生非隐者也。"于是范仲淹、富弼皆言复有经术,宜在朝廷,故召用之。

纲 以富弼为翰林学士,辞不拜。

目 弼始受命使契丹,闻一女卒;再往,闻一男生,皆不顾。得家书未尝发,辄焚之,曰:"徒乱人意。"于是帝复申枢密直学士之命,弼辞。又除翰林学士,弼恳辞曰:"增岁币,非臣本意,特以方讨元昊,未暇与角,故不敢以死争,安敢受赏乎!"

纲 癸未,三年(1043)②,春正月,元昊上书请和。

纲 二月,立四门学③。

———————

① 平阳:临汾县古称,晋州州治。
② 辽重熙十二年。
③ 四门学:中央官学之一,以八品至庶人子弟充学生。

纲 三月,以吕夷简为司徒,同议军国大事。

目 先是,夷简感风眩,诏拜司空,平章军国重事①。疾稍愈,命数日一至中书,裁决可否。夷简力辞,帝降手诏曰:"古谓髭(zī)可疗疾②,今剪以赐卿。"至是帝御延和殿召见,敕乘马至殿门,命内侍取兀子舆以前③。夷简辞避久之,诏给扶,毋拜。乃罢相,改授司徒,同议军国大事。

纲 以晏殊同平章事兼枢密使,贾昌朝参知政事,富弼为枢密副使。弼固辞,不拜。

纲 召夏竦为枢密使。

纲 以欧阳修、王素、蔡襄知谏院,余靖为右正言。

目 增置谏官,以修等为之。襄喜言路开,而虑正人难久立,乃上疏曰:"任谏非难,听谏为难。听谏非难,用谏为难。修等三人,忠诚刚正,必能尽言。臣恐邪人不利,必造为御之之说。其御之不过有三:曰好名,好进,彰君过尔。愿陛下察之,毋使有好谏之名而无其实。"

修每入对,帝必延问执政,咨所宜行。既多所张弛,小人澒(xī)澒不便④,修虑善人必不胜,数为帝分别言之。

〔欧阳修《朋党论》〕

初,范仲淹之贬饶州,修及尹洙、余靖皆以直仲淹见退,群邪目之曰

---

① 平章军国重事:宰相头衔,地位比普通宰相高,但仅参与重要朝政。
② 髭:嘴上边的胡须。
③ 兀子舆:没有靠背的轿子。
④ 澒澒:朋比为奸、众口附和的样子。

"党人"，于是朋党之论起。修乃进《朋党论》，以为："君子以同道为朋，小人以同利为朋，皆自然之理也。然小人无朋，惟君子则有之。盖小人所好者利禄，所贪者财货，当其同利之时，暂相党引以为朋者，伪也。及其见利而争先，或利尽而反相贼害，虽兄弟亲戚不能相保。君子则不然，所守者道义，所行者忠信，所惜者名节，以之修身则同道而相益，以之事国则同心而共济，终始如一。故为君者，但当退小人之伪朋，用君子之真朋，则天下治矣。"修论事切直，人视之如仇，帝独奖其敢言，顾侍臣曰："如欧阳修者，何处得来。"

綱夏四月，以韩琦、范仲淹为枢密副使。

綱夏竦至京师，罢之，以杜衍为枢密使。

目初召竦，谏官欧阳修、蔡襄等交章论："竦在陕西，畏懦不肯尽力，兼之挟诈任数，奸邪倾险。陛下孜孜政事，首用怀诈不忠之臣，何以求治！"中丞王拱辰亦言："竦经略西师，无功而归。今置诸二府，何以厉世！"因对极论之，帝未省，遽起。拱辰前引裾(jū)毕其说①，帝乃悟。会竦已至国门②，言者论益力，即日诏竦归镇，拜杜衍为枢密使。竦亦自请还节钺③，徙知亳州。竦至亳上书万言自辨，乃徙判并州。

蔡襄言于帝曰："陛下罢竦而用琦、仲淹，士大夫贺于朝，庶民歌于路，至饮酒叫号以为欢。且退一邪进一贤，岂能关天下轻重哉？盖一邪退则其类退，一贤进则其类进，众邪并退，众贤并进，海内有不泰乎！

① 裾：衣服的后襟。
② 国门：都城城门。
③ 节钺：节度使，夏竦时为许州忠武军节度使。

虽然,臣窃忧之。天下之势,譬犹病者,陛下既得良医矣,信任不疑,
非徒愈病而又寿民。医虽良,术不得尽用,则病且日深,虽有和、扁①,
难责效矣。"

国子监直讲石介笃学尚志,乐善嫉恶,喜声名,遇事奋然敢为。会吕
夷简罢相,章得象、晏殊、贾昌朝、韩琦、范仲淹、富弼同时执政,而欧
阳修、蔡襄、王素、余靖并为谏官,夏竦既拜,复夺之,以衍代,因大喜
曰:"此盛事也! 歌颂,吾职,其可已乎?"作《庆历圣德诗》,有曰:"众
贤之进,如茅斯拔。大奸之去,如距斯脱。"其言大奸,盖斥竦也。诗
且出,孙复闻之曰:"介祸始于此矣!"范仲淹亦谓韩琦曰:"为此鬼怪
辈坏事也。"

纲 自正月不雨至于是月。帝祷于西太乙宫,是日雨。

纲 吕夷简罢。

目 先是,陕西转运使孙沔上书言:"自夷简当国,黜忠良,废直道,以姑息
为安,以避谤为智,柔而易制者升为心腹,奸而可使者保为羽翼,是张
禹不独生于汉,而李林甫之复见于今也。"书上,帝不之罪。夷简见
书,谓人曰:"元规药石之言②,但恨闻此迟十年尔!"至是蔡襄复言:
"夷简被病以来③,两府大臣并笏受事于门,贪尚权势,病不知止。"乃
罢同议军国大事,未几,以太尉致仕。

纲 秋七月,王举正罢。八月,以范仲淹参知政事,富弼为枢密副使。

---

① 和、扁:古代名医医和、扁鹊。
② 元规:孙沔字。药石之言:规劝人改过向善的话。
③ 被病:疾病缠身。

〔范仲淹上《答手诏条陈十事疏》,庆历新政总纲领〕

目帝方锐意太平,数问仲淹以当世事,又为之开天章阁①,召辅臣条
　对②。仲淹退而上十事,曰"明黜陟③,抑侥幸,精贡举,择长官,均公
　田,厚农桑,修武备,推恩信,重命令,减徭役",悉采用之。
　帝以平治责成辅相④,命弼主北事⑤,仲淹主西事⑥。弼上当世之务十
　余条及安边十三策,大略以进贤、退不肖,止侥幸,去宿弊,欲渐易监
　司之不才者,使澄汰所部吏,于是小人始不悦矣。

纲以韩琦为陕西宣抚使⑦。

纲九月,任中师罢。

纲冬十月,以张昷(wēn)之、王素等为都转运按察使。

目先是,知谏院欧阳修言:"天下官吏既多,朝廷无由遍知其贤愚善恶,
　乞立按察之法。于内外朝官三丞郎官中,选强干廉明者为之,使至
　州县遍见官吏,其公廉、无状皆以朱书于名之下,其中材之人以墨
　书之,岁具以闻。"诏从之。富弼、范仲淹复请诏中书、枢密通选逐
　路转运按察使,即委使自择知州,知州择知县,不任事者皆罢之。

---

① 天章:阁名,收藏宋真宗御书、文集、书籍等。
② 条对:逐条对答天子的垂询。
③ 黜陟:人才进退,官吏升降。
④ 平治:治国平天下。
⑤ 北事:契丹事务。
⑥ 西事:西夏事务。
⑦ 宣抚使:掌总一路军政大事,多由宰相、副宰相充任。

于是昷之等首被兹选,昷之河北,王素淮南,沈邈京东,施昌言河东,李绚京西。

仲淹之选监司也,取班簿视不才者一笔勾之。弼曰:"一笔勾之甚易,焉知一家哭矣。"仲淹曰:"一家哭,何如一路哭邪!"遂悉罢之。

纲 十二月,河北雨赤雪,河东地震。

纲 甲申,四年(1044)①,春正月,帝复御经筵。

目 自元昊反,罢进讲。崇政殿说书赵师民言:"帝王治经与品庶异,不独玩空文、占古语也。今方外小有事,臣等即不复进见,是以为先王遗籍可以讲无事之朝,不足赞有为之世,臣愚以为过矣。"又献《劝讲箴》,帝嘉纳之,于是复命曾公亮等讲读经史。尝谓公亮等曰:"卿等宿儒博学,多所发明。朕虽盛暑,亦未尝倦,但恐卿等劳尔。"

〔庆历科举改革〕

纲 三月,诏天下州县立学,行科举新法。

目 时范仲淹意欲复古劝学,数言兴学校,本行实。诏近臣议,于是宋祁等奏:"教不本于学校,士不察于乡里,则不能核名实。有司束以声病②,学者专于记诵,则不足尽人材。参考众说,择其便于今者,莫若使士皆土著,而教之于学校,然后州县察其履行,则学者修饬矣③。先策论,则文词者留心于治乱矣;简程式,则闳博者得以驰骋矣;问大

---

① 辽重熙十三年。
② 声病:四声八病,泛指诗文的格律。
③ 修饬:行为端正不违礼义。

义,则执经者不专于记诵矣。"帝从之,乃诏天下州县皆立学,本道使者选部属官为教授。员不足,取于乡里宿学有道业者。士须在学三百日,乃听预秋试。旧尝充试者,百日而止。试于州者,令相保任,有匿服、犯刑、亏行、冒名等禁。三场,先策,次论,次诗赋,通考为去取,而罢帖经、墨义①。士通经术愿对大义者,试十道。

纲 夏四月,作太学。五月,帝谒孔子。

目 判国子监王拱辰、田况、王洙、余靖等言:"汉太学二百四十房,千八百室,生徒三万人,唐学舍亦千二百间。今取才养士之法盛矣,而国子监才二百楹,制度狭小,不足以容。"诏以锡庆院为太学,置内舍生二百人。讲殿既备,帝谒孔子,故事止肃揖②,帝特再拜。赐直讲孙复五品服。

初,海陵人胡瑗为湖州教授③,训人有法,科条纤悉备具。以身率先,虽盛暑必公服坐堂上,严师弟子之礼,视诸生如其子弟,诸生亦信爱如其父兄,从之游者常数百人。时方尚词赋,湖学独立经义、治事斋,以敦实学。及兴太学,诏下湖州取其法,著为令式。

纲 元昊复遣使来上表。

纲 六月,以范仲淹为陕西、河东宣抚使。

目 初,仲淹以忤吕夷简放逐者数年,及陕西用兵,帝以其士望所属,拔用

---

① 帖经:科举考试的方式,类似于填空题。墨义:回答经义问题,类似于简答题。二者均考察背诵情况。
② 肃揖:恭敬地拱手行礼。
③ 海陵:县名,今江苏泰州市。

护边。及夷简罢,召还,倚以为治。中外想望其功业,仲淹亦以天下为己任,与富弼日夜谋虑,兴致太平。然更张无渐,规模阔大,论者籍籍,由是谤毁稍行。先是石介奏记于弼①,责以行伊周之事②。夏竦怨介,又欲因以倾弼等,乃使女奴阴习介书,久之习成,遂改"伊周"曰"伊霍"③,且伪作介为弼撰废立诏草,飞语上闻④。帝虽不信,而弼与仲淹恐惧不自安,适闻契丹伐夏,遂请行边。

纲 秋七月,大封宗室。

纲 八月,以富弼为河北宣抚使。

目 从弼请也。弼及范仲淹既去,石介不自安,亦请外,得濮州通判⑤。

纲 许公吕夷简卒。

目 谥文靖。自庄献太后临朝,十余年间,天下晏然,夷简之力为多。及西夏用师,契丹求地,夷简选将命使,二边以宁。独成郭后之废,逐孔道辅、范仲淹于外,时论少之⑥,然所斥士,旋复收用,亦不终废。其于天下之事,屈伸舒卷,动有操术,故当国最久。虽数为言者所诋,而帝眷倚不衰。

纲 九月,晏殊罢。

---

① 奏记:官员对上级长官陈述意见的呈文。
② 伊周:伊尹、周公,商代、西周初年贤相。
③ 伊霍:伊尹、霍光,伊尹放逐商王太甲三年,霍光废昌邑王刘贺,代指权臣废立皇帝。
④ 飞语:没有根据的谣言。
⑤ 濮州:治今山东鄄城县北。
⑥ 少:不满。

目殊刚简清俭,博学洽闻,文章赡丽,为世推重。

纲以杜衍同平章事兼枢密使,贾昌朝为枢密使,陈执中参知政事。

目衍务裁侥幸,每有内降①,率寝格不行②。积诏旨至十数,辄纳帝前。
　　帝尝语欧阳修曰:"外人知杜衍封还内降邪? 凡有求于朕,每以衍不
　　可告之而止者,多于所封还也。"

纲冬十一月,诏戒朋党相讦(jié)。

纲契丹以云州为西京。

〔宋夏和议〕

纲十二月,册元昊为夏国王。

〔庆历新政失败〕

纲乙酉,五年(1045)③,春正月,罢杜衍、范仲淹、富弼,以贾昌朝同平章
　　事兼枢密使,宋庠参知政事,王贻永为枢密使,吴育、庞籍为副使。

目仲淹、弼既出宣抚,攻者益众,二人在朝所为亦稍沮止④,衍独左右
　　之⑤。衍好荐引贤士,而抑侥幸,群小咸怨。衍婿苏舜钦,易简子也,
　　能文章,论议稍侵权贵。时监进奏院,循例祠神以伎乐娱宾。集贤校

---

① 内降:不经宰相机构,由宫中发布的命令。
② 寝格:搁置。
③ 辽重熙十四年。
④ 沮止:阻止、阻遏。
⑤ 左右:支持、帮助。

理王益柔,曙之子也,于席上戏作傲歌。御史中丞王拱辰闻之,以二人皆仲淹所荐,而舜钦又衍婿,欲因是倾衍及仲淹①,乃讽御史鱼周询、刘元瑜举劾其事②。拱辰及张方平列状请诛益柔,章得象无所可否,贾昌朝阴主之。韩琦言于帝曰:"益柔狂语,何足深计。方平等皆陛下近臣,今西陲用兵,大事何限,俱不为陛下论列,而同状攻一王益柔,此其意可见矣。"帝感悟,乃止黜益柔,监复州酒税③,而除舜钦名,同席被斥者十余人,皆知名之士。拱辰喜曰:"吾一举网尽矣。"舜钦既得罪,衍由是不安,求去,不许。会谏官钱明逸论"仲淹、弼更张纲纪,纷扰国经,凡所推荐,多挟朋党",陈执中复谮衍庇二人。帝不悦,遂并黜之。衍罢知兖州,仲淹知邠州④,弼知郓州。衍清介有大节,其去也,君子惜之。

纲　三月,罢枢密副使韩琦。

目　范仲淹、富弼罢去,琦不能独居,上疏辨析,且言:"近日臣僚多务攻击忠良,取快私忿。"不报。琦乃请外,遂出知扬州。河东转运使欧阳修上疏曰:"杜衍、范仲淹、韩琦、富弼,天下皆知其有可用之贤,而不闻其有可罢之罪。夫正士在朝,群邪所忌,谋臣不用,敌国之福也。窃为陛下惜之。"群邪益忌修,因傅致修罪,左迁知滁州。

知庆州尹洙,博学有识度,以为自唐以来文格卑弱,至柳开始为古文,而世未知宗尚,乃与穆修复振起之,为文简而有法。元昊反,洙未尝

---

① 倾:倾轧。
② 讽:暗示。
③ 复州:治今湖北天门市。
④ 邠州:治今陕西彬州市。

不在兵间,故于西事尤为练习。未几卒。

纲 罢科举新法。

目 范仲淹既去,执政以新定科举入学预试为不便,且言:"诗赋声病易考,而策论汗漫难知①,祖宗以来莫之有改,且得人尝多矣。"帝下其议,有司请如旧法,乃诏前所更令悉罢之。

评庆历新政:

　　仁宗朝中期,宋朝内部有冗官、冗兵、冗费问题,外部面临西夏、辽的军事压力。为改变这种内外交困的局面,仁宗起用范仲淹等施行改革。改革自整顿吏治出发,希望首先有效解决内政难题,但因新政触犯了官僚群体利益,一年有余即告夭折。新政虽然短暂,宋朝却借此成长出一批兼具吏干、文章、经学的综合型士大夫。他们以天下为己任,政治上主张变法革新,文化上推动古文运动,又在吸收佛、道思想的基础上助推宋代新儒学的形成。昙花一现的庆历新政,对中国政治文化史的影响却是持久而深远的。

纲 夏五月,章得象罢。

纲 以陈执中同平章事兼枢密使,吴育参知政事,丁度为枢密副使。

纲 冬十一月,罢京东安抚使富弼。

目 滁州狂人孔直温谋反,伏诛。搜其家,得石介书。时介已死,宣徽南院使夏竦言:"介诈死,乃弼遣介结契丹起兵,期以一路兵为内应,请发介棺验之。"诏下兖州访介存亡,杜衍以阖族保介必死,提刑吕居简

---

① 汗漫:漫无标准。

亦言:"无故发棺,何以示后?"始获免。遂罢弼安抚使,贬孙复监虔州税①,介子孙羁管他州②。

纲丙戌,六年(1046)③,秋八月,以吴育为枢密副使,丁度参知政事。

纲丁亥,七年(1047)④,春二月,大旱,诏求直言。三月,贾昌朝、吴育免。

纲以夏竦同平章事,寻改授枢密使。

目竦制下,谏官、御史交章言:"大臣和则政事修。竦前在关中与首相陈执中论议不合,今不可使共事。"故改之。

纲以文彦博参知政事,高若讷为枢密副使。

纲帝祷于西太乙宫,是日雨。

目帝出祷雨于太乙宫,日方炎赫,帝却盖不御,及还而雨大浃(jiā)⑤。

纲冬十一月,贝州卒王则据城反⑥。以明镐为河北安抚使。

纲太子太傅致仕李迪卒。

纲戊子,八年(1048)⑦,春正月,以文彦博为河北宣抚使,明镐副之。闰月,执王则,槛送京师,诛之。以彦博同平章事。

---

① 虔州:治今江西赣州市。
② 羁管:监视居住。
③ 辽重熙十五年。
④ 辽重熙十六年。
⑤ 浃:湿透。
⑥ 贝州:治今河北清河县。
⑦ 辽重熙十七年。

纲 夏元昊卒。

目 年四十六。子谅祚方期岁①,没藏氏所生也,养于母族讹庞。讹庞因以三大将分治国政,谥元昊曰武烈皇帝,庙号景宗,尊没藏氏为皇太后。

纲 三月,诏群臣言时政阙失。

目 帝幸龙图、天章阁,以手诏问辅臣及御史中丞以上时政阙失,皆给笔札,令即坐以对。时陈执中不学少文,固辞不对,宋庠亦请至中书合议条奏,乃听两府归而上之。翰林学士张方平方锁院草制,夜半与所条对俱上,言汰冗兵,退剩员,慎磨勘,择将帅四事。帝览奏惊异,诘旦更赐手札问诏所不及者,方平复上备边、恤刑二事。

纲 夏四月,册谅祚为夏国主。

目 夏遣使来告哀,朝廷及契丹皆遣使慰奠。议者请因谅祚幼弱,母族专国,以节钺啖其三大将,使各有所部分以披其势②,可以得志。陕西安抚使程琳曰:"幸人之丧,非所以柔远人,不如因而抚之。"帝乃遣使册谅祚为夏国主,议者深惜朝廷之失机会。

纲 罢丁度为观文殿学士,以明镐参知政事。

目 度以与夏竦议事不合,求解政事,乃置观文殿学士以授之。度性淳质,在翰林十五年,数论天下事,未尝及私,帝雅重之。文彦博数推镐贝州之功,且荐其才可大用,帝遂以代度。

---

① 期岁:一周岁。
② 披:分开。

纲 五月,无云而震。夏竦免,以宋庠为枢密使,庞籍参知政事。

目 殿中侍御史何郯(tán)论竦奸邪,不可任枢要。会京师一日无云而震者五,帝方坐便殿,趣(cù)召翰林学士张方平至①,谓曰:"夏竦奸邪,以致天变如此,宜免之!"乃出知河南。

纲 六月,明镐卒。

纲 河北、京东大水。

纲 冬十月,以美人张氏为贵妃。

纲 己丑,皇祐元年(1049)②,春正月朔,日食。

纲 二月,彗星见。

纲 夏五月,加知青州富弼礼部侍郎,辞不受。

〔富弼青州救荒,古代救荒典范〕

目 河北、京东大水,民流就食青州,富弼劝所部民出粟,益以官廪,得公私庐舍十余万区,散处其人,以便薪水③。官吏自前资待缺寄居者④,皆给其禄,使即民所聚,选老弱病瘠者廪之⑤。仍书其劳,约他日为奏请受赏,率五日辄遣人持酒肉饭糗(qiǔ)慰藉⑥。出于至诚,人人为尽

---

① 趣:同"促",催促。

② 辽重熙十八年。

③ 薪水:采薪和汲水,指烧火煮饭之事。

④ 前资待缺:离任后等待新职位的官员。寄居:指外地官员居住在青州者。

⑤ 廪:发给粮食。

⑥ 糗:干粮。

力。山林陂泽之利①,可资以生者,听民擅取。死者为大冢葬之,目曰丛冢②。及麦大熟,民各以远近受粮而归。凡活五十余万人,募为兵者万计。前此救灾者,皆聚民城郭中,为粥食之,蒸为疾疫,及相蹈藉,或待哺数日不得粥而仆,名为救之,而实杀之。自弼立法,简便周尽,天下传以为式。帝闻,遣使褒劳,加拜礼部侍郎。弼曰:"救灾,守臣职也。"固辞不受。

綱 帝幸后苑,观刈麦。

目 帝御宝岐殿观之,谓辅臣曰:"朕作此殿,不欲植花卉,而岁以种麦,庶知稼穑之不易也。"

綱 六月,以贾昌朝为观文殿大学士,判尚书都省。

目 帝以昌朝旧学,特置观文殿大学士以宠之,仍兼判尚书都省。诏:"自今非尝为相者毋得除。"后昌朝以山南东道节度使、同平章事入见③,召赴迩英阁讲《乾卦》,帝曰:"将相侍讲,天下盛事。"昌朝顿首谢。

綱 秋八月,陈执中罢。

綱 以宋庠同平章事,高若讷参知政事,庞籍为枢密使,梁适为副使。

目 庠初执政,遇事辄分别可否。及再登用,遂浮沉自安,然天资忠厚,尝曰:"逆诈恃明④,残人矜才⑤,吾终身不为也。"

① 陂泽:湖泽。
② 丛冢:众多尸骸埋葬在一起的大冢。
③ 节度使、同平章事:使相。
④ 逆诈:事先即猜疑别人存心欺诈。恃明:自负聪明。
⑤ 矜才:以才能自负。

纲 汰诸路兵。

纲 九月,广源州蛮侬智高反①,寇邕州。

纲 罢武举。

纲 庚寅,二年(1050)②,秋九月,大享天地于明堂,赦。

纲 冬十一月,诏外戚毋得任二府。

目 时张贵妃宠冠后庭,尧佐其伯父也,骤除宣徽、节度、景灵、群牧四使。殿中侍御史唐介与知谏院包拯、吴奎等力争之,中丞王举正又留百官班廷论,故有是诏,且罢尧佐宣徽、景灵二使。

纲 闰月,诏太子中舍致仕胡瑗定雅乐。

纲 辛卯,三年(1051)③,春三月,宋庠免,以刘沆参知政事。

纲 夏六月,诏州郡勿献瑞物。

目 知无为军茹孝标献芝草,帝曰:"朕以丰年为瑞,贤臣为宝,草木之异焉足尚哉!"免孝标罪,而戒州郡勿复献。

纲 冬十月,以张尧佐为宣徽南院使,贬殿中侍御史里行唐介为英州别驾④,文彦博免。

目 尧佐复除宣徽使,知河阳。命下,介谓同列曰:"是欲与宣徽,而假河

①广源州:在今越南北部。
②辽重熙十九年。
③辽重熙二十年。
④英州:治今广东英德市。

阳为名耳。"独抗言之。帝谓曰："除拟本出中书。"介遂劾文彦博知益州日造间金奇锦①,缘阉侍通宫掖,以得执政。今显用尧佐,益自固结,请罢之而相富弼,语甚切直。帝怒,却其奏不视,且曰："将远窜②。"介徐读疏毕,曰："臣忠愤所激,鼎镬(huò)不避③,何辞于谪。"帝急召执政示之曰："介论事是其职,至以彦博由妃嫔致宰相,此何言也? 进用冢司④,岂应得预,而乃荐弼!"时彦博在帝前,介责之曰:"彦博宜自省,即有之不可隐。"彦博拜谢不已。帝怒益甚,梁适叱介使下殿,修起居注蔡襄趋进救之,贬春州别驾⑤。王举正言其太重,帝亦悟,明日取其疏入,改英州,而罢彦博知许州⑥,吴奎亦以介党出知密州⑦。帝虑介或道死,有杀直臣名,命中使护之。由是介直声闻天下,然彦博事之有无,卒莫能辨。

纲 夏竦卒。以庞籍同平章事,高若讷为枢密使,梁适参知政事,王尧臣为枢密副使。

纲 壬辰,四年(1052)⑧,夏五月,资政殿学士汝南公范仲淹卒。

目 赠兵部尚书,谥文正。仲淹为政忠厚,所至有恩,邠、庆二州之民与属羌皆画像立生祠,其卒也,哀号如父。

---

① 间金奇锦:金线与丝线交错的珍贵丝绸。
② 远窜:流放边远地区。
③ 鼎镬:古代以鼎镬烹煮罪犯的酷刑。
④ 冢司:宰相。
⑤ 春州:治今广东阳春市。
⑥ 许州:治今河南许昌市。
⑦ 密州:治今山东诸城市。
⑧ 辽重熙二十一年。

纲 侬智高陷邕、横诸州①，遂围广州。诏钤辖陈曙等发兵讨之。

纲 以狄青为枢密副使。

目 初，尹洙与青谈兵，善之，荐于韩琦、范仲淹曰："此良将材也。"二人待之甚厚。仲淹授以《左氏春秋》，且曰："将不知古今，匹夫勇耳。"青由是折节读书②，悉通秦汉以来将帅兵法，累进马军副都指挥使。青起行伍，十余年而显贵，面涅犹存③。帝尝敕青傅药除之，青指其面曰："陛下以功擢臣，不问门地。臣所以有今日，由此涅耳，臣愿留以劝军中，不敢奉诏。"帝益重之。至是，自知延州召拜副使，台谏王举正等谏其不可，帝不听。

纲 秋七月，侬智高陷昭州。九月，以孙沔为广南安抚使。

〔狄青平侬智高之乱〕

纲 以狄青为荆湖宣抚使，督诸军讨侬智高④。

目 智高寇扰日甚，帝以为忧。智高移书行营，求邕、桂节度使⑤，帝将受其降，梁适曰："若尔，则岭表非朝廷有矣⑥。"会狄青上表请行，遂以为宣抚使、提举广南经制盗贼事。谏官韩绛言青武人，不宜专任。帝以问庞籍，籍力赞青可用，且言："号令不专，不如不遣。"乃诏岭南诸

---

① 横州:治今广西横州市。
② 折节:发愤改变素行。
③ 面涅:脸上刺青,宋时禁军厢军皆须刺字。
④ 荆湖:路名,包括荆湖北路、荆湖南路,今湖北、湖南一带。
⑤ 桂:州名,治今广西桂林市。
⑥ 岭表:岭南。

军皆受青节度。

纲 冬十月,以胡瑗为国子监直讲。

目 瑗既居太学,其徒至不能容,取旁官舍处之。礼部所得士,瑗弟子十
常居四五,随材高下,喜自修饬,衣服容止,往往相类,人遇之不问可
知为瑗弟子也。时与孙复同为直讲,复教养不及瑗,而治经过之。然
二人论见多不合,常相避不见。

纲 侬智高陷宾州①,复入于邕。

纲 十二月,狄青勒兵宾州,陈曙兵败,青斩之以徇②。

目 青行军,立行伍,明约束,野宿皆成营栅。至广南,合孙沔、余靖之兵进
次宾州,戒诸将无得妄与贼斗,听吾所为。广西钤辖陈曙乘青未至,辄
以步兵八千击贼,溃于昆仑关③,殿直袁用等皆遁。青曰:“令之不齐,
兵所以败。”晨会诸将堂上,揖曙起,并召用等三十二人,按以败亡状,
驱出军门斩之。沔、靖相顾愕眙(chì)④,诸将股栗,莫敢仰视。

纲 癸巳,五年(1053)⑤,春正月,狄青夜度昆仑关,大败侬智高于邕州。
智高走大理⑥,广南平。

目 青既诛陈曙,因按兵止营,令军休十日,众莫测。贼觇者还言军未即

---

① 宾州:治今广西宾阳县。
② 徇:巡行示众。
③ 昆仑关:在今广西南宁市东北。
④ 愕眙:惊视。
⑤ 辽重熙二十二年。
⑥ 大理:政权名,今云南及四川西南部一带。

进。青明日即整兵,自将前军,孙沔将次军,余靖为殿,夕次昆仑关。黎明,整大将旗鼓,诸将环立帐前,待令乃发,而青已微服与先锋度关,趣诸将会食关外。贼方觉,悉出逆战。青执白旗麾蕃落骑兵,从左右翼击之,纵横开合,部伍不乱。贼不知所为,大败,走。追奔五十里,斩首数千级,生擒贼五百余,死者万计。智高夜纵火烧城遁去,由合江口入大理。迟明①,青按兵入城,敛尸筑京观于城北隅②,时贼尸有衣金龙衣者,众谓智高已死,欲以上闻,青曰:"安知其非诈邪!宁失智高,不敢诬朝廷以贪功也。"广南悉平,捷至,帝喜曰:"青破贼,庞籍之力也。"又曰:"向非梁适言,南方安危未可知也。"诏余靖经制广西,追捕智高,而召青、沔还朝。后二年,靖募死士使大理求智高,会智高已死于大理,函首至京师。

纲 夏五月,高若讷罢,以狄青为枢密使,孙沔为副使。

纲 以孙抃(biàn)为御史中丞。

目 韩绛奏抃非纠绳才③,抃即手疏曰:"臣观方今士人,趋进者多,廉退者少。以善求事为精神,以能讦人为风采,捷给者谓之有议论④,刻深者谓之有政事⑤,谏官所谓才者,无乃谓是乎?若然,臣诚不能也。"上察其言,趣令视事。未几,抃举吴中复为监察御史,抃未始识其面,或问之,抃曰:"昔人耻为呈身御史⑥,今岂荐识面台官邪。"

①迟明:天将亮的时候。
②京观:古代战争中,胜利者为显示战功,收集敌人尸首,封土而成的高冢。
③纠绳:纠举惩处。
④捷给:口才敏捷,对答如流。
⑤刻深:刻薄、严酷。
⑥呈身:现身权门,比喻主动结识权贵以求仕进。

纲 秋七月,庞籍罢。八月,以陈执中、梁适同平章事。

闫建飞 评注

李华瑞 高纪春 审定